Lumières et société

启蒙运动与社会

上海教育出版社

第十五章　绚丽的生活

君主制国家因无力进行改革、无力在过去与未来之间进行抉择而面临困境。对于过去，我们可以通过历史与哲学思考进行评判、理解、颂扬；而对于未来，我们一无所知，因为从来没有对未来的可靠预测。但是我们可以憧憬未来、建设未来，并竭力打开通往未来的道路。人们通过众多有预见性的计划、想法、或多或少取得一定成就的举措，以及大量的乌托邦空想思想，试图打破传统与固有准则的束缚，开创一个崭新的未来社会。没有人知道结果会是怎样。历史上经历了数次混乱，而每次混乱过后政体又恢复了原状。因为国家总会找到一些才华横溢的公仆来分析社会弊病，并提出有效的或本该有效的改革方案。然而由马肖、杜尔哥甚至是内克尔、卡洛纳和布里耶纳所进行的改革尝试都未取得成效。

两个特殊领域的改革，即税收改革和高等法院改革，都没有取得成功。其原因在于改革意愿与社会本身的条件和准则相冲突。自路易十四以来，高层统治者们以及许多改革家的心里都很清楚，必须通过扩大税收范围来保证税收制度的有效运行，也就是说削弱免税人的特权或者在一定程度上控制他们逃税的能力。赤字的增加加大了对平均主义的挑战，并促使发挥自主权（les libertés），反对自由权（la liberté）。在显贵们之前，高等法院已多次成功引起对"专制主义"的反对，这就凸显了当时社会制度所固有的基本矛盾：官爵的买卖与世袭使得居于要位的高等法院派成为社会特权与政治惯例的维护者，因为正是这些使他们获得了在君主制国家中的等级。莫普的改革触及了政治与社会的根本，他从事的是在全国范围内统一司法法规的重要工作；拉穆瓦尼翁的最后改革试图对社会制度施以再次一击,但为时太晚,胆量与力度也没那么大,因为卖官鬻爵的现象依然存在。1788 年,在召回内克尔的同时,路易十六与他的参事们迫使君主制王国顺从舆论的压力,混天度日。解决了财政和税收问题,全国三级会议得以挽救旧制度:没有根据的猜想,但并不荒谬。

　　然而,将公众思想纳入描写传统冲突的剧本之中,这无疑是个重要现象。此事加强了政治气候的严肃性,而且通过大范围的传播,通过报纸上对于一直涉及"平民百姓"的辩论的真实宣传(这些辩论依然遵循着传统的轨迹),尤其是通过抨击文章与宣传册子,前述现象打乱了游戏规则。1774—1786 年,有 312 本宣传册;1787—1788 年间,超过了1 000 本;1789 年达到了 3 305 本。① 这场批判风暴面向民众展开,它的一大特点就是费用低,使用了传统的物质精神手段——发行广泛的印刷品,如政治入门书、年鉴、喜剧故事、粗俗的文学模仿作品等。在这场风暴中,作者(由于匿名很难对其进行社会研究)与数量剧增的读者之间建立了对话。从中我们可以看到人们所接受的思想、潜在的紧张状态,以及从世世代代见证传统与变革的人们身上的经验所总结出的有效口号。于是,一份回忆、一种政治文化大白于天下——深层次的力量改变了社会,也改变了人们。人民大众的世俗思想、习惯、日常行为与思考,完善了祖先的习惯做法。

　　　　如今,哪个人目不识丁? 哪个仆役、裁缝、水果商不想成为哲学家? 狂热地获取知识已成为国民的通病。

　　运动发起时,奥兰普·德·古热所做的这段被许多人见证——比如

---

① Gruder (V. R.), "Les pamphlets 'populaires' à la veille de la Révolution", *Revue d'histoire moderne et contemporaine*, 1992, pp. 161‑197.

说书商哈迪的巴黎笔录应该讲究措辞，经得起质疑，得到证实。但是它揭示了重新找到一条"创造自由"之路的必然性，以及塑造今后关注社会各阶层、关注自己命运的个体的重要性。这就要求重新发现不同于政治体制斗争中的启蒙运动所做的探索。

记住统一我们的根本主题：要弄懂一个新世界如何建立起来，就绝不能将命运与改造物质世界的觉悟分割开来。一个社会的美好前景既要有从物质到精神生活的提高上，又要有新的社会人物出现。启蒙运动的政治始终是一种旨在实现集体共存与个人幸福的尝试，因为它主张探索能够主宰自己命运的社会，而不求助于上帝；也是因为它动员了多股力量，这些力量展现了在发展和科学中不断壮大和传播的新的信仰；还因为它记录下了乐观主义态度和普遍的唯意志论态度。这些都是在质疑人的整个生存状态、伟大智慧、生存艺术、说话艺术与看待事物的艺术出现时产生的。于是，一个从根本上神圣化的社会、回顾过去的社会，得以面向未来，得以世俗化。

绚丽的生活

18 世纪下半叶的法国，人口增长在生物和意识层面双重推进。[1] 我们必须对此种飞跃进行评估和理解：这种飞跃带来了对抗自然的新的能力、对现实的认知，以及对人类主宰和引导力量直至无敌的这种天赋的肯定。于是，进步的价值与科学的价值开始被纳入社会遗产中。经验的积累与创新思想的发展——农业就是如此——以及一些传播新成果、进行新探索的机构都体现了这些价值。不论在乡间还是城市，在改变人类在世界上的存在方式上，实用主义的启蒙运动与思潮不断

① Dupront（A.），*Les Lettres*，*les Sciences…*，*op. cit.*

发展壮大。

处于生物、环境与意识三者交叉点的"环境理论"（théorie des climats）表明了人与环境间的关系：人服从环境规律，但可以将之改变；意识带有世界的烙印，但同时它的独立要求又融合在环境所决定的生命框架中，并留下印记。让·斯塔罗宾斯基在研究医生与思想家们由环境引出的"乡愁"概念时，①解释了思乡如何被理解为一种飘忽不定的、无拘无束的意识行为。思乡之人是离乡背井之人，只有重返故乡，重新给予他所期待的可靠感，才能治愈他的疾病。人类是一个其生命与周围环境中所有生命体形式休戚相关的生命体。科学技术改变了"人类的尺度"（dimensions de l'homme），改变了他对生命的关注；将人类与自然联系在一起的情感对发展科学技术中存在的基本关系问题提出了疑问。

人口增长曲线的启示

正如 1724—1726 年间巴黎盆地的盐税局税务员与稽查员进行问卷调查显示的一样，统治者增加了人口调查次数，以此了解全国或某个地区的人口数量，预测税收数。1740 年后，统计方式发生了变化，于是采用其他方法继续进行统计，或在全国范围内进行，或在地区范围内开展。我们能到处发现统计的痕迹，但很少能得到全面的结果。为弄清人口数量的真相，采用了这样一个操作方法：计算当年出生人口数，然后乘以一个已计算好的系数。1757 年，总督拉·米肖迪埃尔和他的秘书梅桑斯提出了一个接近 25 的"通用系数"，这一计算方法推动了总督辖区的管理，便于根据历年数据建立人口波动统计表。从泰雷到杜尔哥，从杜尔哥到内克尔，管理者们必须填写一些表格（他们的数据是变化的），表格记录了性别、婚姻状况、大致的年龄，有时还注上身份。使用通用系数

---

① Starobinski (J.), *L'Invention de la bliberté, 1700 - 1789*, Paris-Genève, 1964.

会造成数据失真与偏差,有些人——莫欧①、蒙蒂翁、内克尔——就意识到了这个问题。

历史学家们如今的论证是建立在与教区档案和登记簿中的人口普查信息比较、核实后得出的结果基础上的,教区档案与登记簿的管理随着时间的推移与教权文化的进步得到了完善。搜集到的真实数据反映出两个重要问题:18世纪的人们生活在错误观念中,他们认为人口在减少。这一错误观点对人们从理论上理解经济现象与人口现象有很大影响,它应该被下面的有利事实所取代:法国人口增长了;为恢复社会的活力,重新主宰生命,长久以来的钳制正在放松了。

数量就是财富。18世纪继承了重商主义的主要原则。17世纪末,由于战争、危机、饥荒、疾病的轮番影响造成了人口损失,这重新引发了对人口作用的思考。18世纪的前25年中改革家们认为,充足的人口不再是财富的主要源泉,而是财富决定着人口数量;经济将需要与资金、需求与供应联系起来。自沃邦与布瓦吉尔贝尔以来,生产与消费就被认为是经济发展的主要因素。"移民"(peuplade)保持着它的作用,因为只有公民数量可以保证生产能力。人口下降影响了古老帝国的命运,颠覆了罗马政权,其阴影笼罩着众人的思想,尤其是继孟德斯鸠之后的人们。

人们认为法国人口在减少。这一看法成为一个有见地的哲学武器,激起了关于农业的讨论。它是所有重农主义假设的核心,也是所有抨击改革者所持的观点。人口数量下降的观点启发了全局经济思想。人口数量服从于习俗的力量,正如坎特龙利用马的故事说明的问题一样:养一个车马队需要四五匹或者六匹马,每匹马都消耗人的粮食,因为养一个动物需要的土地是维持一个短工生存所需土地的两倍。迅速发展的人口处在经济长河的下游,它与财富和收入状况成正比,体现了整个国

---

① 　法国人口统计学者,人口统计学的奠基人之一。——译者注

民的利益。只有人口增长才能解决经济衰落的问题,这是像统制经济论者、温和的改革家以及典型的空想家这样的自由主义者们所坚信的;相反,这种信念支配着经济增长的反对者,卢梭和马布利主张回归自然,取消城市,禁止消费。经济繁荣与拥护人口增长的主张能够成为获得幸福的条件吗?

　　当辩论接近尾声时,对人口的要求细化了。莫欧和蒙蒂翁认为就城市人口而言,需要科学知识,需要借助能够达到集体进步的标准的计算方法。在对时间的思考背后,在百科全书派及其弟子们所采用的描述性方法中,我们看到必须弄清自然现象与社会现实间的联系、与空间的关系,以及来自经济与社会的约束。①

　　历史人口学目前的分析将悲观主义者的计算方法、政治算术家的估算以及他们的近似方法,与精心设计的抽样调查得到的数据进行了比对。他们的研究表明,18 世纪的人们尽管手握人口信息,却坚信人口数下降了。1780—1790 年间的作家们搜集到的信息证明了这一点。在布里荣·德·拉图尔的作品中,关于系数的讨论经常掩盖结果的真实性;他对比所有的人口普查信息,完成了他的《通过引用 72 位作家作品中涉及这一时期的人口统计内容(1789)的部分所绘制的法国人口表》。根据布里荣·德·拉图尔作品中的数据,18 世纪下半叶人口几乎持续增长。我们在这里简单举几个例子:布丰在他 1765 年的《词典》中提到有不到 2 100 万的法国人,在 1783 年的《致国王的回忆录》中则指出法国人口数量接近 2 300 万;拉普拉斯与孔多塞领导下的法兰西科学院同年统计有 2 500 万法国人,一年后拉瓦锡得到的也是同样的数目;1787—1789 年所提供的所有人口数据均介于 2 400 万与 2 700 万之间。

---

① Perrot (J.‐C.), *De la richesse territoriale du royaume de France*, Lavoisier, *texte et documents*, Paris, 1988, pp. 500‐508.

据我研究,旧制度末期,法国拥有约 2 500 万居民。根据国家人口统计研究所(INED)的统计数据(这些数据是建立在假设教区登记簿所提供的数字是准确的基础上,所有出生人口认为都已记录在案,国内迁出与迁入人口认为是相等的,死亡记录空白集中在 5 岁儿童,由此可以解释每代人出生人口与死亡人口间的差距),1789 年法国人口大约为 2 800 万。根据所有可靠数据,接近 1740 年时人口约为 2 460 万;1700 年,在如今的国土范围内大概是 2 200 万人。这说明五年内人口增长了 13.4%。当时英国人口增长了 38.8%。以前,人们只能对比或高或低的推测数据。鉴于已从危机中恢复,这些数据对不同的人口波动率的诠释主要以对出生率的诠释为基础。

直至路易十五统治时期,法兰西王国的体制都很脆弱,在这种体制下,人们早已接受了马尔萨斯的人口剪刀理论。死亡率决定着人口状况:当死亡率升高时,生活条件就会恶化,生活水平就会下降;缺粮与流行病的影响使本已脆弱的人口雪上加霜。这种解释提出了两个重要问题:一方面,18 世纪的人口增长并不是通过人们所期望的死亡率下降来实现的。另一方面,危机所触及的不仅仅是人口最稠密的地区,它对各个地区产生的影响不尽相同,各个城市或生机勃勃,或出现衰退,或获得了不同的收益。要理解死亡率与生殖力、死亡率与出生率之间的关系,必须认可婚姻的调节作用。结婚年龄是欧洲传统的"真正节育武器",推迟结婚年龄从理论上降低了约四分之一的出生率。这有利于维持制度平衡。其结果是农民没有土地就不能定居,几乎到处都出现了家庭开垦的土地。即使在城市,定居的可能性也限制了结婚率;只有通过促进人员流动,降低社会等级,甚至是无产阶级化,才能提高结婚率。危机过后,一种恢复运动使结婚与受洗人数得以攀升。社会维持其原有水平,在生产条件方面比生活水平方面表现得更明显。

危机减少，人口增加

18世纪的人口猛增使得前一时期大危机发生消退而另一大具有决定意义的进步则是：死亡率逐渐下降，出生率逐渐上升。古代十人中抽杀一人的做法以及大量的死亡曾打乱了人口的自然发展规律，如今，二者的强度、频率和影响都有所降低。1709—1710年后情况好转。1709—1710年间出现了变革前的连带危机（crise charnière）：营养不良导致出现流行病，踪迹处处可见，其致病力也冲击着所有人的想象力。在人口曲线中，我们记录下了几个高死亡率时期：1740—1743年、1747年、1779—1780年。但这个超高死亡率是有限度的。1743年的危机从1738年起影响到北部，然后波及布列塔尼和东部地区，最后是南部。首先是死亡率升高，然后价格上涨，前者主要是流行病造成的。1747年和1748年，受影响的是从里昂①到吉耶纳区域的西南和东南部。1772—1775年，以及1779—1780年，主要影响的是法国西部。1720年最后一场瘟疫只发生在局部地区；但是，从叙利亚驶来的格朗-圣-安东尼号船将鼠疫杆菌带到了马赛，②于是瘟疫从马赛蔓延到普罗旺斯北部和中央高原的南部：这场灾难造成120 000人死亡。这场超级大瘟疫结束了人们几个世纪以来的恐惧；同时表明，如果还没有医疗手段介入，那么建立防疫线、采取隔离措施也是很有效的。这是一个重大变化，它凸显了在伟大的世纪③（Grand Siècle）中几乎无法避免的高死亡率造成的南方地区的新弱点。

1775—1785年间④安茹的重大流行病表明，在饥荒年月，流行病首

---

① Lyonnais 是旧称，主要包括今里昂在内的区域。——译者注
② 即1720年爆发的马赛大瘟疫。——译者注
③ 指17世纪。——译者注
④ Lebrun（F.），*Les hommes et la Mort en Anjou, XVIIe - XVIIIe siècle*, Paris, 1971.

先会在贫困地区爆发。1779 年的流行病,一场可怕的痢疾,席卷了该地,从夏季一直延续到秋季,令人印象深刻。它使有些地区变得一片荒芜,很久以来第一次出现了死亡率超过出生率的现象——这是 18 世纪 90 年代以前的最后一次。这个例子也表现了在死亡面前的不平等。这种不平等是以长久以来高死亡率引发的数次大动荡为特征的。各地为数不多的富人、显贵,由于住得更好、穿得更暖、吃得更饱,与悲苦大众相比更容易幸免于难。对于普通民众来说,疾病依然是他们悲惨生活的产物,需要努力改善这种状况。政府、克吕泽尔总督及其代理人都动员了起来。在最后的几次危机中,开展了医疗卫生反思运动,其目的不仅是组织救助,更是在不断关心人民健康状况;在为发展作贡献的同时,预防灾难发生。

如果死亡人数没有些许减少的话,超高死亡率下降所产生的作用也不足以促进人口增长。但是争论依然围绕着数据进行。伯拉佑认为,法国的出生率变化很小:1740 年是 39.9‰,1750 年为 41‰,18 世纪 60 年代又回到 39‰,之后降至 37‰—38‰这个区间。有时出生率能升至更高的数字。18 世纪 60 年代初,死亡率稳定在 40‰左右,然后逐渐下降;1775—1789 年间在 30.6‰、37.1‰与 35.5‰之间波动,没有回到 1840—1850 年代[①]的水平。1780—1789 年以前,我们没有观察到 1—5 岁儿童死亡率的明显变化(当时每两个儿童中就有一个会死亡)。1790 年后儿童死亡率开始下降,但是这时只是记录数据的暂时下降,直到 19 世纪初期,这种超高死亡率才消失。

记住两个待确定的假设:18 世纪末之前,儿童死亡率可能在某些地区下降了,在另一些地区下降的幅度没那么大;人的寿命依然较短,因为

① Blayo（Y.），“Mouvement naturel de la population française de 1740 à 1829”，*Population*，*Démographie historique*，1975，pp. 15 – 64.

在战胜瘟疫后成人的死亡率变化很小。1750年以前,瘟疫结束后的第五年计算出的平均寿命(忽略了数字很高的儿童死亡率)为40.25岁;1789年以前为44.5岁。女性的寿命与前面的数据接近,分别为41.2岁和44.3岁。在这两个方面,成果并不显著,但有的方面还是开始好转。婴儿的大量死亡依旧,但是已经出现改观。尤其在社会层面与寿命方面,对于富人与成年人来说,想拥有更长的寿命并非不可能实现。

　　研究一个重要现象的困难使乐观的人口历史学家如皮埃尔·肖努、巴尔德、布素,与悲观的人口历史学家如雅克·杜帕吉埃、伯拉佑之间出现了意见分歧。后者选择采用一种有效的解读方式来解读人口演变过程中的出生率与死亡率。这种方式或使人们接受18世纪死亡率确实已经发生变化的观点;或使人们认为死亡率的发展游移不定,18世纪,当经济的发展以及医学的快速进步推动死亡率下降时,死亡率才有了明显的变化。但是,我们可以确信一点:从1750年以后人口开始增长,而且此后没有再减少,正如14世纪或17世纪的历史所表明的那样。

　　人们研究人口增长与维持人口增长问题的同时,开启了对知识、经济以及社会其他层面关于人口问题的提问。因为要掌握一系列微小因素促成进步的可能性,还分析出人们数百年来面对生命、面对死亡的态度发生变化的原因。我们首先可以想到这个小小的成功是怎样由人们的经验造就的,而这种经验主义又被国家利用,在19世纪的医学大变革之前,建立了能感应到更深远变化的精神状态。

人口增长与医疗普及

　　肉眼可见的人口膨胀对将经济复苏与可用租地、农业生产领土制度相连的自我调节机制提出了疑问。农业生产领土制度决定着一切,尤其决定着对需求的满足。直至19世纪,都是供不应求。人口的增长通过满足就业的需要带动了农村发展,一些经济领域从农村发展中汲取自身发展的力量：大量开垦土地成为聚集劳动力的中心，"农村工业"的发展提供了就业机会，出现了人口稠密区，在瓦朗谢纳就是如此。这是妇女儿童们加班、兼职的成果。但还是有大量劳动力闲置，这些人没有新工作，也没有继承财产的希望。农村的无产阶级化导致人口迁移、城市扩展，也为保护农村人口发展的成果提供了便利。城市保持着发展步伐，但并不能完全满足社会需求，因此，经济与人口状况比较脆弱。1775—1790 年间爆发的危机反映了这些不平衡因素，但未导致社会退步。①

　　人口增长无疑促进了农村经济的发展，这是历史学家们讨论的话题；农村的发展对工业领域产生的影响也是真实存在的。人们曾质疑18 世纪所谓的"农业革命"，坚持认为那是"虚假的经济腾飞"：②生产的增速好像不如人口增速，但是人口确实在增长，而且应该有其原因。有三个方面的原因可以解释这一变化。

　　第一个原因是：工作量的增大，耕地的增加，耕作方式的进步，农业上提倡更为复杂的轮作制，并向贫困地区引进（或推广）一些新作物品种如玉米、土豆、板栗。在初步工业化的区域里，非全日制工作以及将土地分为小块的做法维持了人口增长。产量增加——对小麦和黑麦这两种制作面包所需的主要粮食的产量是否增加的问题存在争议——并不是唯一的答案。产量增加不能概括"农业革命"，也不能掩盖除单位公顷的生产率提高外的其他变化。③ 产量的提高、谷物播种面积的扩大、粮食储存技术的完善、磨粉方法的进步、三叶草和苜蓿种植场不容置疑

---

① Grenier (J. – Y.), Dupaquier (J.), Burguiere (A.), "Croissance et déstabilisation", *Histoire de la population française*, t. II, *op. cit.*, pp. 437 – 499.

② Morineau (M.), *Les Faux-Semblants du démarrage économique. Agriculture et démographie dans la France du XVIIIe siècle*, Paris, 1971.

③ Moriceau (J.– M.), *Les Fermiers de l'Ile-de-France, XVIe – XVIIIe siècle*, thèse Paris-I, 1993, ex. dactyl, 2 vol.

的在土地增肥上的改革,甚至在翻耕方式与调节土地温度湿度技术上的进步,这一切都表明,在农业发达地区以及城市郊区内,一股现代化之风使人口增长成为可能,并成为农业腾飞的开端。马克·布洛赫与欧内斯特·拉布鲁斯①的话并非完全没有道理。

　　同样,第二个原因也为发展提供了可能。在环境允许的地方采取了一些首创做法,增加了耕种强度,这由自由劳动力的工作来保证,于是一些小地区专门种植经济作物。比如阿尔萨斯与博若莱就种植葡萄。人们用葡萄酒交换小麦,当然前提条件是田地的互补性,而且谷物贸易要像在巴黎与西南地区一样飞速发展。大农场主的作用显而易见,他们传播新技术的作用值得肯定。

　　最后,第三个原因。促进人口增长的另一方面原因很可能是公路网的改善。它为产品更好的分配,以及人员流动、信息交流提供了便利条件。我们必须放弃众人以为的线性发展的想法。经济与社会停滞带来了许多社会问题,还不包括一大批失业者与流浪汉——10%的职业乞丐!影响主要产生在城市与工业领域,贸易引起了需求的变化。人口增长不能忽略某些生产活动的适应力,比如畜牧业,其养殖体系比谷物生产区的种植体系更具弹性。小麦危机与法国社会的不稳定不应该掩盖这些不同实验区②的成果。往往在人们意想不到的地方,生存条件反而更容易得到保证,也因此促进了整体人口密度的提高。

　　人口密度的提高离不开人们面对疾病与死亡的态度的重大改变,离不开有利于医学精神发展的环境的创造。城市与农村均是如此。当然,很难得出疾病已经消失的结论(不过瘟疫确实是消失了),因为必须更好地了解众多地方病与流行病的具体特点,以便解释它们消退的原因。

---

① 法国历史学家,研究社会与经济史的专家。——译者注

② Mulliez (J.), "Le blé, mal nécessaire", *art. cit.*

由于经验主义的许多成功所带来的细微改变,死亡人数在几个敏感的方面降低了。

天花是需要对付的目标之一。这种传染性的"红色死亡"之病既是地方病又是流行病,四处肆虐。拉·孔达米纳指出,1754 年法国死于天花的人数从大约 50 人增至 80 000 人,该疾病在儿童中发病率很高。对抗这种家庭性疾病的斗争从英国发起,伏尔泰在他的第 11 封《哲学通信》中对此进行了宣传。在 20 世纪初疫苗接种取得成功之前,法国医学界在接种问题上一直存在意见分歧,既有支持者,又有反对者。直到一些资深医生在当地发起辩论,得到了官方的鼓励——在弗朗什-孔泰地区,吉罗支持接种。接种与否也是一种社会选择,皇室成员与社会名流作出榜样。1744 年,路易十六与他的兄弟们接受了接种;时装业中也推出了一些时尚配饰,展示这场征服病魔的胜利。特龙相、嘎第为社会精英进行了预防接种;乡村医生们也在寻求一种更普遍的预防措施。所有这些积极措施其实都融于受国家保护的医疗普及事业;而普及医疗则是新产生的对生命执着信仰的表现。①

现在谈一下另一个敏感的方面,也是一个众所周知的例子:产科。它的进步是以一个根本转变为前提的。在乡村和城市,新生命的诞生被一个充满象征色彩的世界包围着。在这个世界里,生育习俗、神奇的信仰与分娩行为都努力试图解决一些棘手的问题。这种占主导地位的文化中关键人物是产科医生和非法接生婆。她们处于女性群体的中心,是道德权威的代表者、众人秘密与名声的掌控者;她们干预新生儿的身体,改变其身体形态。她们的作用受到 18 世纪医学以及所有当权者(教会、国家)的质疑。非法接生婆因不负责任、无知,只凭经验行事而受到谴

① Darmon (P.), *La Longue Traque de la variole*, *les pionniers de la médecine préventive*, Paris, 1986.

责。她们必须被"助产士"取代,后者接受过专业训练,而且受到社区与官方的监督。于是,分娩卫生的基本原则,也就是使用开水与马赛肥皂这一成功做法得以普及。王权以很独特的方式介入助产士的培训中。法国并不是把产科医生派往学校,而是将教育送至社区。著名的杜·库德雷夫人 25 年中足迹遍及全国;带着她的"模型",讲授一些分娩课程,在城市与乡村都产生了良好的效果,培养了一大批优秀的产科医生。

医生与产科外科医生必然带来一些新变化。这些医生在解剖学与处方学方面有更高的造诣,他们也开设了不少课程,宣传医学知识。医生成功了。他们的成功源于显著的医疗效果带来的日益增加的社会需求,源于人们对医学的积极关注以及中央、市镇、宗教权力机构的支持。这些权力机构一方面支持助产士的工作,因为她们是连接城市文化与农村文化的纽带,又是"偏见与迷信"的对抗力量;另一方面支持产科医生的工作,他们适应了普及医疗事业的需要——普及医疗是城市享有的特权,然而训练有素的外科医生也将其推广到了农村。

两方面的变化这样交汇着:自然主义生存观消退,在实践与象征链中,这种观点将不可分割的生死与对脆弱的生者与亡者的归属统一起来;宗教与城市文化适应、科学与医学文化适应、行政与功利文化适应结束了古老世系的团结。宿命论被希望所取代。对医疗手段的渴望可以在更长的时期内激励人们求助于新的社会角色——产科医生和助产士。他们得到了国家的支持,作为英明王国的典型机构,1776 年成立的皇家医学会(Société royale de médecine)承担了这一任务。①

由杜尔哥赞助,启蒙时代医学界的名人维克·达齐尔领导的皇家医学会震动了医学界与行政界。这个机构打算通过书信联系的方式打破

---

① Gelis (J.) , *L'Arbre et le Fruit. La naissance dans l'Occident moderne* , Paris, 1984; *La Sage-Femme ou le Médecin* , *une nouvelle conception de la vie* , Paris, 1980.

医生间孤立作战的局面,调查病因与病症;并计划通过出版《解剖部位》加速培训进程,改进对抗疾病的方法。皇家医学会制订上述计划受到了下列想法的影响:流行病的发展与季节变化有关,我们可以绘制病理分布图;而且必须分析社会上的主要致病地,以此了解流行病的社会发展过程。医院、监狱、兵营、船舶和城市,成为研究病因的观察地与药物试验场所。这一切表达了整个行政机构对"公益"的一贯信仰。新希波克拉底学说的愿望就是将这种信仰转化为具有决定意义的推动力。从财政总监到总督,再到总督代理,最后到研究流行病的医生,建立了病情观察链与有用信息交流链,组织收集各种统计数据,传播有效的治疗方法。皇家医学会战胜了困难,带动科学团队收集了大量真实情况与统计数据。

皇家医学会在缩小死亡的边界方面可能没有很大的作为,但是它为推动实现根本变化做出了贡献,我们将会在宗教态度问题上再次看到这一根本性变化:从此,稳定受到质疑,已被接受的丑闻遭到拒绝,进步思想深入人心。我们可以通过两个例子评价其影响的广度,这两个例子是农学与科学组织,其中产生了自然与科学的交汇。1750 年后发起的普及医疗的运动也反映了两个特点。从此,人们的注意力不再只限于揭示大自然的秘密,而是进一步理解它的运行机制。没有专业化和职业化①就没有进步。

自然成就

死亡与疾病被杰出的科学家与哲学家们看作是"可怕的敌人",因

---

① Meyer (J.), "L'enquête de l'Académie de médecine sur les épidémies 6", in Desaive (J.-P.) et al. (éd.), *Médecins, climat et épidémies à la fin du XVIIe siècle*, Paris, 1972, pp. 9 – 20; Goubert (P.), *La Médicalisation de la société française*, 1770 – 1790, Waterloo, Canada, 1982.

为发现大自然的规律使人们相信生命,命运的虎钳松开了。"医生是为祖国做出了贡献的唯一哲学家",拉·梅特里在他献给哥廷根大学医学教授哈雷的著作《人是机器》中这样写道。这种肯定只是提升众多带来有用知识的创造者整体地位的一个方面,其中农学家与科学家这两者的形象被直接与世界的主宰相提并论。

　　整个社会都依赖农业,而农业依然是运用陈旧的方式进行的简单耕作,其结果也差强人意。很少有改革者思考提高产量的条件。奥利维耶·德·塞尔的《农业戏剧》不断重演,埃蒂安纳与列波的《乡村屋舍》反复印刷,有关变革①的被零散摘录其中。前农学的注意力集中在边缘生产,如花园、菜园、葡萄园;并在种植方法,如修剪和嫁接、绑缚幼树蔓和蘖枝、温床和钟形罩的比较过程中增长知识。花农与园林工人将了解生命的意愿变成了农业文化遗产,这一意愿就是发展和掌握植物栽培方法。②

　　要推广农业科学,就必须与过去作出更彻底的决裂,这就意味着要树立展开实验和进行总结的观点。而实验和总结都离不开计算,因为只有计算才能衡量变化,明确成功或失败的原因。《农业统计与改革方案》(拉瓦锡 1787 年出版的一本书的标题)通过对这两方面的分析来回答困扰着整个欧洲大陆以及 20 世纪的历史学家们③的一个问题:"为什么法国的农业不如英国的发达? 法国人民既不是不如英国人勤劳,又不是比他们缺乏技巧……"农学家们的动员以及农学理论上或者说是实践上的成功肯定了科学与政府部门的共同作用,增加了需求的恰当推动作用,以及寻找出路避免缺乏粮食和木材的必要性。然而,解决问题的途

①　Bourde（A.‑J.），*Agronomie et Agronomes en France au XVIIIe siècle*，Paris，1967，
　　3 vol.

②　Dagognet（F.），*Des révolutions vertes*，*histoire et principe de l'agronomie*，Paris，1973.

③　Morineau（M.），Ruralia，*Revue historique*，1992，n°2，pp. 359‑384.

径主要是对新兴经济进行思考,改善组织市场与销售的方法。组织操作技术比生产科学更具有决定意义。直到 18 世纪,两者的关系才转换过来,这时农艺科学对新型农业来说是必不可少的,它减少了人们对自然力的依赖。发生这个重大变革之前,物质改造与社会组织相互混淆。经验并不总能达到目的,它被应该使"农学革命"行之有效的司法与社会改革超越了。

农艺改革带来的忧虑

　　总的来讲,植物生长的机理是什么呢? 开垦土地的最好方法是什么? 成为良田需要具备哪些要素? 我们对它又有什么期望? 有哪些肥料? 怎样能够得到这些肥料? 最好的施肥方法是什么? 怎样选种? 都有哪些播种方法? 谷物在田间生长的过程中需要怎样管理? 怎样收割? 怎样打出谷物颗粒? 怎样去除杂质将谷物清理干净? 怎样储存? 哪些工具最适合翻耕土地? 自然或人工草场有什么效用? 怎样获取? 某些有用植物的特殊种植方法是什么? 最后,有哪些阻碍农业发展的滥用现象? 这些大体上就是我献给公众的两本书中所研究的问题。

　　杜阿美尔·迪蒙梭在他的《农业因素》(1762)中列出的这个目录表明,创新科学出现了。作为并不代表整个农学的"新型农业"的倡导者,杜阿美尔重视需求、理论、实践与改革之间的关系。这一点,我们从科学院的几位同事指出的发展迅速的各个经济层面上都能看出。这些经济层面是:用途广泛的森林、车间和工厂、楼房建造、日用品(从工具柄到小勺,从木鞋到纺车、纺织机、家具框架)的制作。

　　手工工场、打铁铺的增加以及城市的发展,造成森林资源匮乏,从而导致了资本与收入的浪费,也践踏了规章制度与监督体制。社区的需求引起了一些冲突,态度积极的行政机构试图解决问题。这一切引发人们思考如何增加供给,如何改良取暖方法和火炉,如何节省燃料。杜阿美尔深入到煤炭商当中进行调研,"为节约木材,我们烧炭吧";雷奥米尔思考森林学;布丰钻研树木物理学。这时要普及"规范的经济模式"(économie du bon usage),使资源适应人们的需要,合理地发展林业。

对土地的威胁更严重了。小麦,"这种人们离不开的坏东西"耗尽了土壤,并促使人们进一步开垦土地。要解决这个问题,就要引进新植物品种来延续种植业。英国模式,当然并不是原样照搬,可以使法国渡过难关。能够推广英国模式,是因为法国人发现了英国——培根时代以来的试验之母,繁荣的农业国,未来的主宰。1715 年以后,人们才发现英国乡村里欣欣向荣的景象。这是一个真正的人间天堂,这里的果园、耕地、篱笆让来访者赞叹不已,这里的草地郁郁葱葱,这里的人们热爱种植,这里的贵族也种田,人们吃烤牛肉。英国提供了"教训",也作出"榜样";农学先驱开始效法。1750 年后,杜阿美尔·迪蒙梭笔下的《论土地种植》使"新体系"得到推广。我们要抓住关键的一点:由于草场的发展,麦田的扩张受到限制,农村还有透气的空间,森林、树林保持原有面积,但是有限的空间必须出产更多的产品。通过饲料改革,新体系将畜牧业与小麦联系了起来;这样就增加了牲畜量和肥料,改良了土壤。英国农艺学给法国农业带来的问题在于,后者不懂英国农学,更重视牧场、肉、黄油和奶酪。法国依然忠实于小麦生产,因为小麦使英国富强,但他们没有看到英国为出击国际市场放弃了小麦。促使发展畜牧业的唯一因素是城市的影响,比如诺曼底地区的农民意识到了为巴黎供应粮食的好处。这可能是因为人们在传统的生产环境(小麦与谷物生产)中看到了新的东西,也可能是因为发展速度放慢了。拉瓦锡的计算结果证明了这一点。

怎样明显改良土壤、怎样衡量发展能力才能说服持怀疑态度的群体和反对者呢？"我们不能奢求立竿见影的变化，只能准备实现循序渐进的持续变革。因为要想增加稻草，需要大量的肥料；而要增加肥料，需要有稻草。于是我们发现只能渐渐地达到这个双重目标。"伟大的化学家、地产主和实验者这样强调。只有将会计学引入到农业经营领域，才能通过对比采用新旧方法所产生的结果来证明改良土壤的效果。拉瓦锡在这里重新找到了重农政策中经验主义的开始。这是魁奈与他的弟子们为研究抽象图表与规范经济学已抛弃了的内容。一切都已成为对一种现实主义微观经济学——农业会计学所进行的初步尝试。利用现实主义微观经济学可以制定资产负债表，比较平均水平、会计年度内的产品、经营费用，区分"初期"投资与"纯"投资，从而引出"设施"这一概念，观察区域差异与农业习俗差异。[1]

拉瓦锡通过重新利用重农主义微观分析的一些因素，以及在田野里采用的方法，推翻了旧化学，做出了如下的创新表述："在产出与消耗间存在着等式关系。因此，要想了解产出量，只需了解消耗量。反之亦然。"我们考虑每个人消耗的东西，而不再去计算土地的产出。为计算总结表中的各个项目，拉瓦锡制订了多重标准："装入谷仓的粮食都要点数过秤……从里面取出的所有粮食也是记录数量和重量"；必须要量化收成，以及收获的每一部分粮食。总之，这个方法与他估算"土地财富"所要使用的方法如出一辙。这种方法就是要去除幻想。这是经验主义与科学的对抗、简单或复杂的观察法与统计法的较量。这种方法引出了农业阶层的教育学：一个几乎不能逾越的最终障碍。

事实上，整个农艺学并没有走相同的道路。农艺学被定义为一门科学，它通过公众辩论所产生的影响，比一贯的努力产生的影响更持久，尤

---

[1]　Perrot（J.-C.），*Une histoire intellectuelle…*, *op. cit.*

其是对重农主义的争论。农艺学不是一种排他的学说，也不是一门抽象科学，它发挥不了土地物理资源或化学资源的作用。它主要是描述性和解释性的，包含农村经济的各个实体。这是农民与物理学家之间的紧张关系所划分的多种科学的交汇点。1753 年，农艺学进入法兰西学术院的研究范畴；于是，它与"英式农业"趋于统一，但并未完全与之混同起来。

一个重要的现实问题是：由于想为农村社会制定一些规则，就必然导致背离传统，并会重新审视乡下人所依赖的整体组织结构。作为耕地与大地产物的一部分，农艺学反对常规，研究田地的形状、土地所有者的角色问题，衡量社会苦难。它为人们立法，尤其是因为涉及农业系统的整体完善，它发展了技术、专业技巧，更科学的理论，动植物、土地病理学及治疗学。维克·达齐尔与布尔吉拉研究的兽医学，杜·蒂耶的植物病理学，帕维（此人是贝格曼的读者）的土壤学、土壤处理、施泥灰石技术，以及有关储存方法都取得了进步。农艺学游记，如《农学报刊》，则发布相关信息。由此看来，阿瑟·扬代表了善于观察的农民和报刊读者的双重典范。这些四处游历的自然主义者传播关于新技术的思想，使人们发现新植物；利用他们的相对主义证明种植单一作物的危险，以及种植多种作物的好处。

在这个广阔的知识与实践领域的发展过程中，在辩论与交流中，我们会听到许多丝毫不与重农论混淆的声音。魁奈的农业社会系统要求发展个人耕作，减少惯例的影响，发挥土地所有者的作用。正如布尔德所指出的，在工艺上实现对小人物们来说极其艰巨的"发达农业与富裕农业"的假设。但是，这个观念并不为所有农学家接受，有些人考虑进行与"农艺革命"相适应的其他司法与社会变革。于是，人们接受了有关未来发展的一课：一个政策能够也应该推广农业、宣传其原则，因为农业是发展的基础。"经济学家与哲学家"使这一想法逐渐成熟。这些对于空间重组以及所有权的质询使一元化成为必要,更进一步体现了发展国家市场的紧迫性。农业中逐渐出现了一种新思想:计算收成与利润,一批资产阶级与贵族改良者,"普通阶层的杰出人物们"(阿瑟·扬),推动了农业在资本主义影响下的转变。杜尔哥将他的《关于财富的形成与分配的思考》一书第 65 段的题目定为"资本家将土地开发限制在了小规模种植的范围内",于是,我们可以通过质疑这一变化来回答一个已经初露端倪的问题:是否应该缩减主要由贵族组成的土地所有者的尝试,而不会直接对环境①产生影响?

可喜之处

　　尽管缺乏完善规划,改良也是取得了一定成果的,这些成果离不开一个充满希望的环境。当农艺学图书馆里确实农艺学书籍数量越来越多、质量越来越好时,此类书籍的受众也在增加。让-马克·莫里索合理地划分出三类图书发行者。首先是行政人员。他们是部长,如贝尔丹,他的行为大大超出其所在总检查处(Contrôle général)(1759—1763)的限制条件,因为他将一个积极、经济、又有影响力的国家秘书处一直保留到 1780 年。在内克尔辞掉他之前,他领导下的全体工作人员讨论了所有问题。接下来是总督,如利穆赞地区的杜尔哥和欧什地区的埃蒂尼,总督代理人,甚至众多其他官员。另外还有创始人:有贵族,如拉·罗什福科家族;在各领域内尽忠职守的王室官员;农学绅士,如德·图尔比利侯爵,他是安茹省土地开发的倡导者,阿瑟·扬追寻着他的足迹。他们通常是典型企业的创立者,拉瓦锡和杜阿美尔都为他们树立了榜样:他们搜集资料,读书,订报;虽然没有处处取得成功,他们的失败仍有待证实。他们在当地打开了变革所需的紧张局面。说到底,这些资产阶级

---

① 　Moriceau (J.-C.), *Les Fermiers de l'Ile-de-France...*, *op. cit.*

实践家、贵族土地主、受过教育的耕作者,最不出名,大概数量也最多。他们是城市与农村间的媒介,是最贴近普通农民的榜样。其中大部分是热爱农学的、好读书的、内行的、准备采用有利农艺结果的耕种者,还有一些是参与皇家农业协会①改革的杰出人物。

　　他们减少了在学术协会内的一部分活动,这些活动在贝尔丹时期受到了政府的直接保护。贝尔丹的顾问是图尔比利,而前者十分注意避免使这件事引起旧机构的不安。从 1757—1763 年,相继成立了 16 个协会:雷恩、图尔、巴黎、利摩日、里昂、奥尔良、里翁、鲁昂、苏瓦松、阿朗松、布尔日、欧什、拉·罗谢尔、蒙托邦、卡昂、瓦朗谢纳。1789 年以前,又有四个协会加入该协会网:普瓦捷、埃克斯、佩皮尼昂和穆兰。这张分布图体现了几个必然要求:总督观点的转变、贵族的利益。在拉·罗谢尔——苏瓦松一线以北,这些需要显得更为迫切,这使人联想到与英国间可能存在重要的关系,尤其是"发达农业"对于农艺学思考上的影响。巴黎的压力、首都大土地主的交替变化,强化了实现这些需求的有利条件。最后,其他一些讨论中心的存在可以弥补空白:贝亚恩、朗格多克、勃艮第,还有位于蒙彼利埃、南锡、波尔多、阿拉斯、亚眠和贝桑松关注农业的学术院。另外,院士们常常发挥决定性作用:利益、社会代表、目标,以及通过科学知识取得的进步在这两个网络中都是一样的。贝尔丹、阿贝耶和图尔比利侯爵都曾在法兰西学术院工作过,他们的工作内容就是效法英国乡村"农艺学办公室"的做法,传播在调查、实验、讨论基础上获取的农艺学新知识。实践家和科学家被邀请来一道发展这项事业,这些成员的引入比科学院招收成员更开放、更自由。

　　无论主要还是次要的农艺学办公室都拥有丰富的经验,享有很高声望,有些办公室就设在小村庄中。农艺学协会聚集了"启蒙派"(parti

① Bourde（A.-J.）, *Agronomie et Agronomes...*, *op. cit.*

des Lumières），其目标在于建立一个让"农夫成为哲学家,哲学家学习做农夫"的组织。这个组织有 600 个成员,分为 30 个委员会:贵族占35%,教士占 18%,第三等级占 36%;10%的不太显要的社会人物无疑增加了"农村资产阶级"的影响。重要的是,在这样的分类中再次明确了贵族、乡绅所占的新比重,修士与农村征收什一税的本堂神甫的作用,以及行政主管官员、总督代理与官员、某些外科医生、公证人,甚至是耕作者、驿站长所发挥的作用。

在巴黎设有一个著名科学家中心,其中有罗西耶神甫、泰西埃神甫、科梅勒莱神甫、帕芒蒂埃神甫、瓦尔蒙·德·博马尔神甫、富克鲁瓦神甫、卡代·德·沃神甫、维克·达齐尔、沙普塔尔神甫。在这里,乡下人是专家:园林工人丕平、农场主埃蒂安纳·查理曼、克雷泰·德·帕莱勒,还有前者的女婿庄园佃农贝尼埃、农夫穆龙和奥佩莱克斯、雇主德尔波特和洛尔米,驿站长佩蒂。这个组合处处居于首位,因为其中既有耕作者、行政人员,又有信息的传播者。匿名回忆录常常掩盖了不太重要的实践家的存在。正如让-马克·莫里索所指出的,亲属与邻居都有竞争心。伟大的耕作者、改良家拉瓦锡、拉·罗什福科公爵、德·马尔泽尔布先生、德·沙罗公爵、德·盖尔希侯爵,不但领导了改革运动,而且树立了榜样。因此,在对比中新方法经受了考验,并经常被讨论。这时发表了一些农艺学方面的经典作品。这些作品被再版,有些根据当时读者的口味进行了改编,如 1783 年的《新乡村屋舍》,还有受耕种者喜爱的丛书《完美元帅》《穷人的医生》。

我们虽不能由此得出新农艺学取得成功的结论,但也不应该低估它。在农业发达的地区,新农艺学的重要性是可以衡量的,比如在法兰西岛普及了第一次"绿色革命"的新方法:人工草场、施肥、新技术。农艺学很可能加快了真正的农村资本主义给巴黎郊区带来的变革。在其他地方,如博若莱,一个葡萄酒工艺学家中心拥有一些藏书。这些业主关心园艺发展,比如关心能够批判传统、指导实践的新事物;皇家农业协会发明了新博若莱酒和滗清的葡萄酒。一种考虑问题的新方式被采用。债务累积的风险降低了——起初,只有一小部分人承担。"耕种者并不是从书本中获得知识,我们在改革尝试中的成功与失误就是他们的书,因为这些是目睹的事实,也是唯一适合他们的资料",罗西耶神甫这样写道,他相信实例的力量。不管通过加强人类劳动还是通过投资的方式,农村现代化都建立在教育的基础上;教育可以发展农业,与其说这不顾农民的利益,不如说是与他们一起合作。在这里,我们又碰到了最初的那个有关人口数量和社会矛盾开始的问题(土地与过量的农民之间的矛盾,城市与农村间的矛盾),但也看到了扫盲的成功。

　　启蒙时代的农艺学目前处在朝两方面变化的十字路口。一方面,它突出了人口增加与需求增长所产生的经济困难。杜尔哥在不成比例的收入法则中阐述了下述观点:"如果增加投资,产量会增加;但是增加量会减少,而且总是越来越少,直至土壤的肥力耗尽。当技术不再能增加任何东西时,增加投资也绝不会增加丝毫产量了……"这样,资本与土地就分离了。另一方面,从科学家到耕种者、物理学家,自主的农艺科学推翻了传统,有时是通过谴责相关习俗或者引发农民的不信任感来实现的:对农艺学的热情是造成混乱的一个真正因素。农艺学使相信可能会取得进步的人与故步自封的人完全对立起来。当过快或范围过广的变革——只为少数人所接受——对大量的传统存在构成威胁时,变革只能在需要更长时间才会出成效的实验中产生。同样,从杰出人物到普通阶层身上发生了另一种变化:人们转变了思想,不再寄希望于习俗与天意,而是相信有可能改造自然,控制大自然的力量,包括生物力量。在几乎完全依赖纯农业产品的社会里,这是一个重要突破。在这种变化中,乡村实践只是一个方面。

科学新希望

18 世纪的科学史提出了一个重要问题：怎样撰写科学史？[1] 我们觉得很难用几页文字来回答这个问题，因为这个要求已经耗费了而且还会耗费许多笔墨。简单说来，就是要超越"内在主义论者"与"外在主义论者"之间的辩论。前者通过分析概念解释科学及其内部变化，后者求助于科学的社会学与历史背景。目前，辩论还未结束。历史学家很难介入，由于缺乏对内在概念逻辑的了解，[2]他们的"自然"倾向使之倒向了外在主义论者那边。通过将理论要求简化为他们的共同目标，或者使理论要求符合不科学的社会目的法则，我们可以得出简化的总结。面对这些总结，我们不禁颤抖。这就是文化史的全部困难，它想抓住科学与启蒙的关系中以及科学与思想的关联中的整体现象。

记住两个内容丰富的思想。首先，应该把科学看作一个"机构"，它"决定并表现"自己的目标，进行创新和改革；同时"它在一段时间内规定并传递一系列的学说和技术，这就需要一个相对同质的科学团体"。因此，必须在概念与社会政治秩序之间建立对话。其次，这种可以测算科学和它本身以及内容与背景间的差距的方法应该利用有关科学成果——它们表明科学是一种文化建设——带来的社会挑战提出的疑问。[3]

① Salomon-Bayet（C.），"L'Institution de la science"，*Annales E. S. C.*，1975，n° 5，pp. 1028 – 1044；*L'Institution de la science et l'expérience du vivant. Méthode et expérience à l'Académie royale des sciences*，1666 – 1793，Paris，1976.

② Canguilhem（G.），*Etude d'histoire et de philosophie des sciences*，Paris，1968，pp. 9 – 23.

③ Shappin（S.），Schaffer（S.），*Leviathan and the Air Pump*，*Hobbes*，*Boyle and the Experimental Sciences*，Princeton，1985；Salomon-Bayet（C.），"L'Institution de la science"，*art. cit.*；*L'Institution de la science…*，*op. cit.*

通过研究的组织方式、自身所设计的手段和工具、进行的实践,以及所建立的阐释系统,科学创造了现实。"人类建立的没有科学的自然界是无声的。"①这些纲领性的观点试图引发一场思考来促使历史学家团体的态度变化,并提出反对表面性的更高要求。在这里,我只打算阐明启蒙与科学的交汇带来的一些变化,也就是说某些价值是怎样在两者共同影响下发挥作用的。书籍的发行、教育以及学院派,促使人们相信科学,相信进步、效用与知识;或者更准确地说,相信知识的效用。写下这些,就已经勾勒出了可能会出现的、发生在文人与科学家身上的带有局限性的转变,而把科学普及背景下缺乏教养、极端愚昧的人排除在外。已创作的著作的目录与报刊中统计的文章充分证明了这一点。

从科学读物到科学传播

18 世纪出版的书越来越多,1715 年左右,平均每年出版 500—1 000 本书,世纪末达到 4 000 本,出版的科学书籍也越来越多。科学技术的发展限制了宗教书籍的市场,表明在人与自然及社会的关系主题中,人们对各方面的好奇心不断增长。17 世纪科学技术的发展水平依然平稳;从伽利略到牛顿,试图用数学与物理语言来解读世界的巨大科学革命并没有构成对出版业的推动力量。18 世纪科学书籍的迅速发展展现了一种创新在与非主流决裂后是怎样被推迟接受的。变化曲线显示出科学技术各个因素都在增长,体现了倾向于将世界清点分类的百科全书派的抱负,以及一个失去神圣色彩的世界占据了主导地位。

对这一变化还需做进一步的准确研究,因为科学书籍本身发生了一

---

① Bourguet(M.‐N.), *Voyages*, *Statistiques*, *Histoire naturelle*, *l'inventaire du monde au XVIIIᵉ siècle*, thèse d'habilitation, Paris‐I, 1993, ex. dactyl, 2 vol.

些影响科学思想以及社会与科学之间关系的变化。[1] 于是,17 世纪开始的抛弃古代语言即拉丁语与希腊语的行为仍在继续。使用本地语言增加了图书发行量,并引发了一场声势浩大的翻译、交流运动。"科学书籍将会保持它的国际影响力,因为科学是国际的。"书籍在各组织之间以及人与人之间流通。农艺学就能说明这一点;化学(拉瓦锡认识普里斯特利和卡文迪许)、物理、数学(想想贝尔努伊家族的作用)和医学(想想博尔哈弗)也是如此。翻译有利于推动争论的发展,比如当布丰1735 年翻译史蒂芬·黑尔斯的作品《植物静态分析》时,修改了天意论解释;而当拉瓦锡夫妇翻译基尔曼的《论燃素》(1787)时,加入了辩驳部分。

科学创作反映了两方面变化。一方面,一个逐渐演变的过程显示了学科的自主发展,并记录了知识的进步。自然科学与实验科学通过自身的发展展现了科学上的变革。相反,对科学的争论和痴迷使人们在变化曲线中看到了有限的局部增长——在有关彗星、地球测量、接种和种牛痘方面的讨论中就可以看到。这些增长曲线体现了公众的利益、需要与专家们的积极活动的结合。有关性病的书籍(1670—1815 年间出版了500 本),当然还有电学、磁学、农艺学方面的书的出版,体现了向更多人推广有用科学发现的趋势。放弃古代语言,翻译运动,采用新方式介绍研究对象的物质性,对话、交谈、教科书,这些都放大了与整个 18 世纪的贵族与资产阶级相关的某种现象。真正的科学家和业余爱好者都需要这些调整,他们专心于"物理消遣"(récréations physiques)与"数学娱乐"(amusements mathématiques)。长普吕席神甫的《大自然的景色》分八册出版,1732—1770 年再版 20 次,拥有 20 000 读者,100 000 潜在读者,是

---

[1] Jammes (B.), "Le livre des Sciences", Martin (H. – J.) et Chartier (R.) (éd.), *Histoire de l'édition française*, op. cit., t. II, pp. 206 – 217.

一本畅销书。它是从自然到人类相关科学的总论。这部作品以对话的形式呈现给读者,参与对话的人物是一对远离城市隐居的贵族夫妇、一个教士、一个科学家和一个来到这个乡村环境中完成教育的年轻骑士。

当科学面向广大珍本爱好者、为他们提供丰富的插图书籍时,它以其简单的形式取悦读者,而袖珍本的外表也吸引着读者。这主要是一些分册出版的官方著作,其中最典型的例子是布丰的巨著《自然史》:分为38卷,600册,由国家出资,1749—1789年分期出版。于是,随之出现了再版与盗版,这是体现作品成功的一个方面。游记作品及其丛书的发展(18世纪3 540本,17世纪1 566本,16世纪456本)也表明了科学家的实践、公众的期待与国家的需要之间的对话是怎样建立起来的。游记作品贴近游历实践(调查、观察),成为游历者的旅伴。它可以通过各种专用术语、想象中的旅游经历、探险故事以及对文明的描述来衡量科学发现的发展状况及其影响。在对文明的描述中,自然与文化、习俗与惯例建立了新人类学。

科学书籍的发展和科学知识的普及,直接关系到科学教育的发展以及一种教育方式,这种方式采用了至少三个途径:学校与学习、科学组织、科学爱好者之间的交流。

耶稣会与奥拉托利会的初中很早就开展了有组织的科学知识教育。1700年88所耶稣会中学中有80所开设了物理课;1761年,90所中学中有85所开设这一课程。数学、水文地理学也得到了当地政府的支持,获得了资助;教师队伍专业化了,课程设置与教学方法实现了多样化,摆脱了抽象教学与形而上学的教学方式;初中配有实验室与陈列馆。普遍实行的兼收并蓄可以让较忠实的听众了解一些问题的争论。因为大教室总是没有小教室利用率高,神甫们必须顶住压力来维持大教室的开放。同样,奥拉托利会的学校在维护自17世纪以来的一些科学家,像马勒伯朗士、拉米等建立的传统方面也起了积极作用;在这里,还是只有一小部分人能上"哲学"课。不管怎样,至少 20 所中学一直为学生提供科学教育,我们可以在世俗化的中学或由一些修会开办、恢复办学的学校的教学大纲中看到这一点。1776 年,正是在一定程度上出于这个原因,王室选择将本笃会修士开办的学校设为皇家军事学院(École royale militaire)。

中学里科学教育的延续及发展,与这一教育在大学里遭遇的困难形成了鲜明对比。在大学里,传统常常依然存在,接连进行的改革也没有解决博雅学院旧组织结构中的复杂问题。相比之下,医学与外科学的教学更具创新性。当根据临床经验以及症状(这是疾病分类的标志)来确诊疾病时,这两方面的教学采用了后来引起重大临床革新的思想与首创性做法。

学校外,这场学术革新运动涉及了大量特权或自由组织、私立或公立组织。17 世纪建立的王家园林(Jardin du roi)增加了教室、教学设施、工作人员及所授课程(化学、植物学、解剖学),是布丰时期享有盛名的重要基地。布丰于 1788 年去世。技术院校、1747 年后的桥梁公路工程学校(Les Ponts et Chaussées)、水文地理学讲堂以及绘画学校的课程,都经历了相同的学术革新运动。桥梁公路工程学校在 1783 年矿业学校(École de mines)建立前就开始了矿物学教学;水文地理学讲堂在讲授港口城市方面发展迅速;绘画学校则反映了巴黎与外省社会在经验论、技术与美学方面的需要——绘画在当时是实现某种事物的"固定手段"——通过此类事物来施加影响;绘画同时也是传授这种行为的沟通方法。[1] 在许多其他例子中,我们还可以列举出梅济耶尔工程学学校(École de génie de Mézières)。学术院、博物院、中学开设的课程,关于海员健康状况的研究,以及在巴黎和外省出现的私人讲授的科学课程、数学

---

[1]　Dupront(A.), *Les Lettres*, *les Sciences…*, *op. cit.*

课、物理课、医学课,这些课程不计其数并进入了寄宿学校以及物理、化学等自然科学研究室。这里交织着在物质世界探索所获得的初期成功——丛书的盛行、实践的加强、天文学与气象学观测及经验的发展,在实验室里产生了对科学的参照和制造规程。巴黎的拉瓦锡、第戎的吉东·德·莫尔沃使人们看到了富有的爱好者、好奇的人以及积极的研究所引发的潮流。

如果我们在这一影响广泛的现象中只看到自然科学的成就(1754 年狄德罗在《对大自然的解释》中宣布的)和数学统治地位的终结,那我们就错了。最好是从中看到趋向具体化的整个运动的成功,而不再那么追求抽象。这个世纪中最优秀的人物,除达朗贝尔外,在数学方面都没有很高的造诣;但是,会计算的人与算术在和实验总结相关的科学实践中占据着中心位置。布丰在他 1777 年出版的《道德算术论》一书中说道:"存在各种类型的真实性,不同程度的可靠性、可能性。"他预感到了在所有科学以及自然现象、人文现象的研究中使用一种新型语言的重要性。

学院派与科学的价值

法兰西科学院作出表率。我们可以把它看作是反映社会与文化互相渗透的一面镜子。社会与文化的相互渗透集中了知识与意识形态、文化价值与规范。在两种制度交替之际,科学院明确了原则在职责与工作中的具体表现;并揭示了人的参与作用与集体的力量,强调了集体成员间的互动,科学组织、社会与政府之间的关系,以及科学思想与哲学思想之间的关系。因此,我们能判断出在争论与实践中真理是怎样被获得的。[1]

---

[1] Hahn (R.), *The Anatomy of a Scientific Institution*, *the Paris Academy of Sciences*, 1666 – 1863, Berkeley-Londres, 1971; Gillispie (Ch.), *Science and Polity in France at the End of the Old Regime*, Princeton, 1980.

1666年法兰西科学院成立,同时也建立了一个传统,即必须增加信息、掌握方法。但与伦敦皇家协会不同的是,从一开始这就是一个君主制机构,它汇集了一些私人创举,将出于实用生产目的来培养专业科学家们。话语占统治地位的时代结束了,"我们要的是行动",丰特奈尔这样说道。评判科学的标准是改造世界的结果。科学院的成功在于将科学家们的意愿与奉行柯尔柏主义的政府的功利态度结合了起来。政府要求接受巴黎科学家所特有的封闭模式,而不是向所有人、所有学科开放的培根模式。这两种模式间的紧张状态只有在巴黎得到了缓和;在外省,这个局面依然存在,因为外省人无法清晰地看到在首都建立的著名科学家、有用的技师与出色的业余爱好者之间的界限。科学院被设计成君主专制的技术顾问、显示荣耀的工具;荣耀的大小是根据成果与效率来判断的。

科学院取得成功得益于三个特点。首先,接收成员时的原则是将其分为名誉院士、领取固定工资者、合作助理、通讯会员,这样逐渐博得了优秀的业余爱好者对院士们才能的认可。其次是拒绝体系思想。科学院不在笛卡儿主义派与牛顿主义派之间作武断的决定,它不规定一种教条,而规定首先要尊重观察,将科学进步建立在积累实例的基础上,先有调查才能有解释。最后,科学院选择评判个人发现的价值,而不是发展只能在出版物中见识到的集体努力。在科学技术持续发展的领域,比如自然科学与社会科学领域,授予专业资格,给予认可。这样,它成为一个定义标准科学的场所、传播标准科学的机构,也是质疑有分寸的争论的地方。在这里,既有创新又有缺乏生气的一面,因为理论发展受制于社会与人类的发展。总之,科学院为多种学科的建立提供了两大王牌手段:它建立一种职能,开启一个新局面;同时,通过言传教育培养接受它教育的人。科学院内正在形成的科学认可这种二元性,而这也一直是充满活力的机构所具备的二元性。①

　　科学的建设通过提升科学家的能力来实现,科学院赞扬其作用。他们是人类的启蒙老师,所有公民中最有用的人。他们首先是科学工作者理想团体中的成员、文坛的成员,但他们将自己的自由归因于科学院规章制度中的公共权利所赋予他们的平衡状态。他们隶属于一些团体机构,享有特权。与其说他们以行会管事会的经营为参照,不如说以得到国家认可的团体自由作为参照。他们拥有才能与天赋,在政府的保护下展示出一个进步社会所需的流动性与自由;他们同时又是为君主制服务的"公务员"。科学家自己确定了知识的要点与人才的标准,这些标准将那些学问不精的人拒于科学团体的大门之外。这种社会模式的力量在于,它符合国家的改革计划。科学家在国内,科学也在国内。他们承担了知识革新的任务。他们接受政府的支持是以独立作为交换的。微薄的工资、养老金给予他们的自由多于束缚。一个世纪以来,丰特奈尔、迈朗、富希、孔多塞的名字在秘书们所宣读的颂词中传播着。他们宣传科学家的典型形象、社会秩序规范、实践原则和官吏服务的理想。

　　在科学院里,科学融入了专制主义机器。科学院通过各种方式发挥着自己的作用:印刷特权、对需要特权的发明的控制,以及竞赛。竞赛的影响力如同提出的课题数目一样正在增长。这里,巴黎模仿了外省。科学对技术领域的介入也是不容忽视的,科学的介入逐渐明确了政府的需要。商贸处(Bureau du commerce)需要经验,总检查处(Contrôle général)需要专业知识,巴黎市需要咨询意见,工业方法需要仲裁。科学院的声望与它的垄断地位紧密相连。在授予其成员专有职位的过程中,它的声望增长了。这些专有职位有教学岗位、工厂领导及公务员。当杜尔哥创立发展运河的委员会时,任命了孔多塞、达朗贝尔和博叙神甫;当

---

① Salomon-Bayet（C.）,"L'Institution de la science", *art. cit.*

他发现动物流行病的危险日益增加时，他请教科学界孔多塞、杜阿美尔、特吕代纳（他在科学院中占有席位）、勒努瓦尔、德侬、多邦东、兽医沙贝尔、维克·达齐尔。正是在科学院这一团体中诞生了孔多塞与拉普拉斯对宪法改革在数学与概率方面的思考。《对实施意见多样化的决定的可行性分析》（1785）像《了解王国人口的随笔集》（1783—1788）一样，证实了这些思考内容。科学院成功地维护了承认旧制度价值和其工作自主权，以及服务与独立之间微妙的平衡关系。

科学院的新成员突出了科学的世俗化（13%的神职人员），成员中有一些贵族，包括军人、专家、拥有爵位者、为数不多的法官；还有大军官，他们属于中产阶级，担任着行政或教师职务或者从事清闲的官僚工作。科学院完全与巴黎精英融合在一起，向他们妥协，没有逃脱他们的质疑。人们在文学界估计到的压力又出现在了科学界。批判科学院的卢梭主义与某些经济学家所倡导的自由主义以及亲英主张融为一体，自由主义与亲英思想鼓舞人们建立普及科学的新团体。

事实上，整个法兰西学术院体系都成为讨论的对象。我们不该忘记外省协会在传播科学知识方面所起的作用。众多机构接受了巴黎的规划，并扮演了相同的角色。但是，外省的科学运动一直向业余爱好者开放，奉行非专业化原则。与当地权力机构联合以及发挥科学实用价值的行为到处可见。在鲁昂，伏尔泰的朋友 Cideville① 镇长表达了如下这些标准和理想：

> 这个美丽省份的胸怀中蕴藏着，或者说它的身上分布着多少目前尚未为人知的财富；它的历史留下了多少有待澄清的重要事实；一些工业部门需要改善，或者需要让它了解，有多少有

---

① 法国上诺曼底大区滨海塞纳省的一个市镇。——译者注

益于农业、训练家养动物以及发展商业的方法。向它揭示这一
切的任务落在了您的肩上！您走得越远，脚下的路就会延伸得
越远。通过您的细心努力，科学将赋予文学自己的方法与准确
性；相应地，文学也会给予科学纯洁的言语与清晰的结构；这种
言语与结构赋予教理风格最大的价值。仅将我能列举的您涉
猎的诸多课题的有用的论文集中起来，总有一天会构成一座宏
伟的论文大厦，一个反映这个省份公民物理与政治、历史的完
整体系。如果法兰西的各组成部分都为共和国的财富做出同
样贡献的话，那么国家将拥有一座多么巨大的宝库啊！

自 1745 年以后，对这个已被广泛接受的目标的认可在一些作品或
调查中得到了体现：60%的作品是关于科学与艺术的。外省学院派并没
有被这一大大增加了出版业与报刊业参数的运动所吸引：一些团体落
后了；而另一些非常积极，比如在蒙彼利埃、波尔多、布雷斯特、第戎、梅
斯、瓦朗斯和图卢兹。尤其是 1760 年以后，科学被广泛讨论，一些社会
阶层，如军人、工程师、建筑师、医生（25%的新成员）、公务员通过多次参
与，已经赶上并超过了大法官们一贯的好奇心。公开会议与协助合作使
科学具有极大的公开性。各学术协会自称是"服务于人民的科学代言
人"；但在公众眼中它们是特权机构，因而是有争议的机构。1770—
1780 年间出现的问题是对文化体系的批判、对学术协会中科学的社会
作用的质疑。动物磁气说①是社会对一种介于伪科学与神秘学之间的
现象的疯狂迷恋，所有科学院院士都比较严格地考察了这一现象。动物
磁气说反映出科学普及所取得的奇迹般的成果中包含的所有希望，同时

① 动物磁气说是 18 世纪德籍医生梅斯梅尔（Mesmer）提出的一种学说，用以解释他所施
行的一种类似催眠术的医疗方法。——译者注

突出了带有政治色彩与批判色彩的舆论所热衷的种种讨论的深刻影响。

这次运动逐渐发展,扩大了其范围与领域,并增添了激进的色彩,这并不令人吃惊。歪曲辩论与学术机构的政治检举联系在一起。勒·罗内热·德·沃桑维勒、卡拉、贝尔加斯、布里索、马拉、梅斯梅尔、苏拉维、贝纳丹·德·圣-皮埃尔被列入"知识专制主义"蒙难者名册。"被埋没的才华""不被理解的敏感""被抛弃的人才""与自然的直接融合",都成为四处传播的抨击性小册子青睐的主题。而各学术协会依然保持无所畏惧的态度,忠于自己折中与服务的理想。

在批判中表现出了两个典型特征:科学战胜伪科学的辩论的重要性;科学学院派扎根于国家功利主义的程度(国家功利主义是构建世界观的基本依据)。从第一个特征我们可以看到对实物主宰作用的肯定,这是由经验建立起来并通过言语传播的:科学依然是一门组织得很好的语言,但很难从中确定没有意义的真理的普遍前景。我们抓住的是一些行为、一些调查实践;总之,是一些工艺,这些工艺汇集起来就构成了科学。物质工艺,其中包含使用工具、植物图集、分析设备。社会工艺,我们从中可以看到一些运作方式,如会议、协助合作、讨论、散播证据与衡量真理的各种方法;在这里,经验决定观点的主导地位。团队工艺,因为科学家离不开他工作与交流看法的环境:教学界、工作室、实验室、天文台是研究成果与实践交汇的地方。最后,知识工艺,它经历了一个获取方法的阶段:填写记分册、撰写报告、递交学术报告、著书或教材。通过这些记录,我们能看到科学是怎样被建构起来的。

回顾科学的历史,它符合对实践认知能力的衡量标准。在其应该融入的、与其他事物同质的空间关系中,科学能构想与自然的关系。分类学(在植物学上就是林奈在掌握世界多样性方面取得的成就)、信息学、"目录学",传播着人们希望从中借鉴如何主宰生命体的成果。世界的客观化以及物质性与智力的统一在实践中发挥着作用。人类甚至能从中悟出自己作为大自然主人的使命和自身生命的意义,正如蓝色长春花对卢梭(植物学家)而言具有特殊含义。从此,自然界成为一个剧院;在这里,人类在自然界的现实中不再享有特权地位。他再次发现自己的特殊性,找回了自己创造价值秩序的意识,他将这种价值秩序通过文明程序强加给了物理世界。这一创造力的梦想建立在两个关键词表现的基础之上:效用与进步。

　　科学的目标、学院派的借口就是肯定一种功利的乐观主义态度。继贬低人类条件之后,是对人类创造财富与价值的颂扬。"将世界看作一个监狱,把所有人看作将要被处决的犯人,这是一个狂热分子的想法。"伏尔泰在他的《哲学通信》中一个有关帕斯卡思想的著名章节里这样写道。人类的关系应朝着符合所有人利益的方向发展。18 世纪在此听从既是医生、教育家、旅行家、化学家又是政治顾问的洛克的教诲。他说过:"真正的知识是带来某种有用的新发明的知识,教人们比以前更快、更轻松地做出某些更好的东西的知识。"百科全书宣传了这一愿望;经济主义更进一步推广了这一想法。人口学与农艺学仍然是经济主义的科学产物与典范。"为最多的人谋求最大的幸福",边沁宣传的这种说法自 1726 年起,就出现在法国哲学家都知道的哈奇森笔下。这是一种全民幸福论的社会表述,它想要展示政府的原则:既需要一种新的政治秩序,又需要一种新的经济组织形式。个人主义应从中吸取教训,但人们认为,科学所提供的功用价值可以产生进步价值。① 虽然这个词使用得有些滞后,但是它很早就已经在发挥作用;它改善了人类条件,提高了人类事业的效率。从此,人类应生存在与过去决裂的氛围中,而不是永恒不变的秩序中。历史可以衡量这些变化。看看伏尔泰与《风俗论》:现

---

① Gusdorf (G.), "Les Sciences humaines et la Pensée occidentale", t. V: *Dieu*, *la Nature*, *l'Homme au Siècle des lumières*, Paris, 1972.

存于世的意义受到拷问,将来会把自然秩序与文化秩序分离开来。杜尔哥在 1750 年对此断言道:

> 自然现象受固有规律所支配,局限在相同的变革之中,一切重生,又消亡……而人类的更替,从一个世纪到另一个世纪,所呈现出的总是变化的局面……各个时期通过一系列的因果关系前后相连,这些因果关系将世界目前的状态与过去的状态联系起来。言语与文字的任意性符号在赋予人类拥有自己思想的同时,展开同他人交流的方法,利用所有的个体知识建立了一个世代相传的公共宝库,一笔不断增加的由每个世纪的发现积累起来的遗产。某位哲学家认为,人类从起源开始就是一个庞大的整体,它本身像每个个体一样,有自己的童年时期与发展过程。[1]

40 年后,孔多塞没有做出更精彩的表述,但将他的哲学引向了人类整体的日后发展,自此成为他自身解放的动力。因此,部分哲学思索着自然界的远去、文明的价值,甚至是稳定历史进程的可能性。卢梭梦想一个为发展指定明确界限的社会状态。不确定性可能尚未消除。[2]

---

[1] Turgot, *Tableau philosophique des progrès successifs de l'esprit humain*, Paris, 1750.

[2] Ehrard (J.), *L'idée de nature en France, dans la première moitié du XVIIIe siécle*, Paris, 1963, 2 vol.

第十六章　个人自由

从出生一直到死亡,从前社会中的人生活在一连串的义务之中,受把他们联系起来的社会团体中的传统、习俗及宗教仪式的约束。这主要是由于宗教的原因,当然也不排除其他社会组织的影响。自由往往被忽视从而也就不可能被教授,占统治地位的思想仍然是人类的集体观念。理想早就有了自己的定义,比如柏拉图的《理想国》,即通过社会达到目的的结构,而非个人的幸福和进步。

其实在"社团"(universitas)理念逐渐淡化的很长一段时间里,我们就已经感知到"人类社会"中这种新理论的萌芽。根据该理论,有生命力的人只是属于社会或者由个人组成的简单的社会组织。在这一演变过程中,路易·杜蒙①划分出了几个阶段,并指出,现代个人主义的萌芽和政治、经济之间存在着联系。圣托马斯·阿奎那理论中的宗教思想体系,在涉及人类共同体时本质上是"整体论";但还存在着一种基督教的个人主义(超越地球之外),与终极观相比是经过深思熟虑而形成的,它和加尔文的理论一起构成了鼓动个人主义精神发展的思想潮流。启蒙运动继承了这一精神。同时,只有在19世纪出现的运动中,国家与教会竞争甚至部分替代了教会作为全社会的代表,开创了自中世纪末期以来的一种新的政治。由于宗教内部的双重分化,社会平等的价值观屹立于政治之城的独立价值体系中。最鲜明具体地描述"个体"特征的当属卢梭:自由与平等,这两种精神必须理性地结合在一起。现代社会正是在

---

① Dumont (L.), "Essai sur l'individualisme", *op. cit.*

政治平等这一准则的温和结合中（唯一可以降低不公平历史影响的因素），孕育着现代社会①的未来。政治个体首先是"与抽象的自然人对应的社会的人"，这或许是彻底进行个体权利根本转变的最后的尝试之一，同时又与社会团体必要的力量握手言和。

在这种背景下，人类思想史指出政治和国家源于一种分化、一种独立领域的形成。当宗教在各种冲突对抗中促使政治产生时，需要加入"第二种政治"，经济于是乎从政治中产生。在经济思想的蓬勃发展中，当一种以全新的方式阐释人类现象②的分类破茧而出时，一种新的形势也逐渐显露。对于法国，对于欧洲，对于整个世界，从属于习惯问题的、代表着我们文明精华的事物的诞生要象征性地上溯到 1776 年（危机不能解释全部，危机的解决能消除我们的不安吗?），其标志是《关于自然及国家财富原因的调查》的出版。从此以后，经济就扮演着一种独立的角色；从政治中独立出来，重商主义盛行。道德说教依然占统治地位。回顾这两个阶段是为了清晰地描绘我们的发展。

魁奈已然隐约预见到，经济自主以两种运动为基础。一方面，生产进程的理据在生产要素等级中表现出来：土地占主导地位。另一方面，假如魁奈是个人主义者，那么他是古代思想方式的中间人，因为真正重要的是一切财富：等级秩序领导一切。价值取决于其用途和道德，而非交换。卢梭在反对宗教学说时，已然正确清晰地勾勒了主要线条：能否将政治和经济分开？

几乎同时的第二个阶段：能否将政治与道德分开？曼德维尔在《蜜蜂寓言》里给出了肯定的答复："我们在晚餐中所期待的并非肉店老板、酿造者或者面包店老板的善心，而是他们对各自利益的关心。"我们还记

---

① Dumont (L.), "Essai sur l'individualisme", *op. cit.*, pp. 85－102.

② Id., *Homo Aequalis*, Paris, 1977, pp. 24－25.

得这样一种说法:"个人的缺点,公共的利益。"一言以蔽之,个人主义自由诞生于从宗教中分离出来的与道德大相径庭的自由,而后得到政治的承认,继而逐渐与经济能力相关。

我们可以尝试用另外三种方式来重现组成现代社会的这种根本对抗。第一种,在基本关系中看待个体:即人与社会的关系中,以及以家庭形式组建的错综复杂的关系中。家庭记录了新的社会价值成形的历史进程。整体论者和不平等论(inégalitaire)与宗教及政治准则完全一致。家庭见证了一种新的母系和父系哲学标准的建立。第二种,以同样的方式,新的形象与举止展示了利益价值与人类价值是如何并驾齐驱、如何成就新的自由的。最后一点,新的自由在理论上与实践中同时显现出来,将两者之间的断裂点展现给后人的任务就非历史学家莫属了。

家庭 权威 个人

在层层社会等级中,家庭的地位十分突出:这是一种解决"血统问题"的"折中"①(solution moyenne)的方式了——家庭的现实性首先在于其承前启后的作用,它维系着祖祖辈辈的血脉,是一个彰显个性的地方,是组成社会要素的链条。家庭也具有流动性,因为正是在分离与联姻的关系中分化组合着家庭生物学上的要素,而这些血脉因素勾勒了基本的社会变化。正如现代家庭建立在生物学需要基础之上一样,18世纪的家庭也是如此,并且要服从社会的诸多约束。从家庭的结构、家庭与社会结构的关系、生命本身②以及人与人之间的关系上看,家庭是拥

---

① Lévi-Strauss (C.), *préface*, Burguière (A.) et al. (éd.), *Histoire de la famille*, Paris, 1986, 2 vol., t. I, pp. 9 - 14.

② *Ibid.*, préface.

有自身特性的,它是文化与自然的中间状态。

所有这些相关因素都足以调动社会和文化历史学家的兴趣。因为在错综复杂的横向与纵向关系的划分中,存在着一种背景关系网,其中的人口统计学、亲缘关系研究、功能分析,以及对宗教或政治准则或多或少地接受与承认,组成了脉络。个人主义就在这种脉络清晰的网状结构中以两种方式形成了。一方面,因为个人主义力求以另外一种方式打造通过自由影响夫妻选择的标准,比如自由决定、协调,甚至是爱①(affectio) ;另一方面,个人主义也反思权利理念、父母与孩子之间的关系。

毫无疑问,在 18 世纪,伴随着爱、性与社会准则关系的新角色的确立,一种新的理念也被大家认可。然而,在家庭的真正角色这一点上,历史学家之间却产生了分歧。两种观念互相碰撞。一种是决绝的悲观与否定:家庭是行为规范的场所,是社会监督和生活准则约束的表现。另外一种观点则更为乐观热情: 现代家庭是个性发展与张扬、性与爱自由释放的空间。"家,我恨你"和"家,我爱你",公说公有理,婆说婆有理。

在 18 世纪,家庭结构的变迁都是有迹可循的。集体资源的使用、婚礼与契约、法律文书、诉讼程序、伟大的文学作品或普通文学里喋喋不休或言简意赅的讨论,这一切都真实再现了生活的多样性,无论是在城市还是在乡村,无论是在南方还是在北方。游戏规则及先人、父母、孩子的形象细微地改变了整个现实世界及各种实际的关系。家庭承载着传承、繁衍、监督变化的功能,因而家庭结构也经历着缓慢地变化。然而,个人的发展却展现出了知识界、宗教界的不安定因素。

父母对于后辈的爱、夫妻之间的爱并不是在 18 世纪才产生的,但爱的方式、爱的表达以及爱的意义发生了改变。这些变化首先在富人、贵

---

① Goody (J.), *L'Évolution de la famille et du mariage en Europe*, Paris, trad., 1986.

族、受到良好教育的中产阶级,以及城里有文化有素养的阶层中间表现得最为明显。对于大多数人来说,生活中的温柔与暴力依然延续着。婚姻生活却能够逃避社会及传统的影响;血统和家庭权力逐渐失去昔日的辉煌。由现代教会见证世俗婚姻这一转变确立了一种家庭规范(天主教宗教裁判所管理着教会,他们比世俗的机构更接近人民),从而也确立了契约签订人之间的平等宣言及在婚姻关系中占首位的个性化。传统因素理应顺应对法律与习俗的重新解读。

家庭和对个人的辖制

在君主政体的观念中,有这样一种根深蒂固的观点:个人受其身体和家族政治的控制,除了使大世系和小氏族屈服之外,加强父权也取得了胜利,这就是"家族权力的罗马化"。实际上,尽管更广泛的团结形式仍在抵消法律的影响,但有两股力量在启蒙时代变得司空见惯:一是税务监察官,他们将"原子型家庭"作为征税和计算所有税收的基本单位;二是风化警察,他们有权控制所有婚姻行为和父母行为。这种计数方法反映了统计员看待事物的方式及其工作的目的:估算种种劳动量,计算应纳税的名目,这是名副其实的同质化工作,却掩盖了部分真相。我们发现这个民族的家庭数目减少了,"社会权力"仍然使每个家庭的规模保持着不确定性,这和他们养活子女、父母和家中仆人的能力息息相关。财富和容纳能力造成了不平等,到处都有养不活的新生儿。

在权力机关的登记簿上,通过警察总监、警长、法官的行为,我们可以看出新的社会准则需求是如何被内化的。通过哲人的分析宣讲,家庭为解决实际困难而求到带有国王封印的信,这是一种权力机制,但同时也是一种捍卫家庭凝聚力的自由手段。自由诉讼或者强制诉讼将家庭生活和国家权力联系在了一起,使得王室代表可以窥视家庭秘密,制止不正常的行为,强加一种符合社会组织原则的夫妻关系。权力机构在解决危险紧张局势的同时,使得这些标准深入人心。

家庭核心力量和家庭和谐的转变,与法学家和政治家在演讲中确定的国家与家长制家庭的观点不谋而合——君主是人民之父。在君主政体中,社会契约把千万家庭联系起来,而且把弑君看作是最不可饶恕的罪恶直至判为死刑;但是,弑父弑母同时又是渎圣罪,与君主对他的孩子、子民所承担的责任相悖。这就是我们之前指出的警察的证据:君主—父亲的形象源于生命繁衍和政治权力建立起来的根深蒂固的关系。如果我们加入公共力量的自觉生育主义和经济需要——繁衍人民(multiplies les peuples)——就可以看到家庭在为国家效力的过程中所体现的力量、个性标准化的重要性、在生命周期的传统理念中它们和集体身份的统一化过程。在遵从自然、血统和上帝的同时,还需加上对权力的确认。在利益的碰撞中,将会诞生变化和个人选择的可能性。但是正因如此,教士和行政官员的文化范例也渐趋完整。

然而,最初并未渗入一种不公正的观点。因为几个世纪以来,教会力图捍卫一种相互之间的协议,尝试性的自由,建立在不离弃基础上的夫妻道德、父母的监督权力、两性关系等。在教士的规则里,他们承认个人是行为的主人。然而,在战胜了世俗和君主制的现代社会初期,却抵触选择的自由权。

这是国王统治下的人民和法学家的胜利。这种新的理念极大地动摇了教会的专制,以此捍卫家长的教育权,从而对抗不合乎规范的行为,并且保证了在合法道德条件下组建家庭。国家的这场战争在18世纪取得了胜利:没有家长即父亲的同意,就没有合法的婚姻。

但是,为补偿这种管制以及婚礼作为社会契约、作为神圣纯洁行为的规定,教会取得了堂区神甫的权力和权力机关的支持;这是对他们与性自由、婚前性行为作斗争的支持。父亲的形象是所有体系的根基。

父权的黄金时代

　　直到 18 世纪初期,两种宗教改革一直巩固着父系君主国的形象,渗透到社会的各个阶层。法律承认这种可以抵制私生子和不正当两性关系的优先权。因为它承认唯一的父亲是婚姻所承认的,从法国人对罗马法重新解读出来的和宗教法规的箴言里吸收借鉴而来的父亲的权威令人敬仰。但是在古典时代,"一家之主"为出色地完成其角色所提出的任何建议都不是多余的。他应该被授予职位。我们对此还要进行一番构想:那就是他的合法身份。因为婚姻不只涉及个人,根据蒙田的说法,还牵涉"我们的家族及更多的利益"。父亲的权利和义务与他的名分紧密相连。当我们谈及结婚人数而不涉及成年未婚者时会发现,1730—1740 年间在整个法国,他们占总人口的 7%,而 4% 的法国人选择了独身;但城市的比例要高于农村,80%—95% 的适婚男性都已婚或者丧偶。

　　在这个世界上,对于男性来说,性无能和不育无疑是莫大的耻辱和讽刺,很少有人会把这种情况告诉别人。在向巫师、教士、医生寻求帮助后,这些问题得到了解决。有一种文学传播的都是关于生育的信息,如"与阳痿告别"(dénouer les aiguillettes);还有其他对生殖产生重要影响的巫术,比如孕育高质量的孩子,漂亮,不能有畸形,既要生男孩也要生女孩。当时的科学肯定了父亲的精子所具有的授精能力的绝对权力,但是也颇具争议。1673 年,史泰侬和德·格拉夫发现了女性的卵巢。至此,正如莫佩尔蒂下的结论那样,"所有的生殖功能要落到女性身上"。但是同一时期,哈姆、列文虎克、哈特索科尔对于精子的意见却重新赋予了男性力量。人们用了一个多世纪来论证卵巢与精子彼此难以分开。这就是为什么人类的繁衍与心理学、营养学、体操甚至气象学一样,是一门被教授的艺术。在它的黄金时代,父亲的身份本身就是一种征服。

　　但是父亲的称号也意味着诸多责任。权利之中也蕴含着不可推卸的义务,正如习惯和习俗所教育我们的那样,"既生之则养之",要抚养孩子,教育孩子,还要给予其遗产。天主教徒和新教徒又重新扮演这种教育的角色,为与家庭分工息息相关的父亲的职责摇旗呐喊。两种因素集合了家庭关系:一方面,彰显了权力;另一方面,个体之间的关系也凸显出来,比如夫妻关系、父子关系。在第一个层面上,家庭通过理性、实用性、爱情和亲情组织起来。各种档案、资料展示了社会习俗和契约的力量:组建家庭,合并财产。但是并非禁止设想一些特殊的关系,即过去的纯粹的感性形式。那时爱情是存在的,但与我们的爱情大相径庭。我们不能让个人选择与社会规范的内在理性背道而驰,因为社会不比组成它的个体更加理性,而个人也不比社会更有激情。一言以蔽之,配偶的选择要基于相互的好感;他们之间或者是有利益可图,或者有着共同的禁忌、强制性的规范组成的复杂网络。违抗也绝非不可能,但是必须清楚,一旦违反了规定是要受到习俗的惩戒、嘲笑、愚弄甚至是饱受酷刑。这就是青年时期所扮演的角色。

　　总之,这就是教会所监督的"先婚姻关系"。显然,在合法的范围内,家庭允许某些生硬、粗暴关系的存在。婚外生育不再是平常之事。道德约束,禁止婚前性行为似乎已经成为一种规范,但并非所有历史学家都这么认为。良好姻缘缔结的同时,身份的转化、婚配、两性关系、幸福喜悦与安家立业、生活都重新找到了经济与使命的载体。无论城市家庭和农村家庭形式如何不同——众所周知,原子家庭总是占据上风——成为家庭道德行使权力之地。夫权与父权树立了威信,这正与父系君主制相一致。这种威信在婚礼的民俗仪式中,在格言警句、先知先觉的智慧里,都表现得淋漓尽致。这种权力处于"主持村镇节日的年轻人的组织"（bachelleries）①的监督之下，因为家庭的管理就是整个村镇的事情。女性的从属地位由此延续下来。母亲首先是家族血脉绵延和传宗接代的工具，并兼有哺育、教育的职责。母乳喂养是绝大多数妇女的习惯，而找奶妈则是城市居民和富裕家庭的选择。至少当孩子 7 岁时，母亲仍兼有教育者和家庭主妇的角色。宗教文学作品里所颂扬的母亲对成为优秀的榜样负有责任，这或许只是长期反女权主义的一种新的反映形式；这种角色成为我们在一些学者作品里读到的男性幻觉滋生的沃土。我们也发现，在到处兜售的小册子和图画里，这种幻觉也得到了传播，比如《女性之镜》和《伟大的家庭之战》。

两个极端的词语最能体现出女性的特征：丧门星，指女人专横、不满现状、唉声叹气、心肠狠毒、贪欲无边、蛮横泼辣；旺夫兴家，指女人勤俭持家，敢闯敢干，品行高洁，是贤妻良母。这是雷蒂夫在《农夫的妻子》和《父亲的一生》（1778）里所提出的父系君主制下的一个论题。与此截然不同的乡村理想对抗着城市的堕落；在城里，道德、女性和家庭关系的形象都一起迷失了方向。

让我们倾听一下雷蒂夫的言论吧："家长把孩子和仆人集中在他身边，在塞满柴火的壁炉旁，'一家之长'扮演着最崇高的角色：他慢条斯理地讲着故事，进行着说教。他的听众如饥似渴，他的妻子以身作则。作为这个王国的第一臣民，她像看待长官、大师、主人和父亲那样注视着她的丈夫。"她远离只能被城市自由思想者所竭力鼓吹的危险罪恶的平等体系，她认为自己是具有依赖性的；她表现出的不是奴隶般的唯唯诺诺，而是女性的顺从。

另外一种附属关系也表明了由父权的狂热所带来的夫妻关系和父子关系。教会夸大了灵魂中孕育着耶稣的神甫的形象。在让·厄德看

---

① 　法国 15—18 世纪中西部年轻人的组织。——译者注

来，教会是"真正的人民之父"，他明确表示教宗意义上父亲身份的至高无上就表现为对"最好的父亲"圣若瑟的崇拜。如果没有使用同样的方法，新教徒牧歌也不会建立在由"独身父亲"控制的教会之上，而只能承认家庭的父亲，但最后还是殊途同归。不体现婚礼神圣性的牧歌把夫妻的结合鼓吹为男人和女人的天职。在宣扬圣职的同时，巩固了父亲的宗教角色，家同样是礼拜堂。[①]

在这两种信仰里，在权力形象和父亲威严中，也潜藏着另一种结合：善良与慈爱。神学的理论中，父亲的身份培育了温柔与忍耐的元素，"父亲有权命令，但是他必须去爱"。

古典时代的回忆录、报纸、关于理性的书籍都体现了形象和榜样建立起的相互的行为关系。父性的温情蕴含在父亲的言语中，当然不称职的父亲也有自己的言语。司法档案中披露的、法律呈文里证实的暴力，毋庸置疑地长久存在于家庭关系中。尽管如此，感情方面也悄然发生着变化，并且在启蒙时代形成燎原之势。

批判父权，解放个体

如前所述，路易十四王朝动摇了父亲的权力。当其他因素还未在整个家庭中建立新的平衡状态之前，在作家、哲学家还未普及一种可以建立另外一种非现实政策的假想家庭时，新教徒和天主教徒在把父亲视为家庭中的国王这一点上达成了一致。这种只取决于上帝权力的父亲的权力在爱的感化下更加温和。然而17世纪80年代颁布的法令却削弱了父亲的权力，后面我们会再有论述。1681年的诏书就赋予子女可以背弃父母宗教的权利。1683年、1685年以及1686年的诏书让子女逐渐摆脱了父母的权力约束。1724年，婚约中的父母之命已经被取消。

---

① Delumeau (J.), Roche (D.), *Histoire des pères*, Paris, 1990, p. 129.

1787 年之前，信奉"所谓的新教"的父亲们，由于没有合法的身份，一直都不能自由支配其财产，比如传给子孙，赠予他人。如果所有这些妥协得以达成暂时的协约，那么皇室的法制体系应该察知其并非本意的影响。它激起了牧师雷弗日的愤慨，而这种愤慨酝酿了政治家的反思。他们已经开始宣扬个人权利来对抗波舒哀的家长式的君主政体。

英国革命的冲击及新教徒反对国王的斗争，开启了思想者对其他道路的探索。从 1681 年起，几乎所有的哲学家都要拜读英国哲学家洛克的《政府论》。洛克否定了鼓吹父权是与生俱来的、绝对的这一双重论题。父亲的权力摇摇欲坠，同时君主权力的根基也受到了冲击。而皮埃尔·朱里厄提出相互义务的观点进行反驳，这些义务是得到"契约"承认的。根据洛克及其自然法的理论，当家庭王国消失时，君主制本身也会受到冲击；道路是为公民个人开辟的。于是新教父亲身份的变化对所有人的文化都有一定的意义：新教父亲身份曾是与众不同的模式，却在政治家的反思中逐渐失去特色。政治家们在其他因素改变家庭内部关系时，开始怀疑与生俱来和无所不能的父亲权力。规范和感性都发生了变化。

要记住，如果女性解放的号声没有吹响，如果妇女依然受管制而没有独立，如果夫妻关系依然从属于未嫁从父、既嫁从夫的伦理道德，我们就能更加清晰地感知妇女解放运动的发展，在社会的上层，这是少数作家但绝非最少数作家的责任。他们从中看到了社会进步的脚步，继马里沃和狄德罗之后，又出现了博马舍和孔多塞。在城市以及一些行会里，对于一些女性来说，工作是参与交流甚至是倾听公众的闲言碎语的方式。很少一部分妇女是沙龙里的常客或者是记者，凭借着顽强无畏的精神，她们与众不同的声音回荡在男权统治的信息社会里。各地妇女受教育的速度在加快，即使受"未来母亲"身份的限制，传授给她们的知识是有限的。但总而言之，妇女的扫盲速度比男性快，城市比农村快。

关于家庭权力和角色之争就这样展开了。涉及的总是理性和性征之间平衡的可能性问题。几个因素正在改变着这个古老辩题。对于上层的学者和博览群书的人而言，一种认识开始明朗化：男性的平等与自由也属于女性。在社会下层，母亲身份的提高、基督教夫妻理想的上升、对婚姻的重新重视、对于圣家族（Jesus、Joseph、Marie）的虔诚、对于性冲动的过度惩罚，这些都是对专制理论的妥协。追求快感和夫妻生活之间的融洽也并非不可能，对自制力和道德社会的约束功不可没。在城市，人们可以见到被警察局和宗教权力机构批判的不可否认的道德解放。同时，对儿童的态度也出现了新的变化：感性、情感、强化了的教育。年轻人初次接触"服务生活圈"的流动性（作为侍从或者行会学徒周游学艺），这更有利于父子之间新关系的重新确立。就像其他活动拉近了夫妻关系一样，内心世界的重新构建也改变着普通生活的方方面面。医学的进步、婴儿出生率的微弱增长也对此做出了贡献。一种自立，身体上和思想上的自由，成了个人的基本特性：在城市发展更为迅速，因为来自家族的限制和监督要少；在农村则相对缓慢，因为可选择的余地不大。私人与公众之间新的鸿沟随处可见，父亲以一种新的作风窥视着这一切。

在这方面，文学教会了我们如何去理解现实和象征体系、实际经验与想象世界的组合：神话给人类存在带来了灵感。通过浩瀚书海中的千变万化的父亲形象，我们可以衡量这种狂热①之中的管理职责：父亲的形象不只与私生活有关，对未来的集体生活也意义重大。从伏尔泰的《俄狄浦斯王》（描写了一位被天真叛逆的主人公杀死的父亲），到《尼古拉先生》或《父亲的一生》，这两部作品描写了艾德姆·雷蒂夫，著名的

---

① Bonnet（J.‐C.），*Le réseau culinaire dans l'Encyclopédie*，Annales，E. S. C.，1976，n°5，pp. 891‐915.

典型,传播权力的父亲形象的复杂人物。这些关于父亲身份的经典文学作品里,有忘恩负义的儿子和行为果断的父亲。绘画如戏剧一样同样描绘了父权。1760—1770 年间,格勒兹曾多次在其绘画中表现父权,比如《乡村订婚女》《忘恩负义之子》。所有这些父亲形象都使得家庭情感的变化更加明朗化;同时,以历史相对主义和启蒙哲学的个人主义的名义对权力的叩问也更加有力。卢梭认为,家庭具有新生政治社会的所有自愿性格。狄德罗认为,家长作风对于君主政体是必不可少的。"政治权力"(《百科全书》),只能建立在普遍赞同的基础上,并且参考"父亲的权力"。新的集体性的父亲已然超出了家庭关系,但是个别的实际经验成了所有人的典范。

　　一种更加平和、更加平易近人的形象在此取代了"哥特式的野蛮专制"(tyrannie gothique)。通过父亲的形象,一种新的社会道德废除了各种差别,开启了平等世界的新前景。在《显赫生活》的图景里,在法兰西学术院院士无数"礼赞"(Éloges)里,在教育者以及出色公民的公式化的理念里,父亲的形象更加具体。直到 1789 年,君主政体一直在利用这个形象。亨利四世怀着崇敬之情维持着其地位;路易十六本人也从父亲的感情影响中受益匪浅,他的政治前途也寓于这种变化之中。内克尔的父亲角色受到文人和他的女儿热尔曼·德·斯塔尔的赞扬。内克尔庄重的行为令人感动;与独断专行格格不入,他是一个敏感善良的男人。宣布公民的父亲身份和父亲个人神化的道路已经铺就。就像联姻一样,孩子与父母的关系也记录了社会约束和日渐强烈的个人愿望之间可能的折中办法。

认可利润　解放个体

　　社会关系和个体性表现的可能性、个人主义理论同样都与经济转变不可分割。回过头来看，伴随着人口增长的农村工业化，无疑对家庭规模的扩大也起到了作用。原子家庭可以实行一种特定的经济动力模式，以及个人主义和利益同时增长的模式。但法国的情况与英国不同，原子家庭与乡镇连成一体，在 18 世纪的各种压力下，变化的是他们内部协调的力量、他们的稳定或不稳定性，以及通过工作把孩子留在身边的现象。

　　然而随着时间的推移，年轻一代走向外部世界已成必然。来自社会各阶层的家庭，村里有头有脸的人家、手工业者、商人、法官、佩剑贵族，他们的孩子在不同的家庭中自由流动。这种有益的积累经验的流动对培养人的情感、性格和社会性格具有决定性意义。社会是一所教授自立精神的学校，这种自立精神与家庭的权力和情感氛围是有差别的。因此我们可以认为，这就是围绕着原子家庭，通过由人口增长支配的对经济形势的必要适应性，创新精神在不断上升。最开放、最不稳定的结构，即维持着人口流动和信息流通的商业、交换的结构，正是有利于促进变化的结构。变化首先在一种标榜"创业者"和"创业之举"的行为中体现出来。为了塑造个人自由，它在货币的自由流通中崭露头角，然后在经济学意识形态里达到顶峰。

创业与创业者

　　18 世纪企业在法国的创立——我们怀疑开始的时间还要早——具有转折性意义。经济学历史成就了企业的创建，解释了加快企业发展的原因，分析了企业形式及推动力的多样性。城市和乡村根据不同的人口密度和不同的速度，以各种方式参与其中。但是在这场运动之后还活跃着一种因素——介入其中的人，他们的行为举止以及思想本身都完全具有介入性；他们让我们接受了一种新的观念，这种观念与传统的、具有遗产性质的观念截然不同。他们与传统的理念作斗争；在物质斗争的背后，一种名为"只关心行为"（portant rien moins que sur

la conception de l'action)①的思想观念的论战也悄然展开。词语的历史有助于理解行为的具体目的性，以及知识从具体运用到概念化、从非形式化到形式化、从含糊到明朗的过程。将"创业思想"集中到话语意义里的混沌状态，点亮了思想经济学和经济思想史。②

创业者（entrepreneur）和创业（entreprise）这两个单词，当从一系列经典的大词典重读其意义时，从费勒蒂埃的通用词典到法兰西学术院词典、从利希雷词典到萨瓦里《通用商业词典》、从《特雷沃词典》到《百科全书》，展现出三个重要的意义：第一种意义属于军事和战略序列，它把创业放在与危险对抗的背景下，把经济活动的意义和冒险的传统结合起来；第二层意义突出了这样一种方式，即对风险的评估可以把对知识的学习引向对未来打算的掌控上；第三个意义是在经济学思想里，通过经验论的习惯与谋取资本前景利益必要性的冲突实现的。

字典里，"entreprise"是指"需要做的事情"，它的第一层意思是指完成一件事情所需要的"大胆决定"，这种行为在创业者的指挥下：他确保了这种行为，承担了管理职责。在行为源头，主要的参照首先是战争的行为：发动（entreprendre）一场战役，挫败敌人的攻击（entreprise）。在命令的指导下，在勇气和果断被看作赢得胜利方式的情况下，法国人都是敢作敢为的勇士（entreprenants）。在沃邦和其他追随他的理论家眼中，士兵的价值通过一种理性的勇气表现出来，"一种勇敢的冲动"足以使他的长官达到进攻的目标。古代的英雄，骁勇善战的骑士，在艰难困苦和冒险中成为人类的榜样。在 18 世纪，他们的威信大减。或者是因为理性的原因，也可能是为了谴责偶然发动或为了荣誉而发动的战争；又

---

① 　Vérin（H.），*Entrepreneur*，*Entreprise*，*Histoire d'une idée*，*op. cit.*；Schumpeter（J.），*Histoire de l'analyse économique. L'âge des fondateurs*，*l'âge classique*，Paris，trad.，1983；Perrot（J.-C.），*Une histoire intellectuelle...*，*op. cit.*

② 　Vérin（H.），Entrepreneur...，*op. cit.*，p.115.

或者是考虑到君主政体的形象,把妄图发动动乱的大封建主打入冷宫,把武力的使用规范化。长久以来,一种个体化的形式都可以在战争的辉煌中得以实现,但这种形式却被国家的理性逻辑、等级的表现和阶级意志所替代。个性化只能在理性的行为中产生,不再是为了个人的完善,而是为了建立一种秩序。在英勇的化身——亚历山大和创业者——国王的典范——恺撒之间,孟德斯鸠选择了法律和理性秩序;他拒绝被战争艺术所批评的、冒险所带来的乐趣和封建制度野心下的混乱状况。在词语的传承中,无论社会如何变革,仍然保留了一种意义:即笛卡儿在想到年轻人冒险做困难事情的时候,如《论灵魂的激情》中所阐释的那样,创业是一剂灵魂的良药,是与反感抗衡的行为,是自我的目标。胜利要比胜利所带来的利益还要重要。

可预估的利益便成了创业活动的新的空间;当货币的交换媒介作用日益普及时,又成为创业者的活动范围。从中我们看到了两种空间的对立:传统和农业王国空间,贸易、流通和角色日益重要的城市空间。创业是为了获取利益,它被定义为一种动力形式;利润的获得加快了其回收行为。能否获得利润取决于创业者的才智。最大限度地利用需求机制来获得利益的乐趣是创业者的推动力,比如按照祖先的权利、土地的定期租金和消费者所提出的需求。创业行为因为其日益扩大的规模加深了供求之间的差别,同时也拉大了生产成本和市场价值间的差距。这都需要资本流动不断加快。运用此前生产体系中的可能办法,创业行为通过中间媒介的作用引入了新的社会关系,同时改变着所有主体维系起来的对生产和财富分配的传统模式——农场主创业者、制造业商人、金融资本家和批发商。在经济领域,出现了一种连接战争、政治和司法领域的观念,从而通过计算建立一种通向未来的新秩序。创业总是一种扩张、颠覆和约束行为。在减少未来不确定因素方面,创业者是有能力的中间人。预算表、"议定价格"、深思熟虑的管理、核算,都对准同一个方向：资本预付是一种风险,实现利润既反映了对风险的承担,就像游戏一样;也反映了对估算、对能力的理性研究。

所以,创业者可能是可信赖的,拥有某种声望。"我们给予创业者的信任是与我们对他们的认识了解相衬的,也就是说,他们具有能够理性地管理一系列复杂行为的能力,而这种能力依赖于衡量得失、花费的能力和投资的天分。在市场竞争中,创业者总是兢兢业业。"[1]

在制造业经济起步走上正轨之时,出现了对创业者和利润等一系列相关因素的反思。这是承受风险的代价,它取决于一些外在原因(生活成本决定的工资水平、经营费用决定的年收入水平)以及内在原因(创业者之间的竞争)。创业行为深刻影响了价格,它证明价格是社会实践的结果,货币对传统社会的影响颇具颠覆性。坎特龙后来把创业者定义为经济主体,他的《普通贸易性质论》很可能写于 1720 年,却在他1755 年去世后出版。坎特龙是爱尔兰人,也是一位商人,是约翰·劳时代事业如日中天的银行家,也是约翰·劳财政信用体系的最伟大受益者之一。他阅读英国政治算术家的作品,但其理论因为个性化的归纳方法和对市场结构的"系统分析"又与他们有所区别。价格体系在交换中是可以观察到的,就是在生产和消费、价值和价格之间创业者的介入。对于利益和回报,他预料到了需求和价格之间的关系。

> 农场主是创业者。这些创业者是进行羊毛和谷物批发的商人,面包店老板、肉店老板、工场主和其他所有类型的商人,所有其他像他们一样负责煤矿、演出、建筑物等等的创业者,海上和陆上的商人;烤肉商、糕点商、小酒馆老板等;正如本身工作不需要启动资金的创业者一样,比如手工业行会的自营商

---

[1]　Vérin（H.）, *Entrepreneur...*, *op. cit.*, p. 115.

人，手工业师傅，比如鞋匠、裁缝、细木工、打水工、理发匠等；本身工作属于艺术和科技领域的创业者，比如画家、律师等；乞丐，甚至是小偷也是他们那一等级的创业者。①

在这著名的论述中，我们读到了可以用同一种理论统一经济和社会多样性的是什么：所有人都生活在不确定因素中，因为必须适应顾客。创业者的出现，即法国的经济学家萨伊（1767—1832）所说的"第三人"，与风险空间和原有古老关系的解体相关。另一边，坎特龙对创业者所要面对的不确定性进行了深刻的剖析：

> 农场主也是创业者，因为他使用农场或土地。他答应支付给土地所有者一笔固定的使用费（我们假设一般来说，这笔钱相当于这块土地产值的三分之一），但他不确定从这次创业行为中获得多大的利益。他用一部分土地来喂养家畜，生产谷物、酒、牧草等，但他并不能预料这些产品哪一类可以带来最好的收益。这些产品的价值一部分要依赖季节天气，一部分则要看消费情况。如果小麦供过于求，价格就会很低；如果供不应求，就能卖个好价钱。谁能预料到一年中全国有多少人出生、多少人死亡呢？又有谁能预料到家庭开支的突然增加或减少呢？但农场主的收入很自然地取决于这些无法预知的事件，因此它又以某种确定性引导着农场主的创业行为。②

在这种充满风险的运作中，重新找到进行大面积种植的农场主并非

---

① Cantillon, *Essai sur la nature du commerce en général*, s. l., 1755, pp. 28 - 32.
② *Ibid.*, pp. 28 - 29.

毫无意义,他们是商品价格世纪大上涨和市场的受益者;这种市场由影响需求的创业者的一系列预见性行为组成。创业者的行为遍布整个社会。坎特龙的《普通贸易性质论》是一次伟大的成功,因为它超越了可感知的社会等级制度,成功地思考现实实践中与创业者相关的隐蔽的创业者等级。[①] 创业行为更多地反对建立一种新型经济空间,在这种空间里,创业者可以颠覆传统形式,介入丰富的交换行为,创立产品和货币之间的新型关系;而不是更多地反对围绕着规则和自主权的行会制度。创业行为是从货币流通占次等地位的经济、社会体系到货币扮演重要角色的另一种体系转变的过渡之一。创业行为中诞生了个性化,而货币则是产生个性化的有力催化剂。

货币与个体自由

创业行为突出了商业交换场所的扩大,加快了商品和货币以及有法定价值的铸币、纸币、汇票的流通。在大部分农业王国中占统治地位的简单的商品流通中,重叠着更加复杂的、商品王国的物质的划分。一种为创业者广泛开展的重要活动,以人力、产品和钱财的不平均分配为依据,在千变万化的形式下进行着投资、财富积累和运作。[②] 如果我们想体会是什么以事物的物质性形式,甚至以历史物质主义的形式把现状与精神要求统一起来的,如果我们想赋予意图、赋予心理形式某种价值,就应当给予经济生活在思想文化中一席之地。[③] 如果我们承认人与人之间的贸易和实物、产品的交换都需要归于"价值"这一范畴,货币就是实现这一切的机会。"在这两种情况下,需要用更具价值的物品对我们所

---

① Vérin (H.), *Entrepreneur...*, *op. cit.*, p. 171.

② *Ibid.*, pp. 90‑99.

③ Simmel (G.), *Philosophie de l'argent*, Paris, trad., 1987, p. 19.

让予的产品留下的空间进行填补。在这种取代过程中，与具有欲望的自我紧密相连的事物和这种更具价值的事物分开了。如此一来，它才具有了价值。"交换与价值相互影响和制约，经济是生活中的一种特殊情况。交换就是这种情况，舍弃一物而获得另外一物，牺牲必要的数量以换取另外一物，满足某种需要。不存在轻而易举就获得的价值。货币变成了经济的表现形式，它积累了物品的价值和选择的自由。货币的出现是为了增加个人自由，减少传统上受束缚、受限制的交换状况，有利于促进变化中的思想的胜利。

斯宾诺莎把货币称作"omnia rerum compendium"，即世界的一个缩影，万能的动力。从创业农场主的农业到通过收益、权力和抽象能力的不受约束的创始人，18世纪诠释了货币是如何通过智慧和才能得以立足的。通过税收，它开启了关于平等和财力的深层思考。人头税和税收理论突出了税收与个人情况之间的紧密关系。伴随着货币经济的扩大，这种紧密关系对相对传统的地租税或不动产税来说，意味着个人更大的自由；这是一个朝着更加个性化发展的阶段，就像实物贡赋的减少一样，货币经济有助于显示财产的私人性，财产拥有者更加独立。货币形式的工资把劳动者从实物工资中解放出来了，同时分散了风险。面包与住房对于劳动者而言是一种绝对值，其现实波动要归因于老板，毕竟是老板给雇佣者结算工钱。用货币支持劳动者工资，增加了成本，但也是为自由所付出的代价。在这种背景下，可能需要重新审视旧式工资的复杂性，以及由手工业主所发起的、监督劳动力的斗争。属于领主的诸多权利也是如此，以实物形式直接由佃农付给领主。阉鸡、家禽、成桶的酒、成袋的谷物，这些要素建立了一种更为紧密的关系。它们由税务员直接监管，后者对其质量十分关注；它们关系到他自身，就像这些东西来自另外一个人一样。货币支付从两方面便利个人相关的范围缩小了，尽管它使各种关系更为坚固，也更客观。

　　齐美尔在这方面又补充了一个例子：与计件工资相比的计时工资、让价格与质量脱离了关系的机械再生产。买最糟糕的商品花的钱几乎与购买优质品的钱相当。存在于买主与生产者之间、个人与贡赋之间的关系被打破了，于是货币再次维持一种特殊过程。这让习俗所强加的有机关系和社交形式得到了解放。这表明，我们可以出于既定目标与其他人合作。共济会与文学会馆的会费取决于对共济会和公众精神共和国的普遍参与。在不放弃任何个人自由和财产的情况下就可进行合作。在经济领域，股份公司不再强调具体利益的集中以及团体观念，转而强调货币利益。对于社会生产了什么，前者则在最高层面上，表现出一种冷漠的态度。

　　总之，货币经济的发展突出了个体之间的相互关系、个体性对社会活动的整体性参与、社会领域的扩大、与实物的断裂、逐渐向抽象形象的迈进。货币经济促进了与个人价值相等的货币的传播，嫁妆、妓女的收入都不会在最罕见的分类中漏掉。更进一步讲，在生活方式的各种形式中，[1]货币经济扮演了一种客观的角色，我们可以在一种表达更多社会差异的生活方式里感知到。所有这些表现都需要复原，但对它们的确定并不排除一种基本的认识：现实的货币流通是什么样的？基本元素是什么？

　　在此回答这些问题是不可能的，但我们可以通过某些观察来指出其关注的重点。毫无疑问，18世纪的货币总量增加了，但货币与货币不同，硬币满足了一部分需要，而纸币和信用证则满足了其他需求。为了维持货币流通和经济运转，一部分法国货币经由西班牙从美洲运来。请注意一下皮埃尔·维拉尔[2]的研究，首先，18世纪货币的稳定给贵金属

---

① Simmel（G.），*Philosophie de l'argent*，Paris，trad.，1987，p. 550.

② Vilar（P.），*Or et Monnaie dans l'histoire*，Paris，trad.，1974.

的发展带来了曙光,物品从此不再需要换来换去,人们在交易进程中不再出尔反尔。流通本身就可以对交换进行盘点,它对贸易起着平衡作用,金属的流通量是经济优越性的信号。但我们仍然要记得,没有市场,货币也就毫无价值:货币稀缺对市场的影响远不如其对商品数量的影响。如果反应迟钝,就赚不到钱。

贸易越是发展,就越是需要运用一些方法来调动资本。这是一个货币和信贷的问题。信贷不仅仅限于贸易范围:从乡村到城市它无处不在,频频出现于税收、消费和生产性投资中。有必要更好地认识这些形式,它们促进了需求的增长。人们去世后的财产清单对此指明了一条道路:少量的货币在底层人手里,越来越依赖信贷、生产者和消费者的债务。这一链条会让整个经济更加脆弱,这就是人们通过一系列破产行为所认识到的。铜币和辅币的流通也是一种重要现象——它们在日常生活中都扮演着一种不可或缺的角色。工人和农村短工很少可以拿到银币;至于金币,他们更是见都没见过。工人拿到的工资也是铜质的苏,他们用这些钱来支付日常开销,买肉、面包和其他食品。他们也承受着一些后果:购买力不断下降,物价持续上涨,这都是投机造成的。[①]1792 年,估计从 1726—1792 年,铸造的金银币有 26 亿 7 400 万,铜币有 1 000 万,辅币有 1 200 万,差异是显而易见的。小额货币的缺乏或通货膨胀却可以引起混乱,因为它们触及的是边缘人群、底层人口,于是后果也就更加严重。最后,要让位于人民大众的信贷组织。它们在法国出现得很晚,但早些时候就已经在酝酿了,16 世纪的里昂就有此规划了,后来 17 世纪又出现了。巴黎当铺的出现为这一创举开了先河。这是对贫穷作出的反应,是一种信贷机构,却又扮演着手工业者的银行的角色。

---

① Thuillier（G.）, *Pour une histoire monétaire de la France au XIXe siècle. Les monnaies de cuivre et de billon*, Annales E. S. C., 1959, n°1, pp. 65 - 91.

总之,这解释了为什么法国银行发展滞后。

　　我们能够回答货币在经济生活中的地位这个有争议的问题吗? 大概吧。当我们审视公证人的行为时,发现比想象的要更多。[1] 财产清单和材料里的各种收据证明了他们拥有的现金数量。大农场主的保险箱里装满了大量的现钱,而小额现金则积攒起来用于生产性活动。总之,货币在此可以不依赖利润,可以被自由支配而无须考虑利润投资。货币流通使得家庭生活与对经济生活参与的不同水平和时间更加清晰:嫁妆、贸易中的债权价值流通表现为乡村或者城市居民区的货币。这一节主要是衡量纸币、债券和支付方式的增加使得货币支付的不便逐渐减少。[2] 为了感知普遍变化的大背景,让我们进行一种乐观的预测:在这种大背景下,个性化的经济思想体系将迎来胜利。在这些微小的活动和大量的日常行为,以及亚当·斯密和魁奈的读者的价值观和思想中,必须想象一种连续体(continuum)。重新解读(ressaisir),是另外一种理解个体的人如何最初从集体的人脱离出来的方式,也是体会其他依赖关系和自由的方式。

观念的表达:自由和平等

　　人类精神分层的社会史仍然有待研究。透过家庭的变迁,在创业的激情和货币流通所承载的自由思想里,我们已经意识到新的"意识形态轮廓"的力量。这种力量提高了个人地位,附属于"全体性";加深了人类和事物、物品、自然及人与人之间的关系;并且伴随着经济发展成为自

[1]　Goubert (P.), *Beauvais et le Beauvaisis, de 1600 à 1730. Contribution à l'histoire sociale au XVIIe siècle*, Paris, 1958, 2 vol.

[2]　Léon (P.), *structures économiques et problèmes sociaux du monde rural dans la France du Sud-Est*, Paris, 1966.

主产业范畴。新的信念即自由主义的信念出现了，并为人所接受、倾听。我们在论述中听到的可能在现实中有所对应：从思想世界到关系世界，精神拷问和日常发明互相对峙。

自由和平等

18 世纪末法国对平等的渴望和对自由的憧憬一样强烈。这种热情与历史及一种全民的心理学有关，是君主政体行为的心理学，凸显了人才地位的上升：在它通过大事件进入道德之前，它就已经在公共精神中取得了胜利。[①] 它首先起源于基督教的平等、布道者的平等、波舒哀的平等和超越世界的平等。其基础是人类在他们与上帝的关系中不需要媒介，面对死亡他们是平等的。上帝在世间的规划证明的不平等，只能在人类生命的短暂历程中表现出来。"死亡把君主和臣民混淆起来，只有一种脆弱的、肤浅的、转瞬即逝的不同值得考虑；除此以外，再无其他。"至于由神的授意决定的、不均匀分布的美德功绩存在于与个体平等相反的基督教的平等里。奥祖夫写道："我们理解，在反对制度荣誉的过程中扮演了一个了不起的颠覆性角色的一切，都不是那种 18 世纪所热衷的平等：它那享乐主义安逸的倾向让它远离了关于贫穷的人类学。"

启蒙时代的平等是随着理性在道德评判和普遍的理性需求中发展起来的。功利主义的上升、与偏见的抗争，阐明了一种与个体对社会所做贡献成正比的平等：能力主义的平等占了上风。法兰西学术院的赞词完美体现了这种转变：一种对旧制度提出挑战的文学将人类在社会中的荣耀资本化。在评判的天平上起作用的，不再是皈依和善终，而是一生中优质的生活以及对人类所做的贡献。

[①]　Ozouf（M.），«Egalité»；«Liberié», in Furet（F.）, Ozouf（M.）（éd.）, *Dictionnaire critique de la Révolution*, Paris, 1988, p. 697.

　　强迫自己对所有的成员赞扬时，学院希望谦逊的学者能够
找到他的回报，希望荣耀不再不受重视。那些经历无数只为了
牢固确立其荣光的杰出人物，并不是学院怀着最大热情给予赞
词的人。

　　凭借着这个宣言，蒙彼利埃学术院的终身秘书德·拉特在他所有同
事面前宣布，他要求一种真正的平均主义，对平均主义的颂词被看作某
种赞颂体系和社会融合标准传承方式的工具。他就是这样反对巴黎的
大学者的。达朗贝尔、迪克罗、孔多塞，对于他们来说，学院式的平均主
义一点都不排除等级制度。不平等可能从平等中突然出现，个体对社会
不同的贡献可能会引起新的差别，这就是孟德斯鸠所支持的"于是分配
从平等中产生了，而平等似乎被幸福的劳动或过人的天才所掩盖"。伟
大人物的赞词传递了一种生活艺术、一种活跃的严密逻辑的力量，它改
变着对社会业绩的认识，所以可以通过单独的人和公共生活中的人的典
范作用激起争强好胜之心。在另一个层面上，能力主义的平等保持了对
特权、世袭继承和新生特权的批评。

　　在这第一场论战中引入了第二场论战：能力主义并不能解决不平
等。它不关注现实需要和"公民之间幸福的平均分配"。一种新的平均
主义，其矛头不再对准天生的不平等，而是对准了引起人类堕落和国家
衰退、作为社会关系颠覆者的财富不均现象。为了让位于一个人人平
等、所有的权利和义务均等的和谐社会，社会有机论的概念消失了。在
这些条件下，我们发现思想家们遇到了所有权的观念问题和财富再分配
的问题。社会地位的平等要比财富的不平等更容易解决。共同的实利
更容易让区别合法化——在《人权宣言》的第一条里我们就读到了这一
点——事实的平等。从这个观点上说，卢梭的"社会契约"可以看作是
对一种漫长期待的模棱两可的表达。他创立了一种所有人都作为独立

个体存在、思考的政治,而且我们还可以感受到对自由的倾斜,这种自由顺从于全民意志。这或许是把理想社会和抽象社会联系起来的方式,对天赋自由的继承,与社会共同体(有思想的人类的母亲)一起摆脱了治理混乱的政治社会的弊病;也是一种与政治个体和新社会的整体论融合的方式。①

　　"自由一词本身包含了民众的政治信条。"这是在公民同意的情况下所做的良好管理的试金石。它应该结束旧时代的束缚。18 世纪的政治斗争证明了受到专制主义威胁的自主权已经给自由开辟了道路。受身体保障的古老的自主权是等级社会的表现,与融入社会团体的个体相关,它们能够顺应不平等和等级制度。新的自由不再以"通过权利获得的权力平衡"为基础,而依赖于平等个体独立性的保障。对于经济学家,市场的统一性排斥特权和垄断的多样性;对于政治思想家,比如马布利和卢梭,公民只能在相同权利的统一性和法律中,以及同样意愿的和谐中得到自由。在对法律的遵循中,人类获得了自由。卢梭说过:"一个自由的民族可以是服从法律的,但他不会成为别人的附庸。他有领导者,但没有支配者;他遵守法律,也只遵守法律。借助法律的力量他才不去顺从别人。"卢梭思想中的自由与所有权无关,正如洛克的信仰者和重农主义支持者的观点一样。我们所保护的不是一种利益,而是对特殊性的意识——一种团结一致、在一般意志中完成的可能性。与其说是为了维持一个中性空间,即把握好个人独立空间;还不如说是通过社会关系回应共同体的最终目标。社会共同体保证了一种积极的、崇高的自由。

　　集体自主权、个体自由、诞生于复杂性的自由、统一性的自由,在这些自由之间,莫娜·奥祖夫指出存在着恒定的交换和往复运动。启蒙时

---

① Dumont (L.), *Essai sur l'individualisme*, *op. cit.*, pp. 95－102.

代既没有断然决定实行一种最好的管理模式,也没有明确定义理想的社会。无论是在理论层面上,还是在实践层面上,讨论依然持续着。每一个人,特权享有者也包括在内,都满足于统一性的定义。在德·若古为《百科全书》所编纂的"自由"词条里可以读到,公民的政治自由是"来源于每个人都确信的思想的平静"。该词条肯定了天赋权利的本原是"所有自由的根源",因为天生自由的人只是在他们的幸福上是有依赖性的。因为不同的经历,比如贵族身份、权势、财富,在人类需求面前都黯然消失了。每个人都要承认,要让他人享受我们所取得的那些权利,因为财产必须由法律和仲裁支配。在这些原则基础上,加上睿智的胡克的论断,就可以建立天赋的爱德。这就是《圣经》使用的方式,从中我们领会到它是如何调和旧有权利和天赋人权之间的矛盾,自主权和自由、抽象个体和社会存在的矛盾的。①

个人的反抗

在自主权的发明中,必须在理论背后用思想去审视是什么促进了个体的出现;公民是如何在臣民的身份下看到对自我的肯定的。各种不同的行为,比如画像和颅相学的流行,比如签名和书信,都有可能参与到新的平衡状态中去,然后在变化中建立新的矛盾冲突。

自传的流行,或者说它的出现,可以被列入最明显的个人反抗行为。在回忆录、历史、小说这些卷帙浩繁的文献中,共同的主题就是讲述某个人的生活。自传性质的描写,因为叙述者讲述的真实故事,因为一种"契约",因为重建与别人关系的意愿而与众不同。这种形式与其他写作方式,比如日记、自传体小说或自画像,保持了复杂的关系,但它的描写对象就是作者本人,尤其是他的个人生活以及个性的形成。这是关于自我

---

① 　Ozouf（M.）,"Égalité";"Liberté", art. cit., pp. 713 - 767.

论说最能被接受的表现形式。①

　　如果说旧时社会的分析家、法学家、神职人员、行政官员只意识到社会阶级中的人的话,如果对于大部分人而言独立的人是不可能或者很难思考的话,那么自传和关于个性的浩瀚文学则展现了一场革命:等级并非不言而喻,而是来自我们本身;应该去组建、研究它;它在冲突中显现出来。最终,自我(le moi)不再是可憎的,它可以成为崇拜的对象。

　　个人生活成了空想主义和小说传播的价值的核心。普雷沃斯神甫在《克里夫兰的故事》(1731)里写道:

> 　　对于我来说,习惯相信行为的善恶源于刺激行为,只存在破坏名誉的动机,当我暴露在公众之中,之后向他们坦白承认我的错误,我没有感到丝毫的羞愧。

　　这种思考部分来源于精神性的力量和对感化文学(la littérature d'édification)的继承:自我反省。于是,它开始在宗教自由的土地上发展起来。宗教意识拒绝与教士制度同化,启蒙时代的自我从教徒的分裂中,从奥古斯丁派、詹森派、虔信派的探索中吸取了经验,所有这些都受到内心深处与上帝的冲突以及对神灵启示期待的推动。观相术理论家拉瓦特尔②认为,虔信主义的自传本能地在一个自我观察家的《内心日记》里被世俗化。在《忏悔录》里,一个才华横溢的作家向世界吐露了自己的秘密:自我,只是自我。他通过自己的成功开启了一片全新的文化

① Lejeune (Ph.), *L'Autobiographie en France*, Paris, 1971; *Le Pacte autobiographique*, Paris, 1975.
② 拉瓦特尔(Lavater, 1741—1801),瑞士哲学家、诗人和神学家,欧洲相面术创始者。——译者注

天地;他创立了一种模式,满足了一种期待。在雷蒂夫·拉·布雷东纳的作品《揭开面纱的人类之心》里我们也可以发现这种思考,就像对证据的完美信仰一样。作为卢梭的学生,他比卢梭更相信吐露内心秘密是具有教育意义的。道德剖析可以教育人类,但也面临着道德挑战。雅克·路易·梅内塔认识卢梭,并且引用他的话把他当作大师来阅读。我们理解了詹森派的影响和社会冲突激化之间的调和。在城市,社会冲突通过对旧的等级制度的不满表现出来。在梅内塔和卢梭的影响下,公民的身份在臣民的身份之下显露出来。

是什么让日内瓦的巴黎门窗工与讲述生活故事的著名作家,比如马蒙泰尔或雅莫雷·杜瓦尔区分开来?与其说是了解个性是如何在与世界的障碍作斗争中历练成的,或者是想知道为什么实际经验总是某种解脱的意愿;不如说是为了确定变化本身和深层的存在具有调和的可能性。重要的不是理解已走过的历程,而是展现在历史变迁中面临的大众化方式的分裂和一成不变的命运。写出自己的故事可以消除矛盾,回忆是抛开过去的时刻对自我存在进行确认的一种能力。有意思的是,梅内塔的作品里可以读到卢梭的作品里产生反响的一种政治意志。这位门窗工需要在他自己身上发现社会准则和政治原理——在能够评判等级制度的能力下,在想象他自己的社会关系的倾向中——这些相互关系包括通过工作和共同爱好联系起来的优秀工人之间的相互的尊重、同情和坦诚。与当时权力的各种形式不同,他肯定了一种对个人自由的信仰和不向命运妥协的信念,即使必须经常向事物的等级低头。

这位日内瓦的公民在两个层面上赞同了这种政治意识形态。首先是契约的、社会的和教育的理论,假定并继而发展了一种情感的交流方式。自传可以表明存在和表象之间的背离。人类处于战争状态,阻碍与坦诚互相角逐。之后,卢梭这位"离群的知识分子"指责了当时社会的假象和虚伪,建议以物质独立为基础的契约生活,这是精神独立的保证。

在与虚伪作斗争的过程中,梅内塔和卢梭的理论获得了力量。理解到这一点的人,"那个唯一知道在禁锢的时候要自由宽容的人",曾给克利斯多夫·德·博蒙大主教写信。这是对平等和自由的根本信仰更加真实的表达。

其他的反抗形式也有助于理解以何种方式,甚至为什么这种类型的表达形式能够被公众接受和效仿。个体的出现并非只占据了文学领域。在美术领域,对独特性和个体性至上的确认赢得了一席之地。在这方面,绘画空间和艺术理论家的思想观念赋予肖像另外一种表达方式:人类是可以自由地获得自身解放的,个体在得到公认的同时,也不能独自沉溺于他们的独特性之中——当个体树立威望,他的画像也促成这一点时,他们只有在交流时才能享受自由。①

肖像画在学院式美学标准的第二层面实现。与历史绘画相比,它的地位相对较低。但在大卫时代,它却赢得了自主性(由理论和技术所决定的自主性):即使成不了历史画家,依然可以成为肖像画家,从而在最伟大的画家中脱颖而出,比如康坦·德·拉·图尔。尽管这是一种非主流的、具有潜在性的绘画类型,肖像画与历史画可以说具有某种共性。"题材优越,是因为画的都是历史上的英雄。"重现伟人,具有表现他们情感的能力,这就是肖像画家层出不穷,且作品受到学院沙龙(salon de l'Académie)青睐的原因。他们为子孙后代记录了这个世界上伟人的音容笑貌,以及最伟大的人,比如国王;再现了权力的象征意义。在很长时间里,肖像画里模特的个性总是与其社会角色不可分割,因为我们无法忽视社会等级以及社会角色。

有必要研究一下这种影响了公众和艺术家的新的绘画形式。比如《百科全书》里对于画像的定义表现了从社会逻辑学到个人逻辑学的转

---

① Starobinski (J.), *L'Invention de la liberté...*, *op. cit.*, p. 137.

变,"这是根据其性格对一个人的再现,目的是寻求与这个人的相似性"。这并没有完全与古典主义的因循守旧脱离关系。在罗热·德·比勒的作品里,关于个体的原则已经与理想化的原则不谋而合。但理想化的原则更加突出完全相似性与道德绘画并存的必要性——"所表现的人物性格和相貌神态"。

对人物特征的模仿,并不单纯为了外形上的相似,而是为了表现模特的思想和性情。这种画是一种"灵魂之画",是对难以把握之事的追寻在心理学绘画题材中的演绎,一种对于真实的苛求。它重申了美学理想和个人性格(nature)之间融合的潜力:相似性与美学不再分开。"一种永远不会重复的、创造了与众不同之处才会满足的、来自实物的永不枯竭的直觉,成就了18世纪是一个关于画像的伟大时代。与此同时,它具有一种自信。根据这种自信,所有的确定性都来自一种特殊意识的努力。这种自信起源于一种个人行为,是一种有生命力的存在。它仿佛拥有以一个中心为起点规划世界的优先权。"

康坦·德·拉·图尔、夏尔丹或利奥塔尔[1],这些画家的肖像人物所表达的是人类的复杂性,万千不同的表情、面孔和千万种秘密,个性十足的表现,以及将人类关系联系起来的社交性:一种看得到的但从根本上说需要去理解的个人主义。我们理解,美学思想致力于最大化的表现力和个性化,就像在狄德罗的作品里一样;遇到了对于破译言语和行为必需的性格及情感原理,就像拉瓦特尔一样。情感的修辞学从理想的本质、理想的性格,转到了个体和社会状况上了。[2]

信札中的个性越来越突出,书信的增加受到多种实用性用途的影响

---

① 瑞士画家,以粉彩肖像画著名。——译者注

② Versini (L.), *Laclos et la Tradition*, *essai sur les sources et les techniques des Liaisons dangereuses*, Paris, 1965.

（行政、集体与家庭）。任何人都免不了要与信件打交道。交通的改善、王室邮局的发展也为此做出了贡献。对于伟大作家的通信集所做的广告，也致力于组建公共空间。不仅让对话翻了一倍，而且也传播了沙龙所具有的社交性。绘画以一种社会性的、有生命力的、强有力的交际方式参与了这种活动。首先，与肖像的心理学无关的陪衬部分让人想起了文学以及知识性的活动。繁荣的荷兰肖像画普及了一种影响：财富王国里年轻的女阅读者这一主题。18世纪以更强烈的坚守精神、更丰富的多样性继承了这一点，激发了夏尔丹的灵感，还有弗拉戈纳尔、布歇和利奥塔尔。他们栩栩如生地再现了社会生活的极致、"话语和面具"社会的成功，以及在书信交往中个性构建的成功。

指出同一时期在书信小说中美学思想的增加和心理学的努力，并非没有用处。《波斯人信札》（1721）、《英国书信》（1734）、《意大利家书》（1740），凸显了个人色彩表达力量的上升，因为杜撰的书信就像真的一样。孟德斯鸠、伏尔泰、布罗瑟斯将书信体演绎得炉火纯青。卢梭凭借着《新爱洛伊丝》（1761）、拉克洛凭借着《危险关系》（1782）确立并巩固了书信体的地位。他们教会人们在一系列心理学和诗学的层面上，在有关社会等级的观点中，从内心把握人物。无论是在书信体小说，还是在现实世界的书信往来中，真正取得胜利的是使用一种工具的可能性；在这种可能性中，人物形象在说服的艺术中构建起来，或者是为了说服别人，或者是为了吸引别人。这种存在形式是社会状况的具体表现，只有通过社会交往才得以存在。因为这种交往是对自身认识的学习，而人因为相互讲述而存在。①

需要把这种书信交往理解为受过教育的富裕阶层唯一的交往方式

---

① Versini（L.），*Laclos et la Tradition*，*essai sur les sources et les techniques des Liaisons dangereuses*，Paris，1965.

吗？他们受过教育是因为有钱？当然不是。因为众多细小的事情证明，在此处而不是别处，没有不可逾越的界限。社会底层的人也会读书认字，越来越多地运用书信，为什么他们不会具有自省能力呢？为什么不进行自我剖析呢？巴黎人百年后的财产清单证明了这一点：文件、书信、写作工具和 18 世纪一起赢得了阵地，尽管受到了公证人的冷漠对待。在自传体文学作品中，通过梅内塔或者雅莫雷·杜瓦尔的作品，我们意识到一些有可能被大家接受、认可的习惯是值得我们关注的。大众化的书信体是一种不同寻常的行为，它提高了信件传递以及传递者的地位。这也是一种介入大师级作家、临时中间人和集体阅读之中的集体性行为。即便有委托，这也是一种很有难度的行为。

　　直到 18 世纪，为所有人写作是一种顺应局势变化的事情，这样那些可以参与这个社会游戏的人就变得了不起了。我们还需要去理解建立在私人空间和公共空间之间的关系，①毫无疑问这些关系越来越多。凭借这些关系，信件在社会中普及了写作的力量，宗教仪式和行政仪式的推广也带来了签名的象征力量。到了 18 世纪末，签名成为一种身份符号，通过声明、写作、缔结约定来表现其公民身份。个性化的人重构经济概念中的人。这是一种取得身份的行为：经历了符号和象征的漫长历史后，它变成了一种印象、一种难以捉摸的烙印。② 根据功能分类，签名在一些可以使用的领域中拥有了自己的位置。它具有识别和使身份有效的功能，并越来越社会化，即朗兹神甫在世纪末所说的公民社会的安全。但它是一种个性化的方式，有时候会与笔迹本身混淆，笔迹中的字母只需要能够辨认出来就可以了。我们所收集的是可以构建个性的亲

---

① Hebrard（J.），*La lettre représentée*, *les pratiques épistolaires populaires dans les récits de vie ouvriers et paysans*, in Chartier（R.）（éd.），*La Correspondance*, *op. cit.*, pp. 279－372.

② Fraenkel（B.），*La Signature*, *genèse d'un signe*, Paris, 1992, p. 189.

笔签名。①

在家庭冲突中,在人文和物质财富中,在个人主义的原则和实践中,人们体会到对于自我的尊重是多么新鲜的事情。于是康德(1724—1804)陈述了这样一个事实:理性实践的基本条件就从个人情况和人类的神圣特点中诞生了。②

---

①　Fraenkel (B.), *La Signature, genèse d'un signe*, Paris, 1992, pp. 272 – 278.

②　Mauss (M.), *Sociologie et Anthropologie*, Paris, 1950, 4e éd., 1968, p. 361.

第十七章　消费和服饰

18 世纪彰显个性的种种迹象逐渐增多。与此同时,我们注意到人类对世界和事物的态度也随之发生了变化。首先是对社会阶层和生命力能够深刻理解和把握的人数增加了,但在增加的数量上首先表现为男性,然后才是女性。

下面就是一个补充性的迹象。如果我们近距离地观察由一组证人在司法部门所做的年龄申报,就会发现,1760 年左右,有一种建立在类似的摇摆状态之上的年龄评估体系。在年龄申报中,精确性逐渐取代了一种年龄划分的模糊状态,后者以古老的自然轮回理论为依据,把人的生命阶段划分为青年、中年、老年,而实际上很少有人有机会经历所有人生阶段,于是就造成了实际年龄和申报年龄之间的差别。这种使社会走向精确性的过程是重要的,因为它表明了对数目绝对性的肯定。这是一种进步,通过基本学习得到了促进,巧妙地表明了社会进步与落后之间意义深远的关系。其中农夫、商人、手工业者、乡村和城市的知识分子,他们的反应更加迅速,而雇佣劳动者和农村短工则要慢一些。这种变化折射出"存在"以及"把生命纳入时间"的新的方式。[1]

在变革所具有的元素里,历史学家就像斯塔罗宾斯基[2]所展示的那样,在 18 世纪的意象中面对的是自己的神话。19 世纪的历史学家梦想

---

[1]　Lethuillier（J.-P.）, *Prénoms et Révolution：enquête sur le corpus falaisien*, Annales de Normandie, 1990, n°4, pp. 413 - 436.

[2]　Starobinski（J.）, *L'Invention de la liberté...*, *op. cit.*

一个高雅而浅薄的 18 世纪：这是一个生活幸福的年代,对于历史的失败者来说,是一个幸福迷失的时代,而对于胜利者来说则是一种可以变成托词的道德辩护。在"自由的发明"里,喜悦所构建的形象,刻画了新人类以及新人类的解放,建立了和新兴事物之间的崭新对话。整个社会都受到了新事物蓬勃发展的冲击,不仅仅是上层。新兴工业,还有城市化,确保了这种变化的普及。在消费和道德之间,酝酿并形成了不仅仅表现在高雅艺术和哲学性的思考中,而且还存在于日常行为变革中的新的讨论。这是因为他们意识到了变化,因为哲学家和艺术家希望改变历史进程,希望向人们证明旧社会的制度桎梏威胁着我们的自由,就像我们在错综复杂的事情中怀疑受到了新的束缚,同样威胁着我们的自由那样。

变化涵盖了两个方面：经济上,它质疑前产业社会里需求的逻辑;在社会和文化上,它反思社会行为的产生,以及联系着精神文化和物质文化、人与物体的关系。

在前产业社会经济里,消费资料的需求依赖于经济制度的构成。在这个结构里,无论是收入方面还是预算方面,仍然保留着因其"价格的模拟性",而影响着其他一切领域的农业。但是消费资料的性质也会影响一般的消费冲动,因为每天的衣食对于大多数消费者来说总是最主要的问题,正是这一点把食品消费从其他消费中分离出来。虽然提供的消费品数量有限,然而它们的社会职能在工业社会中同样重要。最后,因为每种资料的交换范围也并非完全封闭,"因为货币的使用和其收入限制确保了统一性"：从基本需求到有限的偶然的需求,存在着一般财富、奢侈物资、炫耀品之间的等级差别和互补性。

在此,重要的是,经济行为是"超经济含义"和社会信息的载体。对于某些人来说,鲜明的等级划分强化了填补差距或者掩盖差距的愿望;微薄的收入限制着不少人进入奢侈领域;流动货币的角色扩大了消费所包含的社会文化意义。格尼尔[①]因此可以证明三个市场的存在（必需品、奢侈品和炫耀品市场），以及它们是如何互相结合、所需价格又是如何按照各自的标准和规律运作的。花在每个物资种类上的收入，比如小麦、肉、衣服，表现了市场的等级；根据时间的变化和社会阶层的不同，在一定的基数上，又有所变化。

以一般方式对所提出的问题进行证实具有双重性：对于大多数人来说，是否有必要减少必需品沉重的负担？是否应该相对扩大奢侈品消费？对数量庞大的农村人口来说，这一切都有待解决，或者说有必要进行解决。尤其是当我们要面对所选择的等级间错综复杂的关系时，做出选择的速度是不一样的。每天都要吃面包，但不必每天都吃肉，最能体现剩余收入的炫耀品还淹没在某种必需之中。这与衣服的情况类似，我们不能不穿衣服，但处于一种物资稀少和重复利用的经济中，并不具备与已经迈入一种更加活跃的消费市场所采用的节奏同样的加速度。

在文化和社会层面，需要理解的是，与根深蒂固的精神传统不同，商品不是要强制我们放弃某种东西，而是要摆脱约束。但问题的焦点是处在对商品、技术、艺术、人类学历史进行反思的交叉口的物质文化历史。18世纪接受了这一挑战，因为它看到了面对种类繁多、不断增长的商品进行的深层思考，开启了从19世纪起把人和物体区别开来的哲学传统。实际上这种传统在启蒙运动时代已经深入各种著作中，作家们对物质财产和奢侈消费发出了绝望的悲叹。最为重要的是在消费增长过程中，不只是看到单纯的模仿性的被动消极行为，而是把消费也看作一种积极的知识传播方式。这就是1783年出版、1815年再版的《法国人的私生活

---

① Grenier (J.-Y.), "*Modèles de la demande sous l'Ancien Régime*", *Annales E. S. C.*, 1987, pp. 487-528.

史》的作者勒格朗·多西所理解的：

> 但是，我们之所以相信长者，那只是因为不久之前开始了
> 享受锦衣玉食、行为放荡的时代。听长者讲，他们见证了这些
> 行为的产生。然而，如果上溯到君主政体的不同时代，我们同
> 样可以观察到每个世纪的作家都发出同样的抱怨。路易十五
> 统治时代的享乐之士在夸赞路易十四和弗朗索瓦一世时代道
> 德的纯净和天真。

对于变化的认识也拷问着变化本身，"道德"和"国家精神"在体系
上进行着调整。冲突、道德消费的进步其实只是对问题的揭示，这些是
为了解释商品的使用给每一代人所提出的问题。它们是如何来构建社
会的归属意识和个人身份的？当资源市场变化时，商品属于哪一类使用
范畴？最后又是如何摆脱怀旧情绪以及建立在商品增长和流通之间的
紧密关系，还有人的不确定性的？

在具体的这一点上，18世纪的历史的困难在于对世界的分析，在这
个世界中充斥着人类学家眼中的传统的、复杂的、不平等的、等级森严的
阶级，在这个世界中市场根本不存在。同时困难也源自对运作着市场经
济的、不统一的、平等的、个人主义的新世界的剖析。我们能够回答所提
出的没有过分简化的问题吗？我们可以表示怀疑，但是为什么一开始就
要简化一个原本就无限复杂的问题呢？归根结底，这是一个已经提出
的、关于构想的、主观性的具体问题。

在此，我们建议通过消费和交换行为去理解这个问题。交换是价值
的源泉，在交换中，我们可以重获建立了新型关系的货币的抽象而普遍
的力量。社会地位不能再在本质基础上区分人类，但是可以从财富及其
等价的货币来区分人类等级式的占有。从货币和商品流通中衍生出平

等与不平等和更多的模糊概念以及更多的主体性。问题的根本在于人类占有剩余产品的能力,这就是"文化的悲剧"。① 18 世纪文化的精辟性和尖锐性就是从根源上领悟到了这场辩论。我们会尝试通过分析消费变化中具有决定性意义的因素来阐明规模巨大的"奢侈之争"。在这场论战中,经济和社会问题清晰地展开。《百科全书》和百科全书派思想被看作一部寓意深远的标志性作品,它们肯定了从发展巅峰所看到的技术世界的进步。

消费的发展

在生产方面,波澜曲折的工业历史已经得到了很好的诠释,增长是毋庸置疑的:活跃的商品流通背后是商人的投资,是始终保持先导地位、通过已实现的交易数量和确立的关系规模实施着支配效果的对外贸易。② 然而,国内贸易在所有交易中占有最大份额:17 世纪占有四分之三,到 18 世纪则占到了五分之四。市场主要的顾客始终是农民,他们的需求成为商品的推动力,之后才是城市人口。经济学家布瓦吉尔贝尔和坎特龙很早就证明了各种机制和流通途径是如何展开的。

销售市场的压力,即人口增长和全球财富增加带来的消费需求,促进了工业发展。请记住,如果需求增加,那么它也会随着城市化的进程而愈发多样化:以前不加区分的产品不能满足具有更高要求的挑剔性人群。最后,需求也带来了很多新的问题:羊毛、棉花、丝绸等纺织原料危机让法国成了依赖进口的生产国和消费国;铁矿石和可燃矿石危机影

① Simmel (G.), *La Tragédie de la culture*, Paris, 1988, introduction de V. Jankélévitch.
② Léon (P.), "La réponse de l'industrie", *Histoire économique et sociale de la France*, t. II, 1660‑1798, Paris, 1970, pp. 217‑266.

响了成本,引起了价格上涨,并引发了具体的、反思性的技术革新;还有对英国的效仿、加剧的国内竞争等。为了赢得并留住客户,对产品质量和创新思想的讨论因不断的组合而增多,最终能够在统一的大规模生产和质量上乘的优势生产背景下站稳脚跟。

从生产到消费

让我们回忆一下在一般情况下推动经济迅猛发展的几个因素。首先是国内贸易。在博凯尔市场上销售的产品数量在 1728—1749 年间增长了 3.1%,1780 年左右达到最高点 7.8%,这反映了法国南方和国际经济形势。在吉布雷和卡昂集市的各种销售指数中,记录了 1735 年之后商业的迅猛增长;尽管 1780 年之后又消退下来,但从未回到最低点。增长趋势也通过其他迹象呈现出来,如 1745 年之后的入市税数目、道路投资(1749)、港口贸易。最后,根据塞纳河和罗纳河国内过桥税的研究,数额呈现出增长的曲线。总之,数量更多、品种更丰富的产品得以在市场上流通。

生产的推动力要更加复杂,但也是毋庸置疑的。旧的工业受到一定的冲击,从 1768—1789 年,羊毛产量增长了 61%,但地区差距却明显了:香槟增长了 127%,郎格多克是 143%,勃艮第却有明显减产的趋势。1730 年之后,每年丝绸产量的平均增长大概在 2%。尽管西部困难重重,纺织品依然增势明显。1730 年之后,鲁昂大部分棉花增长超过了4%。店铺的数量、产品总量都蕴藏于敏感的推动力之后。国内需求的变化带来了得到政治权力极大支持的生产设备的更新。印花棉布印制车间的成功就与整个社会复杂的变化分不开:①通过工业化、技术革新、社会和地区人口流动,借助技师和代理人,它归纳出了"向金子奔跑"的

① Chassagne (S.), *Le Coton et ses patrons, France, 1760-1840, op. cit.*

发展趋势。另外一些领域如冶金、炼钢、煤矿，在法兰西王国的生产中只占很小的比例，但众所周知，其飞速增长在所有的指数中都有记载：店铺、工厂的数量、总产量、质量，毫无疑问都反映在煤炭 3.8% 和生铁 1.9% 的年增长率上。

让我们总结一下经济上消费者需求的焦点。根据托洛臧提供的数据，1786 年国民产值达到了 25.5 亿利弗尔：农业生产占绝大部分（五分之四）；在 5.26 亿古金的工业生产中，纺织品排在第一（48%），冶金也达到了 15%。这就是根据总体经济形势、地区经济形势以及工业反应能力得出的当时整个社会的经济背景。在这个背景下，日常必需品、奢侈品和炫耀品之间的更替非常频繁。然而，在生产和需求之间仍然有很多问题需要解决。

服饰的例子使得我们能够更好地把握变化的重要性，但又让太多的不确定性笼罩在具体的生产和商业化过程中。很多其他领域也有待研究：五金制品行业；无论是在农村还是在城市，与建筑和房屋有关的行业。纺织行业，无论如何都表现了物质生产资料和经济、社会因素的和谐统一——它处于新旧两个世界的交叉口，其力量就是发挥一种其物质性比较典型的方式，比如面料形式的多样化，就影响着人们的日常行为。两种生产模式、两种经济、两种消费模式初露端倪，这是历史上第一次。一方面是由生产力所引导的迅速、大规模的生产：原产印度的印花棉布是生产突飞猛进更加具体的体现。另一方面，高质量的产品需要付出更多劳动时间，并通过特权在竞争中得到保护，处于行会规章的庇护之下：传统的纺织品生产，比如呢绒和棉麻制造就把生产中的稳定性、安全性甚至因循守旧思想具体化。这两个世界并没有完全割裂，经常存在着互相融合和交换的情况。我们在手工制造业监察官的著作里了解到，革新的独创性存在于两种对立的消费倾向里，而监察官介于捍卫规章条例和需求变化中敏感的自由主义思想之间。庞卡底的一个监察官这样写道：

新的状态让原有的规章制度变得一无是处。众所周知,今天我们只是根据自己的财力,以最快的速度,为了标新立异而穿衣打扮。商业自身和衣料的零售以前是慢慢地发展,而现在迅速发展的步伐却更加惊人,应该从整个欧洲去寻找、发展消费者。

当需求的增长在生产领域得到回应时,迫切的需求者、纺织品制造商、革新的参与者们使消费变化的轨迹得以扩散。尽管存在着社会和地方差异,收入和工资的波动还是认可了这一点。

无论在乡村还是在城市,事情并非按照同样的速度发展演变。在乡村,纺织品随处可见,即使一些专业人员完成了基础生产,即使交换已从边缘悄然进入家庭经济。纺织品的自给自足首先发挥了在农村家庭中劳动分工的特色和乡村生产合作社里的组织特点。在工业革命萌芽时期的经济进入乡村时,我们可以领会新的组织模式是如何传播的。机会争先恐后地到来,见证了被创新行为改变的习惯:关于欺诈行为和使用剩余产品的冲突。

农村服饰经济把家庭劳动,主要是妇女的劳动和各个职业间的相互影响联系起来了:商人负责对原材料和面料进行供货、进货和商业化,还有织布工人、裁缝、布制品工场的工人,以及少量的洗衣妇女、鞋匠、补鞋匠。在布里,家庭日用布制品的自给自足已经达到了 60%;服装的自给率则要低一些,因为工序比较复杂。当在家里完成的针线活超出缝缝补补范畴时,一个正在城市化的世界就要诞生了。制衣业与正处于衰落期的传统家庭作坊式生产之间关系密切,势必会受到首先来自城市、而后蔓延到乡村的女性入学潮流的影响。服装保护功能占主导地位的传统服饰理念(有谚语为证)、礼节性的社会化(服装在从人出生到死亡的每个重要事件中都扮演着重要角色)、繁文缛节和社交惯例的种种限制,都与乡村裁缝和妇女的劳动相关联。乡村服饰让不同场合下的个体更加具体化,日常服饰和庆典服装对比鲜明:日常服饰柔软,实用性强,无美学讲究;而节日服装则不够柔软,多了些礼仪的束缚,华丽而夺人眼球的装饰则显示了服装主人的社会身份。

在城市,尤其是在可以被看作"时尚麦加"的巴黎,我们会看到各个层次的生产者是如何通过其创意来改变习俗的。巴黎的行会成了最活跃的地方之一,行会集中了超过 10% 的行业,聚集了 30 000 人,其中20% 的巴黎老板(6 000 人)和 40% 的劳动力。妇女也扮演了决定性的角色,或者作为一般的劳动力——但是从业总数难以计算;或者成为裁缝、洗衣工及在妇女服饰商行业里的从业人员,她们也是行会本身的推动力。

巴黎的与众不同从两个特点中彰显出来。一方面,重要性不同、结构各异的两个领域相互依存:像普通的手工业者阶层和时尚世界。另一方面,商业的力量,尤其是连接顾客和供货商的服饰用品商的角色,以及那些通过他们的创造性设计活跃了商品流通的伟大的妇女服饰生产商。如果我们看一下传播时尚的媒体,加速的进程是得到大家认同的。18 世纪,成千上万的时装式样图在设计师的努力下不断涌现,媒体把这些样图或结集发行或单独发行,女性报刊无论作者还是读者都不完全是女性。具有文学性、挑逗性、广告性的新闻业在同一时期传播了建立在消费和交换基础上的新型商业经济的价值,以及承载着与旧的生活方式决裂的、面向女性启蒙阅读的时代任务。这种决裂使私生活和公共生活之间的角色平衡以及自我平均主义的创造性发生了变化。

总之,如果职业的性别专业化现象趋于稳定,行会竞争的影响也有助于统一交换原则,保证巴黎时尚的辉煌。高雅的风貌影响着变革的质量,传播着服饰模式和行为模式。其中,服饰的戏剧化以及某种方式上的消费经济都不容忽视,它们同时表现了满足需求的行业能力和延续变革活力的新产品创造者的能力。在首都和外省之间,各种潮流百花齐放,我们随后就会发现,在村庄、市镇、中等城市和大都市都可以找到时尚的影子。土地产品的消费逻辑促进了消费选择,后者对整个人口带来了就业上的决定性影响。对于收入的再分配能力,对于需求的增长也同样如此,而起关键作用的就是奢侈品和炫耀品。

物品的革命　巴黎街头服饰的革命

　　法国人去世之后的财产清单为研究消费变化的历史打下了基础。财产清单一直被广泛使用,但在很长一段时间里带有某种程度的系统化、比较化倾向,经常是为了表现已经确立的等级制度而不是描绘对个性化的社会时尚的私有化占有。在这方面依然存在着解读文书、私人文件的困难,这都取决于记录员和公证人的习惯。原始资料的逻辑性要求所记录的与清查财产时看到的相一致,要提供大量与日常生活领域有关的信息。且不论在此之外已多次强调的对丰富素材的必要考证,[1]我们可以尝试研究标志着巴黎消费变化的诸多特点。这种变化从一种涉及民众的有限的社会视角,从一种重新思考巴黎服饰消费的特殊文化视角,在总体上把握社会和全部财富。

　　我们十分清楚,从 17 世纪到 18 世纪将近 3 000 例巴黎财产清单中收集的不计其数的物证涉及所有社会产业部门:大部分是商人和行业老板(49%),还有各个行业的从业人员、雇佣劳动者、手工业行会会员(20%);其余的则是贵族精英、神职人员、资产阶级。两个原则指导着我们的研究:社会职业指数和物质指数的稳定增长;对 17 世纪上半期和18 世纪末的比较。

---

[1]　Roche (D.), *Le Peuple de Paris…*, *op. cit.*; Pardaillé-Galabrun (A.), *Naissance de l'intime…*, *op. cit.*

居住环境的内部装饰空间发生了翻天覆地的变化。直到 18 世纪初，对房屋内部进行的划分还是纵向的、非专业化的，只有一面屏风或者隔板来隔开私密空间：工作空间和家庭空间混杂，壁炉和厨房必不可少，多功能区域适用于所有人；当一套住房拥有几个房间时，卧室的角色就不仅是居住空间的中心，还是个人和社会公共性的交流场所。当然，社会分化使这幅整体景象也具有细微差别：四分之三的雇佣工人，即三分之一还要多的总人口只有一间房可以居住。

在房客阶层和享受最好住房条件的房产主那里发生着最重要的变化：房间增多且功能更加具体，行为也更加细化，相关词汇愈加丰富，卧室成了私密的个人空间，出现了餐厅、客厅以及适用于各种会见的、根据阶层和财产有比例增加的附属房间，如客厅、书房、陈列室。在享有最大特权的家庭里，甚至还有女性的私密空间"闺房"，以及用于个人卫生的盥洗室和浴室。于是两种价值观大概就同时发展起来了：反映家庭情感变化和个人主义上升的私密性价值观；专业化方面的价值观，即在更具体、划分更细的空间安排活动的合理性。

从形式到内容，我们可以感觉到两种社会性的转变。第一种变化吸引并带来了整理技术的发展和利用这些技术制造的家具。在 18 世纪初，占支配地位的仍然是流动人口的古老元素：箱子、衣柜、衣柜箱等。从地位低微的社会阶层到富裕阶层，一种无需分拣来整理衣物和餐具的思想根深蒂固。这种方式在对明显的杂乱无章、横七竖八堆积的东西进行整理时具有超强的功能性。1750 年之后，只有不到 20% 的财产清单里包含了箱子。

之后，双扇门的衣橱走上了历史舞台，人们可以更加便捷、更有条理地整理衣物。一般来说，质量高、比较昂贵的家具能够满足所有的特殊化要求。同样，我们看到了以更快速度在富人家里出现的各色五斗橱、放针线饰物的小柜子、与人等高的用于整理的家具，它们的发明代表了行为经济和时间经济、舒适生活和日常合理性的胜利。在厨房,或者具有独特作用的房间里,存在着两种相伴发生的变化。在 17 世纪及晚些的 18 世纪,妇女一般跪着、蹲着或者坐着做饭;厨房用具数量有限,都散乱地堆放在搁物架上。1750—1760 年之后,各种各样的壁炉已经很流行了。放锅的三角台代替了挂锅的铁钩,炉灶和烹饪用的炉子使得站着做饭成为可能,无数的物品、餐具、彩釉陶器、金属家用器皿都摆放得井然有序。总之,这是我们在财产清单里看到的。当然,还有家具的增加、单人床的出现、各种椅子的发明,真正的物品革命出现了。在富人和条件比较优越的家庭,各种讲究的小型家具或用品的潜力也逐渐发挥出来:棋牌桌、写字台、梳妆台、书桌,还有当时测定时间的工具、时钟和气压计。不胜枚举的小摆设表现出装饰品的影响、物质和颜色的多样性及手工业者阶层的生产和创新能力。

然而,对这种物质进步层面的理解受到了两方面的限制:在物品的革命里,我们很难看清强调了特权阶层角色的、传播中的社会分化问题;我们捕捉到了在个人、社会环境、物品之间通过一种特殊情感责任的分配来界定现代社会和 18 世纪的意愿,在物质利益活动中占有一席之地的对物品的消费,和从一种缺乏条理的状态到一种合理性状态,或者向物品、空间最佳组织状态的过渡,这都是进步的标志。对巴黎人财产清单的研究展示了两个主要的问题:其一,我们看到了整个城市是如何被各种增加的物品牵着鼻子走的。当私生活、"私密空间"从公共生活和职业生活独立出来时,这些物品是如何不同地分散在被安排好的独立空间里的。其二,在物品累积背后,我们预感到了某些迹象彰显出的其他价值观念的上升——表现(représentation)之上的后退,威望和身份等级遭到颠覆。巴黎,按照王室的意愿,在所有价值层面都能扮演创新者的角色,当然这方面还有待详细阐述。

在第一个层面,对人民财产和不幸的研究证明了三个主要的差别。

第一,有必要跟踪动产和不动产的变化,物品和交换价值之间的选择有助于理解进入丰富的物质世界的能力。因此在日常用品占支配地位的雇佣阶层里,对于整个第三等级(通过 100 多种情况计算出来的),这些是最重要的:有限的几件家具、一批家用器皿、几身衣服,仅此而已。同时,交换价值在奴仆那里占支配地位。关键的是建立在财富本质和财富水平之间的关系:1700 年,在收入不到 500 古金的阶层里,看得见的财富占绝大部分;在收入超过 3 000 古金的阶层中,只有不到 5% 的继承性资产。1789 年前后,在雇佣工人中,基本需求方面的财富份额在交换价值面前已经减小;公债出现了,尤其是基于信贷,恢复了部分改良的债券。

　　第二,财富并未覆盖全部人口,没有列出财产清单的人数在 1780 年至 1789 年大大减少。财产清单价格的高涨和低于 500 古金财富的现实价值的减少,使我们同时注意到了大批财富的聚集,也观察到了更大规模的贫穷化:没有职业技能的男士,最贫穷的仆人不会去公证人那里。进步是实实在在的,但是与一直威胁着没有技能的雇佣工人的边缘化相关,这些人构成了困难人群,他们的工作注定不会给人满足感,这主要是针对城市发展而言的。

　　从 1781 年开始,人们就开始重视普通巴黎人激增的物质消费,以及购买物品和文化适应之间的关系。物品的革命或许以最快的速度触动了人民,在这一层面上,文化中介的角色是其显著特征——仆人和富裕的雇佣工人,他们是上层阶级行为方式的传播者,大众的生活方式从未停止对富人的仿效。① 普通的日常生活没有限制私密价值,它把这些价值和"不属于私人生活巨大影响的"职业、休闲活动结合起来。总之,生

① Roche (D.), *Le Peuple de Paris...*, *op. cit.*, pp. 242 – 275; Farge (A.), *Dire et mal dire...*, *op. cit.*

活方式的转变可以在行政的、宗教的、治安的、经济的意志中被评估,并以此教化民众;当然还可在民众将新规范内化,又不放弃行为逻辑的情况下被衡量。

对于服饰的分析可以在这一点上得出结论。所有社会阶层的描写都是清晰明了的,布制品和服装的消费呈增长趋势:1700 年,贵族平均消费 1 800 古金;1789 年则是 6 000 古金,即增长了 233%;对于雇佣工人,则是从 42 古金到 115 古金。这种增长高于所有消费性财富的增长,掀起了一系列重要的变革,比如洗衣业的发展。与此同时,我们看到了服饰习惯的全民性统一,即穿戴方式一致,而等级的分化则体现在数量和质量上。在这一方面,服装上的革命也是古代对身体卫生追求的胜利。它涉及全民赋予物质上的洁净以一种道德纯洁的意义。最后,变革实现了所有人穿戴形式上的广泛统一:轻薄的纺织品代替了厚重的呢绒,棉布代替了毛织物,颜色和图案也占领了服饰市场,不受拘束的、柔软的衣服受到大家的欢迎。换言之,18 世纪见证了一个敏感性渐强、奇异性渐弱的社会的强大。由成本降低造成的使用节奏的加快,也引发了更加频繁的革新。在这个领域,我们也意识到,某些身份特别的积极参与者很快就被新习俗征服了:首先是妇女,来自所有阶层的妇女;中间人,比如仆人、服饰类职业的从业人员;然后是士兵,通过新制服带来的声望,传播了新的纪律准则、变化的方式、新的保健方法。

在服饰的发展中,在物品的革命中,我们可以看到一种经济和社会的新理念,以及随之而来的各种问题——这些问题导致了统一性和社会性所带来的干扰,后者没有消除差距,减少分化,却带来了通过对细微差别更敏锐的把握,以及通过对种种迹象的研究做出另外解读的方法,从中我们把握了什么处于"服饰文化"的中心。服饰让社会身份和精神个体一目了然的礼仪淡化了等级,人们通过服饰之争要求对存在差异的消费社会间的冲突进行重新思考。在强调变化价值的同时,新的文化极力反对社交礼仪传统,这种传统把存在和表象、权力等级的炫耀、反对慈善的罪恶行为相混淆。它推动了物质主义中个人主义价值的发展,建立了需求和能力之间新的等级。①

有两件事情是我们不应忘记的。首先就是首都和效仿首都的法国其他地区在这方面的发展要迟于英国。这反思了变化中的经济和社会信息,以及与稳定性断裂的节奏问题。其次,观察涉及的只是变化的中心地带,还需要衡量逐渐面向乡村和城市网的新成果的传播。直到现在,所收集的证据留下了两个假设。一方面,城市受到的冲击相对滞后,而且还是精英带来的,比如在莫城、利摩日、夏特尔和蒙彼利埃。另一方面,乡村在稀有经济、再利用经济、生产粗布和纱线的必需经济下维持的时间更长,奢华的门槛太高了。因此,在普瓦图的乡下,经济的稳定从1700年一直持续到1800年,物品从来谈不上丰富,服饰词汇也不是很丰富。一些迹象表明了地区性的、男性和女性服装的细微变化;还有颜色的变化,比如渗透到各个地区的蓝色。之后又首先发展到作为大的殖民贸易生产制造业体系中的乡村。我们有理由在这里重现实践中的农业王国的矛盾。"我们的村民有点像土耳其人",正如 J.B. 萨伊在世纪之初评论的那样。稳定经济,甚至是缺衣少穿在农民阶级中展现得淋漓尽致。这个阶层流动资产在地区间变化极大。在经济动向比较适宜、城市影响巨大的地方,消费增长首先在优越的社会阶层中迅速出现,比如巴黎地区的农村、农场主和显贵人物、法兰西岛和韦克桑地区。

这就是为什么我必须关注再分配的地点和形式。集市在不同的领域都是最基本的途径,因为集市网有助于统一法兰西王国的经济空间,集合区域性的地方性空间;这是由于销售和交换吸引了国际流通和所有奢侈品。当地集市吸收了原材料和成品,以及对加工制造业产品的再分

① Roche（D.）, *La Culture des apparences...*, *op. cit.*

配,比如所有的纺织品、服饰用品和食品杂货;集市同时也吸引了零售商和流动商贩。在18世纪,集市普遍提供了种类最为丰富的产品,受到了新消费者的青睐。在集市上,我们看到需求至上的理论压倒了一切,而且与信息、消费模式的传播一起扩大。集市、市场经常与节日一起举行,在夏多布里昂年轻时生活过的孔布尔、普瓦图、西部地区就是如此。交换和消费在所有层面上集中了乡下人口,对于他们,商业从来都不是一个单纯的现象。

这就提出了关于消费现象的社会适应问题,其答案证明了集市的热闹场面是为所有人提供的;但每个人并不能以同样的方式消费。这样产生的关系不无矛盾地建立在模仿的和谐之上。但长期来看,它不断重复,是一个同质性因素。当然其他因素也发挥作用,比如流动商贩,他们的流动性可以把少量资金的流通和新文化潮流一直推广到最偏远的腹地和小村庄;他们带来了从未见过的奢侈品和用于打扮的小玩意;也同时满足了身体、灵魂和梦想。城市和乡镇工场主的存货满足了新的期待和需求,他们也经常光顾集市。而经济规模则是通过市场内、市场外、捐赠或偷盗进行的交易,是最基本的,因为它们将习惯统一起来,但从来没有从其他活动、其他具有象征意义和节日意义的事情中分离出来,也不可与之分离。我们可以在这一点上从总结出的变化出发,思考论辩的重要性,比如新文化的支持者和反对者关于奢侈的讨论。

关于奢侈品和消费的论战

服饰文化可能只是深刻的行为变革的一方面,它最大的价值在于展现如何以几乎同样的节奏以及如何根据精神和物质文化可比的总进程获得从属的符号。社会行为方式的诞生是经历了相同的学习、传播阶段。其中,性别的角色可以互换。在阅读扫盲方面,男性优于女性;在穿衣方面,或者说在所有内部价值方面、在涉及真正的感性成果和实际变化成果方面,女性总是最早的赢家。这就是为什么过度展示力量时,向宗教、道德、政治、哲学权力提出的问题与人民基础文化解放性的提升引起的思考同属一种类型。但是能宽容到什么程度呢?

在 18 世纪,城市以快于乡村的速度见证了需求和必需品帝国的没落。于是,在道德和经济论说里,隐喻、交换的加快得到了普及,就像在现实感知中一样。"语言交换出现了,正如其他消费物资一样,"德·布罗瑟斯在《语言机构的公约》(1765)里说道:"相互之间的进口贸易逐步蔓延开来,扩散到全国,久而久之也影响到每一个人。"其他事情也是一样的。因为物品、服装的社会和文化功能会通过具有传播功能的词汇显现出来,同时在它们的适应体系(système d'appropriation)中,展现出一种符号。语言学家的分析则与整体物质进步相适应。奢华、风尚表现了它们的力量;其用语有些失控,干扰了已经被认可的符号,削弱了其含义。无论它们一时的或深入人心的影响是否得到了广泛争论,都说明它们在经济范畴里和道德高度上都处在论战的中心。

关于奢侈品的辩论,从政治神学转移而来——基督教的政治经济的表达,表象和稳定等级的体现,"人人量力而行"理论作用下的消费体现——在思想的所有方面挑明了问题焦点的重要性:重要的是未来,甚至是社会。我们不应忘记涉及的不仅仅是法国,还有基本反思能力的诞生地英国,甚至是从意大利到荷兰再到普鲁士的欧洲其他地方。所有伟大的思想家都卷入其中,在充斥着理解事物力量方式的观念世界中,人们认为经济学家可能起了领导作用。

在奢侈品本身的历史中去理解其错综复杂,这就是争论所提出的问题,但也需要其他的研究、更多的自由。我们要承认一种基本原则:在同一个字眼背后,隐藏着由社会创造的千差万别的、对理解同一个现象有可能同时并存的意义。如果不想对提出的问题给一个虚假的回答,如果我们不愿意固执地坚守把奢侈品的代表性和它之外的现实密切联系起来,就应该承认在这段连接了文化和物质的历史核心之处,于我们而言不可能把曾经存在的,就像它今天存在的一样,从我们曾经和现在的表达方式中分离出去。奢侈品不是永久的、完全相对的。在日常生活里,奢侈品不是事件中的不平凡现象,而是一种把握住虚构的社会性是如何构建的,同时把握住为它提供信息并且也是奢华为之提供信息的现实性元素。奢侈品和其他因素被一起构建,就好像它们应该从物品、从调节着消费的法则、从尝试限定行为的经济标准出发一起被解读一样。我们甚至更好地理解了为什么启蒙运动中关于奢侈品的论战,会对自由的、个性化的、新生的社会使古老的基督教社会发生转变产生疑问,进而质疑个体自由以及由其生存条件、使用与交换的辩证法、欲望与需求扮演的角色带来的定义问题。

关于奢侈品的观点

从不平等但稳定的社会来看,奢侈品是被接受的,因为它保留了社会中一部分人群对剩余产品的可支配权。王室、贵族、城市是最先的受益者,卑微之辈食不果腹的现状与一直笼罩在特权阶层的、与价值等级一致的穷奢极侈间形成了鲜明对比。稀缺经济(l'économie de la rareté)提出了一种通过捐赠和慈善进行再分配的方式,其中的理论是超出现实的所有人的平等。奢侈品具有象征的特点,它能够满足大的货币价值的消费,是权力的象征,吸纳了尊敬和慈善的精神——我们不否认留给上帝的为其服务的过分奢侈。长久以来,尤其是随着经济扩张的开始和社会流动的出现,"新富裕阶层"的人物掀起了批评和讨论,因为他们不具备世袭的得到人们认可的身份。这是一种对资产阶级以及我给予他们的思想体系的永恒的讽刺。它会随时代而变化,因为社会通过旧资产阶级制造贵族的能力永远不会消失。雷诺尔的《杜卡莱》继承了莫里哀的《贵人迷》①的批判精神。

　　18 世纪秉承了这种状态,却开启了对于奢侈品的批判。这种批判是由专制国家、在社会流动的危险中诞生的贵族意识以及对贫穷的认识两个因素共同引起的。两种作用相互交融,这在费奈隆的作品中清晰可见。费奈隆于 1715 年去世,但是他的《忒勒马科斯历险记》却从 1699 年开始就指引着博韦利耶、布兰维里耶,甚至圣·西门的思考。重要的是首先要回到"共同的财产",从而结束浪费经济和虚荣经济。王室在浪费这方面堪称"楷模"。贵族制的政治批判和"公众财富"的实利主义有关。后者通过基督教的禁欲找到了罗马和斯巴达假设的美德,以及像费奈隆式的古老共和国贝提卡(Bétique)的严苛。这种批判导致了由物质膨胀决定的对文明的质疑。公众利益要求统治者行动起来对多余物品的分配作出反应。经济提出了迫切要求,因为奢侈品给货币平衡带来了负面消费。社会平衡的要求也十分紧迫,因为奢侈品是一种将等级混淆的侵夺行为,会让那些花大价钱维持生活的人破产,激起作为贵族和基督教徒堕落替罪羊的新生阶级对权利的诉求和认同。对一个复杂的社会经济现象的解读用到了道德词汇,这就像受到《圣经传道书》批评的人类虚荣心的衍生物,也像所有文化中伤风败俗的因素。② 让我们看看费奈隆在《忒勒马科斯历险记》③中的描写:

　　　　就像太大的权力会扰乱国王一样,奢华也会让所有民族中

---

① 　Alter (J.-V.) *L'Esprit anti-bourgeois sous l'Ancien Régime*, Genève, 1970.

② 　Galliani (G.), "Rousseau, le luxe et l'idéologie nobiliare", *Studies on Voltaire*, Oxford, 1989; Cherel (A.), *Fénelon au XVIIIᵉ siècle en France. Son prestige, son influence*, Paris, 1917.

③ 　Fénelon, *Télémaque*, livre XXII.

毒。我们说奢华在依赖富人时养活了穷人,就好像穷人在土地产品成倍增加,在更加讲究的、不弱化富人的情况下,不能更有效地养活自己一样。整个民族都习惯于把多余的物品看作生活必需品……奢华被称作有品位、一个民族艺术和礼仪的完美化。这种罪恶,吸引了无数其他罪恶,却被当作美德赞颂;它把它的影响从国王一直蔓延到最下层的人民……必须改变整个民族的品位和习惯了,应该赋予它新的规范。谁能承担起这项事业,除非他是一位哲人王?

这一段记载了如何自然而然地用社会有机论词汇来表述经济道德的;如何把经济批判引向政治;从珍品经济通向富裕经济的过渡是如何进行的(相对 1700 年而言);如何求助于道德改革的——这种改革源自基督教和人类发展初期的黄金时代的神话,也是节俭生活的希腊罗马起源。

捍卫奢侈,奢侈的必要性

从 1700—1730 年,这个阶段将是对奢侈的平反。这基于三个主要因素:皮埃尔·贝尔个人经历展示的历史经验教训,法国经济学家布瓦吉尔贝尔、坎特龙、莫隆的反思,曼德维尔引发的争议和他的《蜜蜂的寓言》表现出的盈余的自主功能。

在《给一个外省人的回信》①里,贝尔反驳了古代节制饮食的道德神话,展示了一个具备所有优点的斯巴达人或者一个堪称楷模的罗马共和国公民的形象,这都只是历史重构的结果而已。这最终导致了只对模范

---

① Morize (A.), *L'Apologie du luxe au XVIIIᵉ siècle et le mondain de Voltaire*, Paris, 1909, pp. 46 – 48.

学生实施教育的意愿。总之，古代常常发生不得已而为之的情况；如果没有选择余地，那么就毫无道德价值可言。典型的例子因历史之名被否定——随着攻城略地，罗马改变了风俗，同时也失去了它"古老的情感"。但这也改变了荷兰流亡者的观点，在他们眼中经济发展、有节制的奢华、国民情感是联系在一起的：

> 适度的奢华在各个共和国里大有用处。它可以让金钱流通，可以让底层小民得以生存。如果奢华过度且让人害怕，您的后代会填补亏空的。那么就把对未来的忧虑留给该忧虑的人吧，你们就想想现在富足的生活吧。

贝尔摧毁了对过去怀旧的历史论据，经济学家则给出了把奢华作为必要的经济元素进行发展的理由。

从1704年开始，布瓦吉尔贝尔强调了交换过程中金钱的作用、流通所包含的销售和购买方式。奢侈品的财富逃脱不了这个规则，我们不能在不损害经济活动的情况下减少奢侈品。经济的动力不再是供给，而是消费和需求；奢侈品合情合理地成了经济的晴雨表。它不是经济主体，经济主体仍然是农业。但奢侈品是劳动分工所带来的传播的必然。就是这种必然性认可了奢侈品的存在，让我们得以对其发展进行衡量。如果"消费和收入是同一件事情"，奢侈就像一件多余的生活必需品或便捷产品，也是一项财富。它介入了经济发展：

> 必须接受这样一种理论：一个地方的所有职业，无论是什么样的，都相互依赖，相互依存。不仅是为了满足它们的需求，而且也是为了得以存在。除非迫不得已，否则没有人去买邻居家的食品和劳动成果。尽管心照不宣，尽管没有表达出来，要

知道卖家和买家做法是一样的,就像有时发生的那样;或者立刻出手或者经手多人;或者同行介入,总是殊途同归。

奢侈品、多余之物,在被看作经济繁荣基础的市场持续创建中找到了一席之地。

坎特龙在创立一种城市理论的过程中提到了这一点,他在奢侈品中看到了发展的因素。所有者的花销及消费选择是具有决定意义的,因为他们创造了职位:

> 君主的,主要还是土地所有者的性格、生活习惯和方式,决定着在一个国家里我们使用土地的方式,在市场上影响着价格和商品的波动。①

我们知道《吃人的马》这个寓言,讲述了很多人都根据有钱人的意愿生活的故事。寓言的主旨还是让人忙碌起来。

> 人们不会因为一个国家中见证了女士甚至是男士的细微变化的、用于游戏和消遣的小玩意就认为它不富裕,人们只能通过一些实用便利的作品看到这一点。②

莫隆,《关于贸易政策的随笔》(1734)的作者,约翰·劳的秘书,农场的监察官,被伏尔泰看作"幽默风趣的人、公民、哲学家",曾为带来收益的奢侈品辩解:

---

① Cantillon, *De la nature…*, *op. cit.*, pp. 73 – 83.
② *Ibid.*, pp. 115 – 116.

我们父辈的、现在的、我们这个时代的奢侈品,将不适宜于
我们的子孙后代。丝绸长袜曾经是亨利二世时代的奢侈品,彩
陶曾被比作共同的土地,而瓷器也曾被比作彩陶。农民在他们
村的资产阶级家庭里见到了奢侈品,而资产阶级却在邻近的城
里见到。但一般城市与首都一比较,也觉得自己是下里巴人;
在朝臣面前更是觉得寒酸。

奢侈滋生了占有欲,就像工作是财富的灵魂一样。它于国家是有用
的,与东方破坏性的奢侈不同,它维持着与懒惰和闲散的斗争。在这种
几乎毫无保留的赞扬之后,可以体会到经济增长中对人类行为新的
解读。

要感谢贝尔纳·曼德维尔,这位在鹿特丹出生、在英国定居的医生,
他在1705—1729年间提出了对经济价值的重新评估。该评估对从各种
角度阐明消费做出了贡献,尤其是把奢侈看作自主的个体选择带来的经
济发展因素。他的讽刺诗《蜜蜂的寓言》在之后的多次再版中增加了诸
多评论,1740年开始被翻译出版,拥有大批读者。从邪恶走向正义的蜂
群体现了两个理论:个人的完善会带来保守主义,而且与社会效用不相
容;相反,个人的罪恶却可以带来公共的繁荣。事实上,一些人的铺张浪
费和自高自大养活了成千上万的穷人。欲望、自尊是"工业的大臣"。
蜜蜂们弃恶从善、追寻正义之后却灭亡了。

两个主要因素使曼德维尔的思想产生振聋发聩的影响。首先,这并
非一个所有基督教徒都能够生存的社会,道德与社会效用分离。其次,
道德行为也不再神秘,那些鼓吹苦行僧式美德的人却表现得道貌岸然。
在经济现象背后,曼德维尔发现了感情的力量。他觉察到了情感是如何
在平息欲望过程中推动社会运转的。这条道路不是法国经济学家,也不
是启蒙运动时期一般乐观主义者所主张的,而是一条全新的道路。在犬

儒主义的假象下,我们并不能完全理解。曼德维尔把幸福主义变成了人类本性的一种使命,把关于学习的文化变成了社会精神的标准。奢侈是一种必然的、显而易见的事实,它也是一种相对论,孕育中的社会见证了奢侈的传播,或许我们再也不会用道德的词汇去解读发展的结果。

《蜜蜂寓言》的矛盾在于,它从奥古斯丁教义传统和詹森派、加尔文教义的道德神学里借鉴了一部分力量,情感的力量又作用于教化者罪恶的观点和消遣的观念。曼德维尔发现奢侈与道德相关,他接受了一种更开阔的定义,从中看到了与劳动分工、交换的进步、增长的良性循环相关的发展迹象;但是他把发展和道德成本问题以及由此带来的发展结果进行了衡量。总之,曼德维尔揭开了新兴资本主义真正原动力的面纱,同时也证明了人类是他们赖以生存的道德帮凶。① 乐观的法国人或许会对他的悲观的犬儒主义展开争论。

发展无辜,增长有罪

从 1736—1789 年,100 多篇文章回应了在基督教经济学家、扩张主义经济学家和曼德维尔掀起的对话中提到的问题。学术院也不甘落后:1770 年法兰西学术院举行了一场"关于奢侈之优缺点"的竞赛;1782 年,贝桑松学术院忧心忡忡地"想知道奢侈是否已摧毁了帝国",然后收到了18 篇论文。凭借诗歌《凡夫俗子》(或《上流社会和对让罗、莫隆、杜都先生,以及商业、奢华、货币、税收的观察》),伏尔泰加入了 1736 年的论战。他了解曼德维尔,捍卫文化的馈赠。其主要论题是通过消费刺激发展:要么不奢侈,要么遍地奢侈。伏尔泰在《哲学词典》中写道:

> 在一个大家都赤脚的国家,第一个给自己做鞋的人就是奢

---

① Carrier (P.), *Bernard Mandeville*, *passions*, *vices*, *vertus*, Paris, 1980.

佟吗？难道他不是一个有远见卓识、心灵手巧的人吗？对于第一个穿衬衣的人难道不是一样吗？对于把衬衣洗白、熨烫的人，我认为他充满了无限才华，完全可以治理一个国家。

那些起诉奢侈的人其实是以被社会排斥的价值观名义把人类置于停滞不前的境地，甚至拒绝了历史的发展潮流。

在《百科全书》的"奢侈"词条里，狄德罗没有谈论更多，"欲望的主要目标就是奢侈，所以在所有的国家都有奢侈，它给人类带来了幸福"。资源和价值的变化迫切要求区别贫穷和专制国家的"炫耀性奢侈"，以及在发达国家体现出来的"享受性奢侈"。这种区分有助于消除王室或者贵族阶级的铺张浪费，后者与一部分人口的贫穷形成鲜明对比。该区分还颂扬了更平等、花钱少的实用性和节制的奢侈。

表象理论家、语言经济学家、经济语言学家孔狄亚克，也玩弄起了摧毁了禁欲价值观的论证。功利组成了社会的本质，物质文化的蓬勃发展建立在需求及其发展之上。"当一个社会开始享受次要必需品时，那么在食品、服饰、住房、武器方面就有了选择余地，社会也就拥有了更多的需要、更大的财富。"交换的等级带来了一种消费推动力，传播使得奢华对于所有人都一样。然而，《关于商业和政府的随笔》的作者对引起新经济的不平衡却非常敏感，"所以，千真万确的是，一个大都市的奢侈其实就是不幸和破坏的根源"。消费经济的逻辑与劳动集中、权力集中、消费品集中、城市消费、奢华、服饰外貌戏剧性的表现相关联，但这些逻辑与城市政治道德的必需条件相冲突。我们需要财富，但不能有一个富人。

奢侈　道德　政治　经济

在18世纪中期，奢侈和促其诞生的经济飞速发展似乎赢得了一席之地。曼德维尔的论点在法国的传播还要感谢将这些观点传给孟德斯鸠和伏尔泰的莫隆,这些论点技术性强,且具有很强的说服力。[1] 休谟将之翻译成法语,于 1752 年在市场上宣传了《关于奢侈的评论》的观点。休谟时髦前卫,作为一名英国历史学家、一位自由主义者、一位知性而热情的哲学家,为巴黎的沙龙所熟知。从 1763—1766 年,他作为大使秘书多次到访巴黎。《关于奢侈的评论》在向三种观点靠拢时把握了分寸:奢华的世纪是历史上最幸福的时刻;奢侈,为了于社会有益,应该有所节制;工业和自由的关系是政治进步的一个条件。

观念世界和商品世界里出现的根本性断裂,与重新活跃的论战一起明朗化了。在很多方面,尽管对必需品的大规模消费还是有限的,商人和艺术家为有钱人提供的、来自全世界或者在法国制造的奢侈品的消费,无论在总量上还是在质量上都达到了无可比拟的水平。于是,对奢侈的发展和后果的诘问产生了。

透过当时重农主义分析中展现的敏锐洞察力,我们可以理解为什么道德之争不仅没有停止,反而以变本加厉的方式卷土重来。一方面,占支配地位的经济因素仍然是农业的"净收入",所有者的消费刺激了贸易及手工制造业的发展。所以,在"紧缩消费"的过程中,避免农业产品的浪费,限制奢侈,无论产品是装饰品还是衣食必需品,都是很重要的问题。奢侈是什么?"是有损于再生产的过度的花费。"但是在这个定义之后,存在着价值和劳动的理论、利润和生产的理论;这个理论与一个由土地——财富唯一来源的所有者支配的社会的"自然秩序"相符。问题在于涉及对消费道德的评价。米拉波侯爵在《人类之友》里清点了种种不节制行为和造成的后果,这就是刚从首都回到家乡、热衷于时尚要求的种种变化的阔绰地主:

---

[1] Carrier (P.), *Bernard Mandeville, passions, vices, vertus*, Paris, 1980. p. 105.

他到了,大街于他未免太窄。但是也需要注意到另一方面,这是两条宽 30 图瓦兹(toise,一图瓦兹相当于 1.949 米)的平行侧道,视野非常开阔。一块中等规模的田地变成了林荫大道,自然就没有一粒收成了。公园、林荫小径、树木按梅花形栽培的林荫道,小道纵横的树林,球状树木,收成还是为零。在这种情况下 300 阿尔邦(土地面积单位,相当于 35 至 50 公亩)的土地也不嫌多。菜园也太小了,还需要防风保温的垄、分界墙、抽水的泵、温室和栽培橙的温室。铺上沙子的平台,修剪树枝的工人,菜园的维护,城里提早上市的水果,维护及耙平花园里的所有小路的工作,还要保养水泵,等等。如果所有这些要花费 10 000 利弗尔,那还不算多。在房子里,需要家具、油漆和一个看门人。如果这个可怜的男人,如果他的家庭和所有的给养费用只需要 100 皮斯托尔(法国古金币,相当于 10 个利弗尔)的话,那就很便宜了。土地的租金价值 15 000 利弗尔,费用是 400 000 法郎。花费 60 000 利弗尔为了让它配得上主人,"装饰一新"的土地让农场减少了 4 000 利弗尔收入,而这块地的保养费用却有 11 000 利弗尔。这位贵族老爷也就没剩几个钱了。

这是一个由社会必需品带来的变化的形象生动的例子。一个叫坎特龙的经济学家可能会欣赏这种观点,把这些变化看作就业机会的创造者,我们就能领会经济学的批评(奢侈是"一种减少土地投资的消费")和道德批评("腐败途径里的不流动的财富,或者偏离了其本来航线的财富,有可能导致品质下降甚至消失")。奢华的滑行坡道将社会引向堕落。米拉波重新找到了保守贵族批评的要素:他谴责了宫廷社会,接受了有节制、但要与社会阶层相称的奢侈理论;他拒绝侵占行为。

我们看到的源于经济分析逻辑的、经济学家亚当·斯密没有进行专业阐述的问题又富有了意义，而且被用心理学词汇提了出来。在具体的现实里，它涉及的是消费和自由之间的本质关系。

　　一方面，在旧时社会的经济里一场缓慢的运动已悄然萌动，这或许要归功于规模越来越大的货币化；它已深入国内经济（从中汲取主要资源）和国外经济中（从中获得大部分奢侈品）。这两种流通通过上层阶级，即贵族和教士等级联系，但他们消费的变化逐渐影响了整个社会。与物质文化和突然出现的奢侈的蔓延相反，就像阿尔伯特·赫希曼①观察到的那样，在经济扩张的时代，对"无价值的装饰品""小玩意""无聊的小东西"（为了重提一下亚当·斯密的词汇）的传播其实也是对整个社会和其基本原则的思考。如果说同一时期出现了对贵族商人的讨论的话，那也不是一个简单的巧合。对最初繁荣的感悟在带来满足感和激励作用的同时，似乎也反过来产生了冲击作用，引发了"失望情绪"，甚至是强烈的敌意。②

　　在新经济的中心，一种迎合了物质财富增长的情感出人意料地具有了双重性。在《国富论》中，著名自由派亚当·斯密毫无疑问地成了财富增长的辩护者：享受实用性和舒适性这一点把开化繁荣的民族与野蛮贫穷的人民区别开来。然而在同一本书的第三卷第四章《城市商业是如何推动国家进步的》中，他指明贵族用旧的封建关系来换取物质财富，用重要事物来换取人类关系中无意义的东西。到了1776年，反响产生了，我们似乎从《道德情操论》中读出了谴责诋毁以钱换物的意味。欲望刺激了对财富的占有——就在同一段落里，我们又发现了关于调节市场的"无形的手"的比喻——是一种"连续的刺激因素和支撑人类工业

① Hirschmann（A.），*Bonheur privé, Action publique*，Paris，1983.
② *Ibid.*，p. 81.

的幻觉"。富裕的必然性和某种敌意相吻合,可能这种敌意受到形而上学反思和奥古斯丁财富原罪的启发:利润不再是可憎的,但在现实中存在着对人类物质和道德条件的思考。[1] 启蒙运动时期的其他思想家也对此赞同,其中就包括著名的物质文化批评者让-雅克·卢梭。

卢梭的参与是多方面的,不仅限于与基督教、贵族和封建传统的交锋,即使他从中受到启发。[2] 他日内瓦公民的身份被置于三重背景下。首先是经济的和社会的。1745—1755 年间,普遍的人心浮动带来的思想动荡、奥地利王位继承战争引发的危机动摇了王室,阿尔让松侯爵对此忧虑重重(1755 年芒德兰被施以车轮刑)。然后是围绕着重农主义和自由放任主义道德思想和经济思想的危机。卢梭在伟大的学派作品问世之前就放出了他的惊人言论——比如从 1750 年和 1755 年的《论科学与艺术》等论文的发表、魁奈 1756 年的《佃农》和 1758 年的《经济表》、博多 1767 年关于奢侈的随笔。最后,1750—1760 年间,我们可以看到变化最主要的迹象,对"两种经济"的反思就证明了这一点。

卢梭介入关于英国的论战,并对此了如指掌,同时他也参与关于法国的论战。在法国,他的职业、他的选择在冲突中与占绝对支配地位的百科全书派潮流相抵触。起初,他并不是我们认为的"反上流社会",他曾是奢侈的辩护者,就像在《致鲍尔德先生书》和《致帕里索书》中所反映的那样。"文森之象"(illumination de Vincennes)可以作为他个人的转折点。这是过去和现实之间反抗意识改良思想的自我重建时期,卢梭参加了一场让思想界和学术院都为之震惊的辩论。提到这些是为了说明为什么在 1749 年他抛出对科学和艺术的疑问时,第戎学术院没有感觉到任何的窘迫和被冒犯。首先,这是一个关于文化和道德辩论的古老

---

[1]　Perrot (J.-C.), *Une histoire intellectuelle...*, *op. cit.*, pp. 333-358.

[2]　Galliani (G.), "*Rousseau, le luxe et l'idéologie nobiliaire*", art, cit.

命题——知识不能带来美德,但是在卢梭那里却被改变了——社会、文化、物质生产、奢侈也会让一个天生道德良好的人堕落。这就是一种迅速引发回响的脱钩,就像学术院竞赛和经济类节目表明的那样。这是一场集体的变革(见表格)。

1700—1789 年的竞赛	设立奖项的学会	奖项	主题	经济和经济道德竞赛	经济学书籍
1700—1709	2	40	19	1	35
1710—1719	4	60	30	3	39
1720—1729	6	86	56	9	77
1730—1739	9	122	89	9	67
1740—1749	15	185	133	21	88
1750—1759	21	359	230	35	363
1760—1769	21	360	224	28	558
1770—1779	24	334	216	11	483
1780—1789	29	589	293	4	829

我们将会记录竞赛发展曲线如何以它的方式记载由资料证明的一个学科的上升趋势,从中还可以观察到现实和经济利益之间的关系。一般来说,这种关系是很紧密的,但在知识分子组成的团体里则受到了限制。分析的自主性、严密性没有被学术圈采纳;最终的政治辩论以及它们通过无数宣传册所引起的反响并没有参与角逐。众所周知的、由卢梭发起的、反响巨大的控诉发生在两个曲线重合的时刻。1770 年之后,经济的、道德的、学术院的雄辩场面渐渐式微,具体的、有关社会革新的主题占据了上风。①

---

① Roche(D.), *Le Siècle des lumières en province...*, *op. cit.*; Perrot(J.‑C.), "L'économie politique et ses livres", in Martin(H.-J.) et Chartier(R.)(éd.), *Histoire de l'édition française*, op. cit., t. II, pp. 240‑260.

　　我们了解卢梭式批评的主要方面：科学和艺术让人类堕落，其他更糟糕的罪孽接踵而来——其中就有诞生于人类的游手好闲和虚荣自负中的奢侈。我们知道，如果他没有指明对象，那么曼德维尔就是目标之一，还有莫隆和伏尔泰。救世良方就是：颁布限制奢侈的法律，回到农业的朴素状态，颂扬耕作者。总之，他表达的是双重抗拒：拒绝把经济、道德与政治分开；拒绝发展推动下的充满活力的社会。在这场吸引了多年舆论关注的辩论中，评论家并没有被迷惑；而卢梭凭借雄辩无双的口才以道义的方式获得了胜利，他抽象的概念通过图像、"创造性"得到了天衣无缝的论证，从而引发了众人的兴趣。他本人赋予了伟大的观念之争一种情感的责任。论战又承担了另外一种角色：为人类的反思调整了方向，在把传统的经济和道德问题置于社会背景之下的同时，也将其改变了。这就是我们在卢梭致鲍尔德和斯坦尼斯拉斯的回信中读到的那样："奢侈可能对给予穷人面包是必需的；但是假如没有奢侈，那就不会有一个穷人。"①

　　从此，从《论人类不平等的起源和基础》到伟大的传世之作，一个重要的命题再次被提出：奢侈和不平等不可分割，进步和自然互相对抗，政治应该解决一场道德与社会之争。这是对"同一经济"（homo economicus）和发展的一般性批评：应该回到"公众利益"（bien public）和受道德感化的政治经济上来。鸿沟会被填补的，无论是用墨守传统的形式主义的社会效用和道义性的协调，还是凭借经济学家的努力。这一切都依赖社会的法律基石：由悲剧带来的必然性。卢梭并不十分主张回到伏尔泰和帕里索嘲笑的自然和原始状态，他建议通过一种意志来重建一种世俗化的"神正论"（théodicée）；通过与社会里的罪恶而

---

① Launay（M.），*Jean-Jacques Rousseau, écrivain politique*，Cannes，1971；*Jean-Jacques Rousseau et son temps*，Paris，1969.

不是人类自身的罪恶作斗争来解决"自然—社会"这个反命题。总之，这是一种重获救赎的意志。

这就是我们能够在《新爱洛伊丝》的经济乌托邦里读到的，在社会政治的奠基之作《社会契约论》里也是如此。如何让财富和道德和谐共存，如何平衡财富和自由的相对平等？社会等级不是由经济创造的，而是由政治创造的；应该构建"人类的人类"（l'homme de l'homme）。在尝试的过程中，我们料到，奢华已处于衰退时期。卢梭不接受文化和发展的良性循环带来的炫目光彩，①因为他让自己的生命和他的哲学共同存在。他可以让那些继续认为增长会动摇神学—政治等级的人们听见他的声音，可以让那些认为新的财富会无情地加深富人与穷人之间鸿沟的人听见他的声音。他是平等的个人主义之父中的一位，也是主张放弃事物权利的创立者。两种共存的危机对社会产生了负面影响。第一种危机与人类有关，并且涉及人类和他自己之间的关系，人类和他的外延、他的思想、周围的人以及与文化的关系；第二种危机涉及环境和人的关系，比如人类在技术增长和发展面前表现出的不知所措。②

卢梭之所以反思调和人类与表象之间的方式，是因为在对消费的批判中，他看到了逃避由生产技术迅猛发展的普遍运动带来的双重束缚的方法。一方面，新的发明不能改变人类命运最悲惨的方面，比如人对自身存在所具有的不安、疾病、死亡；对它们的掌握并不能让人类摆脱不幸和"忧虑"。另一方面，即在相反的一面，物品（les objets）还远不能像那些无价值的小玩意一样被放弃，物品被看作人类无限发展求知欲这一"恶劣"行为造成的结果。③ 对奢侈的批判只能够通过对

---

① Starobinski (J.), *Jean-Jacques Rousseau, la transparence et l'obstacle*, 1957, p. 354.

② Hall (E.-T.), *Au-delà de la culture*, Paris, trad., 1976; *La Dimension cachée*, Paris, trad., 1971.

③ Hirschmann (A.), *Bonheur privé...*, *op. cit.*, pp. 99-102.

"欺诈"这一非寻常经济学概念予以回应才能被理解,这些现象由科学和技术模式的普及引起,其要点在狄德罗和达朗贝尔的《百科全书》中得以具体阐述。

《百科全书》：消费和技术

我们不再对启蒙运动思想里最伟大作品的影响和成败进行分析,我们只需记住两个中心观念:这不是唯一一个表达了资本主义下对自己的目标和财产有把握的阶级——资产阶级品质的、历史角色的严密的"战争机器"——就像我们无数次断言的那样;它的对象——作者本身是第一读者,随着不同版本的相继上市,预订者主要靠知识大规模普及的鼓动,而非社会和思想凝聚力的鼓动。如果说旧制度下的几乎整个社会都可以收到这个词典的话(然而无论是农民还是大多数的城市居民都无法实现,除非是间接的),是因为这项事业被纳入通俗化的、普及的、实用性知识传播的扩大化前景里。总之,是一种政治,一种传播的教育学,比如推理、论证及图像运用,其意图在于将浩瀚而杂乱或受制于历史和宗教事件考验的知识进行整理。

对设想的概念化具有决定性作用的有三方面因素:笛卡儿式的分析和英国思想的碰撞;一个时代渴望将社会发展中必需的知识进行收集的愿望,让科学家和技术人员和解的功利主义;通过学院式运动和文化社交在遍布法国乃至整个欧洲的知识和权力机构传播的前百科全书派力量。学院式的成功已经被发扬光大20年了。英国的成果为大家所熟知:通过洛克和牛顿,分析变成了经验式的;言语作为一种鲜活的知识出现——它不再定义本质和天赋,而是描写现实。当《百科全书》被纳入了广泛的经验主义运动、思想从属于扩大到所有领域的语言范畴时,技术问题的焦点就应该被指出来。它回应了一种需要:提供一些从科学新理论出发的途径和方法——物质的世界、人的世界及其革新的能力。这个开放了 20 年，思想的"手工工场"、阐明思想的巨大车间是双重野心的载体：把科学和技术纳入一种严密的信息体系里，"改变一般的思想方式"（狄德罗，《百科全书》）。① 总之，这是革新带来的幸福希望和已经出现的技术之间的关系。②

由《百科全书》提出的技术知识的身份是让人敬畏的，与知识传播和技术人员获得知识的传统方式相对，本能而巧妙地把习惯这种第二天性融入了知识中。习惯所拥有的功能和天赋的特点要多于理性的、知识的、启蒙式的、排他的特点；神秘至上、对物质和产品的支配至上，与狄德罗和达朗贝尔强调的理性的、科学的、普遍的、理论性的意志完全不同。"《百科全书》的伟大之处在于其图解的木版印刷的重要特点。这些木版是对技术活动的理性认识和手工艺的赞词。"③木版技术的发展不仅为文献搜集提供技术，还起到推动技术超越已有水平的作用。理性认识，因为在使用计算、测量、客观分析的同时，通过将没有任何秘密和禁忌的信息提供给所有人，获得了一种普遍性的力量。这是一个一切都无所戒备的、通过行会连接的技术世界。通过它的教育，一个社会可以进行自我管理。借助技术力量，《百科全书》带来了一股全新的活力和一种新的社会推动力：当实现其统一时，技术世界就发现了自己的独立性。它可以达到这一点，因为科学思想的榜样解放了技术思想，而且话语和图画的结合使得这种影响力被广泛接受。

于是，18 世纪就明确表达了技术人员拥有创新的权利的态度，尽管

① Roche（D.），*Le Siècle des lumières en province…*，*op. cit.*，Proust（J.），*Diderot et l'Encyclopédie*，Paris，1967.

② Simindon（G.），*Du monde d'existence des objets techniques*，Paris，1969.

③ *Ibid.*，p. 93.

社会抑制因素依然存在。① 但其解放力量还不适合于个体，毕竟这个生产社会其实还是有等级之分的、有机的、手工艺者的社会，因此要消除障碍。《百科全书》对伟大的技术革新的沉默与两件事相关，我们不能夸大其词，还要考虑到创新的时间，要参考手工业者、艺术家以及与其说是集中型的手工工场工人不如说是分散的手工工场工人。这就是一种文化的现状，古典机器的文化。这也是让人类个体的、技术人员的名誉未受损害的手工业者的遗产。在那些工具中，它就是中心和载体。这也是对知识带来生机的理论能力的推广。所以，应该理解为我们见证了其最初模式的"工业生产"带来的双重断裂。那是一个带来了自动机器的世界，这些机器的活动类似于工人的工作：在生产过程中，工人更多的是作为一个观众而不是演员。但是手工业的神话和行会语言却提出了一种参照，把经济腾飞即将改变的存在方式和行为方式具体化。围绕奢侈和工艺展开了一场辩论，在这场辩论里，启蒙时代的人和自己抗辩。在更多地激发技工而不是工程师才华的过程中，《百科全书》对此进行了研究，这是一项处于特权庇护下的两个世界间的创举。

---

① Simindon（G.），*Du monde d'existence des objets techniques*，Paris，1969，pp. 101 – 103.

第十八章　非神圣化　世俗化　启蒙运动

生活的成功，坚信进步的意志，具体的、哲学上的个人主义的扩展改变了世界和社会关系的新的具体的自主权描绘着启蒙运动最乐观、最具有征服性的一面。人类的发展在事物的发展中得以实现，而后者，主要与宗教思想及其整体功能相关，而非与有些滞后的政治和社会思想相联。从阿扎尔①开始的思想史遗留给我们这样一个伟大的问题，以各种形式向我们验证了这个假设。在17世纪末，"大部分法国人像波舒哀那样思考"，即思考等级、社会秩序、准则、顺从、启示教义、人类对神权的隶属；"在18世纪，法国人像伏尔泰那样思考"，这就意味着他们开始反思平等、天赋人权、摒弃束缚、反习俗、宗教和道德的相对主义、人类理性至上等问题。

太阳王去世之前开始的论战显示出几个变化，即启蒙运动前自由的胜利前奏：稳定被各种运动所代替，思想交流和旅行贸易又赋予了进行比较研究意义；古代的美学和历史模式被对现代化的崇拜所替代，博学和批判重构了宗教和世俗文本的图景，怀疑主义站稳了脚跟，现在与未来超越了过去；南欧在思想上占据主导地位，但也应该重视北欧在此领域展现出的新的水平基准，比如荷兰和英国；非国教精神的发展使威权受到破坏；最后，自由思想的继承者们，抛弃了笛卡儿的形而上理论，他们在信仰中拷问信仰。洛克经验论的理性一同启发着那些重建社会生

① Hazard（P.），*La Crise de la conscience européenne*，*1680 - 1715*，*Paris*，1935；*La Pensée européenne au XVIIᵉ siècle*，*de Montesquieu à Lessing*，Paris，1946，3 vol.

活原则的人。在政治上,国王的天赋神权受到了天赋人权支持者们的批判;道德上,社会效用代替了神授等级的道德,宽容带来了人世间对幸福的梦想;科学则从幸福开始确保了人类无限的进步。

从 1715 年开始,"空前绝后的传播现象"即将赋予思想运动广阔的空间和巨大的力量,在黑暗中艰难发展的一切从此得见天日。曾经只是几个思想家探索的思想拥有了大量拥趸,曾经的默默无闻的人一鸣惊人。①

尤其是在创新者发动的控诉中,有一个被指控的对象——上帝,基督教徒的上帝,即天主教的上帝和新教徒的上帝。从此,在每个地方,与信仰相比,更多的是在讨论这个对手和个人解放的问题。而且,重要的不是隐隐约约的威胁、某些请愿、教会的分裂和异教邪说——阿扎尔写道:"18 世纪不仅仅满足于一种宗教改革。它希望打败的是十字架;它期待消除的是一种神灵的启示,从上帝到人类的思想交流;它要破坏的是生活中的宗教理念。"想想已深入人心的抽象理论,想想反哲学家和护教者声势浩大的防守性质的运动;最后再想想一种强加在思想史中,赋予哲学和反思至上权力的不为人们所质疑的过度行为。尽管如此,我们从未听过如此振聋发聩的笃定的自由表达。当然,现在我们了解了无神论唯物主义的传播,即思想家拉·梅特里、哲学家霍尔巴赫和杜比,或政论家马雷夏尔的唯物主义表现出来的社会局限性。当然,我们也了解"惯常的基督教世界"对自然神论和有神论不同形式的接受存在抵触;当然,我们也知道在宗教上,我们不能在与上帝的关系上歪曲讽刺"宽恕的基督教"(christianisme de la grâce),并以此获得救赎。尽管如此,在很多意识层面,在关于基督教观念高尚认知的层面,"从知识中获得的理性

---

① Gusdorf(G.), *Les Sciences humaines…*, *op. cit.*, t. V: *Dieu*, *la nature*, *l'homme au Siècle des lumières*.

正在逐渐增多。对特殊启示的拒绝来自新的信仰法则。18 世纪上半叶激烈的宗教进攻具有明显的宗教特点：因为新的思想融入了从基督教世界世代继承而来的思想结构，并取而代之。"①最根本的是，我们可以反思和上帝的关系；在深邃的空隙里，在闲置的场所中，正酝酿着未来的其他精神。

在这一创举中，令人惊奇的是所有人的观点都大同小异。阿扎尔认为文化可以像"个人的隐喻"（métaphore d'un individu）一样被描写，在显示了单一个人特征的时代背景下，它移植了舆论观点、知识和希望。对于 E.卡西勒来说，②开创性的空想观念分析了"论说—思想"（discours-pensée）的形式，这种"论说—思想"孤立于社会或传记性的偶然性；空想观念还在某种主要的历史力量之下找到了启蒙时代的哲学体系。哲学家 B.格罗图森③把宗教思想的主要变化、信仰的深层危机归于资产阶级信仰和集体的社会—经济学现象。肖努看到了知识增长的结果即"在机械时代知识加速器的实际效果"④；同时他也认识到认知新理论的必要性。这种理论是由理性确定的需要支配的，之后康德也提出过类似的观点。这些哲学家都承认我们所经历的某种断裂就像"张开了大口的恐怖深渊"——于是，我们重新使用了德国戏剧家莱辛的说法。

这种情况下我们可以补充点什么呢？在论说分析集中起来的各种形式中，表达了一种严密的逻辑性，一种当代的必然性；已消失的精神状态的迹象和预兆性的信号并未罗列其中。⑤ 人们对基督教的影响无论

① Chaunu（P.），*L'Europe des Lumières*，Grenoble，1971，p. 299.
② Cassirer（E.），*La Philosophie des Lumières*，Paris，1966.
③ Grœthuysen（B.），*Origines de l'esprit bourgeois en France*，Paris，trad.，1927.
④ Chaunu（P.），*L'Europe des Lumières*，op. cit.，p. 299.
⑤ Foucault（M.），*Les Mots et les Choses*，*une archéologie des sciences humaines*，Paris，1966.

是在深层还是表层都进行了反思,同时也对传统、权力和古老等级的支配力量进行了深刻反思。半个世纪的历史研究曾努力在实践中找到这种断裂,把思想置于其匿名的束缚中,然后从那里看到人类力量中前所未闻的信仰提供的新自由。由此提出的问题在古老信仰失去威信时,宗教参照仍然保留了一席之地;信仰本身的定义也限制了对这个问题的回答。对一场大规模的、活跃的、从上层社会到下层社会的非基督教化运动的预测,假定了普遍的、唯一的基督教化的观点。然而,正如 J. 德吕姆注意到的那样:"难道我们长久以来不是把基督教叫作实践教义的混合吗? 这些教义,有时候只与福音信息保持着疏远的关系。如果真是如此,我们还可以谈论非基督教化吗?"我们可以在信仰的更普遍更漫长的变化背景下理解终极观的消退、入世观的高涨。人类和时间的不确定性要求我们以特有的方式重新反思宗教,其中伏尔泰,反对教权的教徒,或许可以成为见证人。它还要求我们从相互谈话中领会到新的重要思想(idées-forces)产生的反响:幸福、活力,还有隐忧。于是我们可以通过其他方式提出启蒙时代的宗教问题。更多从富有活力的宗教新的表现形式出发,从其他知识出发;而不是从正面的宗教(religions positives)出发,从清晰理性的知识出发。①

宗教危机　新的宗教思想

对非基督教化的拷问从此被置于更广阔的视野中,因为这种现象并不仅限于 17 世纪的狂热和 18 世纪的冷淡的对比上;因为它设想了一种对基督教状态的反思,在这种状态中,因循守旧、"迷信"、"恐惧的宗教,热烈而虔诚的宗教迷恋"、救赎的宗教同时存在;因为它集合了与宗教仪

---

① Gusdorf (G.), *Les Science humaines...*, *op. cit.*, t. V., pp. 26 – 38.

式的简化、非宗教化和不带宗教色彩、世界的非神圣化、道德参照的变化、社会和个人行为世俗化同样清晰、复杂的参量。

如何定性发生的变化？这些变化的迹象在多个层面上表现明显。它们控诉反差强烈的社会现实，我们可以从中窥见守旧思想的衰退、清明的宗教力量的加强和改变。主要的事实如下："基督教不接受程序上的简易化，其发展历史，至少从 18 世纪开始，应该让两条相交的曲线清晰明了。一条呈上升趋势，而另外一条却是下降的。第一条表现了一种质的宗教，第二条表现了量的聚合；前一种反映了对更深刻理解的福音信息的虔诚，第二种体现了随着文明的转变而崩溃的守旧思想。"①传统的基督教教徒数量是最多的，他们的一部分行为方式发生了变化，某些宗教仪式逐渐消失，因为社会环境让宗教信仰活动失去了意义。其他教徒可以在他们的信仰中找到感召力强大的信仰，并且朝着新的宗教反思发展；展现出一种智力上占上风、基本立场从集体变为个体的信仰。

传统的和革新的基督教

一致性（unanimité）问题没有再遭到质疑，但它阻碍了观察家在社会束缚和个人真实性上形成明确的观点，宗教活动的需求已经朝着后者发展。"人们会问，在什么情况下，民众会举行弥撒祝圣和感谢救赎；在什么情况下，为了民间盛大的仪式和与外界隔绝的庆典，他们会放弃自己的爱好？对这个问题，在一个教权和俗权联系如此紧密的社会里，在一般的想象力无法构想一种可能将它们分开的社会里，不会有满意的答案。根据当时的法制体系，'堂区教民'（paroissien）和'公民'（citoyen）是同义词。很难找到用来衡量普通百姓宗教生活的标准。在

---

① Gay（P.），*The Enlighshtenment, an Interpretation*，New York，1967，pp. 253-254.

日常生活中他们遵循教会制定的历法,但这就像早上听到教堂钟声时起床,或者在诸圣瞻礼节和复活节时更换冬衣和夏衣一样无意识。"①让我们记住加入了感性变化和入世危机的主要方面吧!

18 世纪宗教活动的"一致性"是自 16 世纪起坚持不懈通过宗教活动重新打造信徒的结果。牧师水平的提高、传教和布道扮演的角色、堂区环境的持续构建,凸显了宗教生活介入日常生活的重要性,以及公众对宗教信仰活动的坚持。两种行为明确地象征着神职人员的胜利:复活节时的职责,参与有规律的、正规的弥撒。所有圣事都从中受益:洗礼、按手礼、临终涂油礼、忏悔。但是复活节的领圣体体现了宗教活动的增加,更多的是受典型的宗教虔诚的影响,而不是由对圣体饼崇拜的显圣迹和轰动因素决定的。与之前的时代相比,18 世纪更能体现宗教活动的普遍性和正规性。违抗教士指责的人减少了(堂区教民的 1%,我们可以从由低到高的社会阶层发现一系列职业,牧师、船夫、士兵到品行恶劣的人);社会压力增大了,勤勉精神也随之增强了。复活节领圣体的教士来访成为判断神甫对领圣体尊重与否的主要标准:从 1610—1670 年,58% 的堂区有该活动的记录;从 1670—1730 年,这项活动对 78% 的住持教士而言成为一个问题;从 1730—1790 年,这个比例又降回到了 57%,似乎已经渗透到所有方面。但是在城市则更抵制一些,速度要慢一些。因为重点可能放在了非复活节的领圣体的活动上,这些活动在教区神甫和教会修士的影响下也发展起来。1750 年以后,庄重的领圣体开始普及。

人们也以类似的方式重新审视礼拜天做弥撒的行为。以前只是一种虔诚行为,后来变成了积极实用的原则和一种义务;同时它也要求规范化,实现圣化。改革的精神把狗从教堂中驱逐出去了,同时去除的还

① Mac Manners (J.), *French Ecclesiastical Society...*, *op. cit.*, p. 19.

有与宗教格格不入的行为;教理问答书和世俗的努力让虔诚的教徒更专注,也更具体悟力,他们甚至阅读法语的弥撒常规经。如果很难清楚地衡量其中的被动性和主动性,那么毋庸置疑的是,主日讲道这一被明显社会化的宗教行为从此符合了更加典型的基督教模式;在主日讲道中我们能够掌握一些公共法令,探听到一些个人信息。通过不断重复同一种行为,宗教活动让每个人身上都拥有了对归属感的直接觉悟,从而确立赋予世界、时间、生命某种含义的主要标志。"星期日"(jour du Seigneur,主的日子)使得日常行为中的宗教、稳定的宗教更加有规律;宗教的礼拜仪式变成了每年的四季轮回和救世戏剧之间无意识的对应关系。这是发生在古典主义和启蒙运动之间的时代特性。

　　已经取得的一致性并没有完全消除地区差异。比如乡村和城市之间的对立,虔诚教徒聚集的狂热地区(比如罗歇莱的林区)和教徒稀缺的教区(比如奥尼的平原和沼泽地区)之间的差异。神职人员在两条阵线上的斗争实现了法兰西王国的基督教化。第一条阵线,我们刚刚看过,赋予宗教活动一种非同寻常的重要性。这些宗教行为使得身份的差别更加明显。神职人员认为,宗教活动其实也有分界线,用以区分具有不同文化价值观的教徒,宗教仪式从此让宗教发挥了作用。第二条阵线是对教士们所认为的异教和迷信行为进行反抗,这值得深入分析。对民间节日和古老宗教活动的崇拜、对显示圣迹的雕塑的追求、对圣泉和抱怀疑态度的朝圣的渴望,反映了新教士对精神化、纯洁化和严谨性的渴望。同时,这些行为在教士、虔诚教徒、全体教徒之间造成了一种差异。道德占了上风,但可能失去了精神上的体验;除非道德在另外一种个体化的传统里(让雅克·卢梭所见证的道德良知中)得到庇护。

行为的变化：入世危机

即使我们拒绝在当时宗教狂热的大背景下"超脱"出来，依然会发生双重转变。尤其在 1750 年之后，我们同时见证了面对生命和死亡态度的转变，基本的入世行为减少。

人口统计资料表明，断裂发生在最私密的行为中，避孕行为就是证明。当一个妇女最后一次生育的年龄明显低于最后一次生育的平均年龄时，就是有分寸地采取了避孕措施。其实到处都可以找到避孕的夫妻：1730 年之前，在鲁昂是 20%—30%；到 1780 年已经达到了 50%；在法国维克辛、在洛林地区的莫朗、在维克-绪尔-赛耶，当然还有巴黎贵族、富裕阶层，他们先于中产阶层和民众采取避孕措施。可以说这是一场将人类生育和性行为分离的避孕革命。

但解释并非如此简单：我们可以同时或分别发现一种新的家庭道德——坚持保护妇女，避免威胁妇女生命的多次妊娠，强调应该良好安置、加倍爱抚、教育儿童；顾及妇女儿童利益的新的教会教育推翻了传统戒律。以同样的方式，把重点放在生活堕落问题上的宗教布道导致结婚年龄推后、夫妻性生活有所节制的禁欲主义以及渐渐地在非婚姻生活中对性生活进行节制。"致命的秘密"（funestes secrets）因为与严守戒规的说教联系在一起，而被更广泛地谈论和传播。在早期非基督教化的章程里，我们看到了对詹森派教徒习惯的认可。要求的增多、漫长的使堂区教徒灰心的赦免期限、派别之争中对神圣事物的使用，这一切把神学冲突"大众化"了，却扩大了怀疑的可能性：这令人豁然开朗的结果源于信仰圣事的政治化。① 在未婚先孕（1760—1770 年之后占第一胎的 10%—20%）和私生子（在城市占到 6%—12%）现象中也同样能够捕捉到的自

---

① Julia（D.），"*La France religieuse*"，art. cit.，pp. 251‑253.

由气息,这表明教会针对其自身的教育发生了反转。在这种变化中,更自由、更独立、受到更好教育的、被引向触手可及的真实性的个体,从此能够选择其他指引其生活的理论。不是所有人都以神学家自居,但所有人都学会了以别样的方式理解传统和宗教权力。

对死亡的恐慌,无论我们如何对其进行解释,都是殊途同归。① 对遗嘱的大量研究表明,在巴黎从 1730—1740 年开始,在普罗旺斯从 1770—1780 年之后,其他地方也是在差不多的时间,无论对于男人还是女人,遗嘱的重要性和意义都发生了变化:去世前做弥撒的要求减少了(在法国南方平均数从 1750 年的 400 降到了 1780 年的 150);1730—1740 年间启蒙运动的巴黎,遗嘱的形式逐渐简化甚至消失。② 当然,原因是多方面的,首先是公证条款及其社会适应性,在一系列外在迹象中出现个人选择,最可能是由于对死亡的逐渐熟悉而削弱对它的恐惧。我们不再论述无须说明的。但是当行为的放弃伴随着对基督教论说本身结构的破坏时,当《死亡准备》记录了生命本身的需要时,当 17 世纪胜利的神学形式和基督中间主义的形式倒退时,我们就可以承认重要的不仅是信仰的内在化,而且是非基督教化的明释,这是观念世界巨大的变化,甚至超过对死亡的恐慌。B.格罗图森非常好地总结了断裂的利害:帕斯卡、伏尔泰和卢梭时代的人,与最谦卑的、有独立思考能力的虔诚教徒资格相同,但意见不一。"谈论死亡时,他们谈论的不是同一种事物",一个就像信仰上帝那样相信死亡,另外一个看到的是一种事实而不是神秘。其他现象则都由此引出。

其他事实在基督教徒入世和宗教社会性消退中证实了危机的存在。

---

① Ariès (P.), *L'Homme devant la mort*, Paris, 1977; Vovelle (M.), *Piété baroque et Déchristianisation en Provence au XVIIIᵉ siècle*, Paris, 1973. *La Mort en Occident de 1300 à nos jours*, Paris, 1983.

② Chaunu (P.), *Mourir à Paris*, XVIᵉ, XVIIᵉ, XVIIIᵉ siècles, Paris, 1979.

世俗化的基督教徒同时放弃了教会的行为和论说,就像放弃他的习惯一样。通过研究可以发现,专职授任礼运动明显减少,其衰退从 1750 年开始。接替城市入教,甚至维持传统教区持续诞生神甫的重要地区,比如布列塔尼大区、洛林地区或者诺曼底地区乡下出现的增多的皈依现象,勉强能够和这种衰退相抵消。宗教信仰的曲线呈下降趋势,每个修道会情况相同,但时间上有所差别。在社会精英和教会之间出现了裂痕,这些裂痕首先反映的是贵族的,然后是资产阶级的,最后才是城市人口的不满,乃至笃信宗教时代的终结;裂痕也记录了乡村化和世俗化现象。在另一种情况下,信仰弱化反映了宗教在启蒙运动时代的地位:当非宗教化把重点放在社会效用上时,它就成了主要问题。教士和教徒形象在对社会的程序化需要再适应的意义下发生了转变。

　　变化的其他迹象表现在虔诚的宗教团体的变革上。善会或圣母玛利亚修道会的入会成员大幅减少;一场将善会变成共济会支部的运动促进了普罗旺斯人的社交性。在每一个能够研究这些迹象的地方,保守主义的框架岌岌可危,宗教热忱开始降温,各种活动走向世俗化,传统宗教运动萎靡不振。肖像学研究,对教堂内供奉的还愿画、炼狱灵魂图画的肖像研究,以及难以在历史画和逐渐丰富的绘画题材中定位的宗教画的灵感枯竭了。在某些地方,比如洛林,还保持着对宗教的依恋;而在其他地方,衰退现象却很明显,宗教开始让步。[1]

　　在这之后,提出了两个问题:什么是内部演变的原因,是通过信仰对信仰提出的质疑吗?什么是外在演变的力量,是伏尔泰的还是卢梭的错误?第一个问题的答案,一方面是在被传授的基督教、严格的苦修和禁欲主义中寻找;另一方面蕴藏在辩论和论战的焦点即"宗教"与一个简单的观点相混淆的范畴里。自我超越、优柔寡断、隐世,都诞生于教义

① Chatellier（L.）, *L'Europe des dévots*, Paris, 1987.

上的断裂和不妥协的表现形式,教士和教徒的疏远,神职人员的基督教化使得俗事和圣事相互对立,用节制、教化、调解代替与上帝的内在关系的过程,反而引起基督教徒的非宗教化。"教会致力于让所有基督教徒分享基督教圣职定义的计划,具有令人无法忍受的沉重压力。"①政教分离曾一度在对基督教化的进攻中得到认可,但是当改革的推动力耗尽、权力消退时,它却变得不能被接受。人口的流动性、打破地区间的闭塞状态、城市化,都消解了教规,淡化了从属关系。城市站在了非宗教化的前沿。道德的自律只有参照社会效用和个人信仰的戒律时,才能构建曾经可以实现政治和宗教融合的非宗教化基础。政治制度曾经通过保护、驾驭宗教,将其定为政治目标之一,并用加入自身标准的方法运用宗教制度。宗教信仰实现了宗教为政治化的世俗要求服务的目的。②

　　关于这种巨大动荡的讨论还没有结束,就被对哲学的批判所代替。在那里我们以另外的方式发现了对思想史的反思:书籍曾经扮演过什么样的角色? 观念分裂变异中的社会力量是什么样的? 印刷业惊人的变革体现了世纪的、非宗教化的倒转。从 1720—1780 年,允许公开出版的宗教书籍明显减少(从 35%—10%),科学和艺术书籍显著增多(从 20%—33%)。如果我们考虑到非法出版的非宗教的、批判性的书籍,那么 18 世纪最后四分之一时间印刷业的生产与前 60 多年有着天壤之别。我们看到了统一的世俗社会的胜利,或者"尤其是要回报公众的社会契约"。③ 揭露与传播摧毁了世界的基督教等级,打破了读者的坚定信念,甚至破坏了很大部分的图书生产。正如 1778—1789 年外省对图书的再版需求一样,继续得到了宗教和虔诚信徒的支持:63% 的宗教书籍与

① Chartier (R.), *Les Origines culturelles de la Révolution française*, op. cit.

② Certeau (M. DE), *La formalité des pratiques...*, op. cit., pp. 43 – 44.

③ Dupront (A.), *Art et Société en Europe au XVIIIe siècle*, Paris, 1965, p. 225.

10%的科学和艺术书籍形成了对比。

在此诠释断裂需要我们充分考察受到质疑的各种迹象。其中之一便是1762—1768年危机之后教育环境的消失：在青少年的关键时期，在精英教育中，某种自由主义受到欢迎。对于更加自由、更加理性的具有求知精神的人来说，能够提供关于世界信息的一些"禁书"充斥着中学校园。巴黎和外省等级次序的非宗教化思想在贵族中得到传播，这些贵族主要是支持《百科全书》出版的知识分子。传播政治—色情的抨击性短文，如《溪边的卢梭》，抨击思考顺从的宗教意义不亚于它们的政治影响。读者的信念并非马上通过阅读中的教导确立起来，而是根据他们接受和超越的能力确立的。他们可以用另外的方式倾听和信仰这种信念。在雅克·路易·梅内塔的日记里，我们可以感觉到一种漠不关心、一种敌意，可以看到改宗的具体过程。梅内塔对教士和教士的神化感到失望，他是教士制度及其神学理论和圣事仪式的坚决反对者的、门窗玻璃制造商的行会会员，就像一个伏尔泰派那样反对偏见和迷信（是它们把轻率盲从的民众交到了教士手上），反对宗教狂热和终极观（死、最后的审判、天国、地狱四形态）的恐怖主义："大的锅炉不能让我畏惧。"他可以宣称自己是一种个人宗教的虔诚信徒，对绝对的、乐善好施的宽容怀有真正的崇拜。

新的宗教精神：虔信派和一神论

精神性和世俗性的不可分割成为世俗化和非基督化过程中的文化焦点。基督教仍然与政治地位和理论构成一致性相关。宗教信仰和无宗教信仰的界限难以区分。教士本身也没有被排除在启蒙运动之外，而且在参与文化社交的过程中，传播并阐释了上帝和人类宗教仪式的某些和解的价值。最典型的是基督教内部研究革新的一些迹象。我们知道，不能把有真知灼见的人和自由思想家混为一谈，也不能将蒙昧主义和进步力量的对立弱化：紧张、对立蔓延到整个宗教领域。即使教会等级还保留着与政治密切相关的力量，它的过分自信也不再那么可靠，而这种怀疑带来了对基督教信仰的深入研究。"受到了废除各种宗教信仰思想的影响，极不稳定地处于新的环境里；在这种环境里，它们不再从熟悉的自信中受惠。"①尤其是，不同的主导者不能马上体会到这种变化的意义。我们可以把当时人们的感知看作重新调整宗教生活、让其偏移中心这一复杂过程的回音。他们对无神论的揭露、脆弱迹象的呈现、以拒绝权利为基础的宗教空间的相对重组，都预示了另外一种宗教形式存在的可能性。

杜尔哥在他的《一个副本堂神甫关于宽容的第二封信》（1754）里给予个人选择充分的空间：

> 人类能够判断宗教真理，恰恰因为这样，别人才不应该替他们下断论，具体情况可以去问每个人。另外，坦白地讲，假如有人可以替别人评判的话，那么也只能是君主。在这方面路易十四难道比勒克莱尔或格劳秀斯知道得更多吗？

于是自由主义对信仰的颠覆显露雏形：国家从教会中分离出来，个人也从中分离出来，他们的选择反映了他们的意识，"只有上帝来作证和评判"。这是让·雅克·卢梭即将在《社会契约论》和《爱弥儿》里发现的自然信仰准则。《百科全书》本身也表现了对于精神专制和遵从教理精神的拒绝。关于无神论和自由思想的新论战酝酿了不确定性和新的反思，远没有到达既定的确定性。个人信仰被一种分裂的信仰所代替：信仰不再是对强加的确定性的被动接受，而成为一种动力。

---

① Gusdorf（G.），*Les Sciences humaines et la pensée occidentale*, *op. cit.*

　　传统的教导是：教会之外，没有任何拯救者。真正的宗教精神，以它们的方式宣告了对立面的存在，确定了心灵宗教的可能性。当信仰和理性的共存以一种更合乎情理的宗教表现时，伏尔泰和卢梭可以提供这两种参考模式。"伏尔泰的宗教"①并不是在哲学中表现出来的，它是"粉碎下流东西"（指迷信和不宽容的人）的社会及政治需要，和拒绝无神论、"世界的钟表创造者"体现出来的与形而上学束缚间矛盾激化的表现。它还是关于自然神论传统的重要精神反思；对 17 世纪自由思想的瞻礼式传统、英国人的传统（比如伍尔斯顿、柯林斯、托兰德）或者法国反思的传统（比如布兰维里耶和孟德斯鸠）。其独创性体现在一些极为重要的论断中对人本身的重视；这在 18 世纪后半期的舆论中影响深远，而且通过论战得以传播。

　　因为写作，伏尔泰是个生性自由的人；但他性情焦虑，体弱多病，从 30 岁起就已经老去。他所有的热情都逐渐显示了一种对上帝精神上的需要，而不是烙在他生命中的上帝。少年时代起，从家庭环境、极端的詹森派父亲那里，他就对狂热怀有憎恨。据波莫回忆，8 月 24 日那天伏尔泰发烧，正逢圣·巴托罗缪的生日。年少时，他的心头就萦绕着对宗教问题的深刻思考。从神甫那里受到的教育最终却把他引向了对宗教的拒绝。因为作为耶稣会会士，他早已不是基督徒，但仍然信奉天主教，加入了自由思想阶层。尤其是早期的旅行和在英国的经历让他在宗教上逐渐成熟。在《哲学通信》②里有七封是关于宗教的。他表达了对宗教多元论善行的信仰，其中提到了公谊会教徒，以此作为理性人群和宗教信仰人群有可能并存的证明。在这部著作里他还论及"净化的基督教"的必要性。主要是在斯雷退职之后，"净化的基督教"从对历史的反思和

---

① 　Pomeau（R.），*La Religion de Voltaire*，Paris，1956.
② 　通常称为《论英人书简》。——译者注

宗教的比较文学研究中受益，这是对传统宗教世俗化和对所有宗教共同财富肯定的方式。把牛顿和洛克的理论统一起来，确信恶的存在。从1749 年一次具有决定意义的危机之后，他围绕着两个理论着手将其思想明确化："邪恶存在，所以上帝存在。"自然神论在教会的废墟上、在宗教狂热衰退和基督教瓦解的基础上建立起来。直到 1778 年去世，伏尔泰一直在与占支配地位的宗教在制度上、教义上、排斥异己的思想上作斗争：写讽刺短文、抨击性文章和讽刺故事，他跑遍了佩皮尼昂，猛烈抨击卡拉斯的控诉人或者拉·巴尔，为西尔旺奔走呼号。在 80 岁时，他捍卫自己的形而上学思想，对抗最活跃的无神论者霍尔巴赫，甚至狄德罗及其《盲人信札》。他以自己为例证明对宗教进行改革和实行国家干预的必要性。他的去世是"漫长疾病的终结"，反映了他的个性：他死于天主教的环境之中，但从来不宣称自己是天主教徒。教会对此很满意，他"一个人去了"。这恰是帕斯卡的反击。

　　伏尔泰与他生活的时代相遇，就产生了自然神论的主要特征，其中就有对宗教的理解和对道德的反思。伏尔泰的自然神论是一种拒绝的自然神论：拒绝宿命论里的上帝，拒绝悲观主义，拒绝神灵化身，拒绝犹太人的残酷复仇之神。伏尔泰的上帝是高尚的，与《圣经》里的上帝正好相反，是摆脱了基督教奥义和宗教仪式的上帝。它的力量植根于人类的传统、一个普遍存在的真理，即普遍承认上帝的存在。真正的宗教是自然的宗教、人性的宗教，伏尔泰从中看到了"人类共同道德的准则"。其道德准则的必要性通过形而上的论证得到了证实：人类的存在和经验诠释了上帝的存在和经验，上帝在自然中显现。"即使上帝不存在，也必须创造一个。整个自然向我们呼喊，上帝是存在的。"必不可少而又如此遥远，上帝现在就存在于由道德、利益的伦理调节的社会里。1750 年之后，伏尔泰的自然神论被定义为通过"向神性表达信仰的义务"的自然神论。《一神论者信仰声明》（1768）是对萨瓦副本堂神甫的新教誓言的反驳,同时也是对物质世界处于上升时期的无神论的回应。在声明里,有神论被看作上帝崇拜者的宗教,就像宗教中的宗教。文章里还阐明了两种旨意下的实际意义:爱或者公正。一神论可以理解为一种没有结果的改革,①但更多的还是一种客观的、绝望的尝试:为了让宗教不从人类社会中消失,能够摆脱所有超自然的神化;为了宗教能够独立于自我,而又对自我有所意识。

伏尔泰的尝试体现在两方面:它起源于哲学和神学的关系颠覆,渴望基督教摆脱蒙昧状态。它继承了英国学派的担忧、理性和批判,以及自由思想者对基督教历史本原②的拒绝;它记载了斯宾诺莎的反思,尽管是反基督教,但仍然承认上帝的存在和可感知的等级需要的存在,并且意识到上帝存在的确切性。在唯一至尊者"世界的伟大造物者"(grand architecte de l'univers)存在这方面,也不是与共济会的信仰没有关系,尽管伏尔泰在共济会之外进行自己的活动。显然这是一个特殊的回击:在传统宗教和世俗的无神论之间,对一个变革中的、焕然一新的、雄心勃勃谋求理性进步的社会的反应,在这样的社会里,道德依然不能脱离其宗教根源。伟大的宗教仪式程序化的运动推动了伏尔泰式的一神论的传播。而生活还处于传统宗教的中心。③

卢梭的探索在这方面并没有远离伏尔泰的研究。我们理解伏尔泰在向他的老对手发泄了自己不满之后,仍然可以给他的通信者佩鲁写信:"终于,萨瓦副本堂神甫终于做了,我全都原谅他了。"

卢梭宗教思想的形成却走了不同的道路:它与宗教经历,与为了理解他的哲学和理论选择的理性生命中的某些活动密不可分;在这方面和

---

①　Pomeau(R.), *La Religion de Voltaire*, Paris, 1956.

②　Vernières(P.), *Spinoza et la Pensée française avant la Révolution*, Paris, 1954.

③　Dupront(A.), *Les Lettres*, *les Sciences…*, *op. cit.*

其他方面是一样的。卢梭首先是一个牧师教育下的好学生，日内瓦布道者的影子永远也不会从他身上消逝。通过他的家庭，通过朗柏西尔牧师，他认识到一个相对于充满教义教规的基督教来说更有情感、更仁慈、更稳重的基督教。① 他在日内瓦的童年生活完全浸润在这种氛围之中：苦修加尔文教义，掌握《圣经》的要义，感受圣诗、圣乐的魅力。1728 年，第一次领圣体、正式信奉新教之前，他逃跑了，此后就受到了天主教的影响。在都灵，他受到了求道者的修道院招待所的接待；在安纳西、尚贝里受到了华伦夫人的接济和庇护。卢梭很快改宗，接受了盖莫神甫和夏尔迈特作品中传递的信息的双重教育：宗教是一种美德，它摒弃了伪善欺瞒。在个人的信仰中，上帝在孤独、自然中存在的观点与日内瓦或詹森教派愤世的神学互相对立。卢梭是天主教徒，但表现的仍然是基督教徒，是一个不信奉教条主义做祈祷的人，完全发自内心。"萨瓦副本堂神甫宗教的本质已经融入夏尔迈特的卢梭的宗教中。"②

1742—1756 年间，卢梭在巴黎声名鹊起，他的成名过程经历了两个阶段：卢梭首先在百科全书派的影响下远离了天主教；之后他从第一篇《论科学与艺术》中发现了可以对抗道德缺失的基督教的价值观；接着他又宣布自己是新教徒，而且以不同的方式推荐北欧范围内（从英国到德国、从荷兰到瑞士）将思想家和神职人员聚集在一起的"无国界基督教"（christianisme sans frontière）。1754 年，他重新信奉新教，并恢复了公民身份。他的政治热情显然超过了神学，但这只是他完成的"改革"的起点。他又转向田园，"当田园的太阳为我照亮大自然的美景时，我找到了我的信仰和上帝"。在他计划写作伟大的浪漫主义作品和理论著作时

---

① Masson（P.‐M.），*La Religion de Jean-Jacques Rousseau*，Paris，1916，3 vol.，t. I，p. 21.

② Guyot（Ch.），*La Pensée religieuse de Rousseau*，in *Jean-Jacques Rousseau*，Neuchâtel，1962，pp. 127‐152.

期,这种皈依要比在日内瓦对加尔文主义表面归顺的意义更重大。从那时起,无论是在生活还是写作中,他都充当了一种感性神学的捍卫者。《第二讲演集》(《论人类不平等的起源和基础》,1754)、《关于里斯本大地震致伏尔泰的信》(1756)、《新爱洛伊丝》(1761)、《爱弥儿》(1762),这些作品依次见证了解决两个层面上的危机的论据和理论的展开:天主教和新教界线两边存在的分裂,表达处于理性和感性之间的一种思想上的犹豫不决。①

　　《萨瓦副本堂神甫的新教誓言》收录在《爱弥儿》里,似乎能为我们提供解决危机的办法,并阐明卢梭思想的根本点。这是 18 世纪法国和欧洲宗教信仰的基本表现。副本堂神甫其实是一个基督教徒,无意间成了天主教徒和含糊的东正教教义信徒。必须解决一个关键问题:爱弥儿,在 18 岁时对所有的信仰都很陌生,但他所受的教育让他"选择理性地运用可以引导人的"宗教。副本堂神甫的话反驳了革新派的唯物主义,证明了上帝的存在,为自然的宗教作辩护。出于论证的需要,《萨瓦副本堂神甫的新教誓言》收录了在其他文章中用更多矛盾的或者以不够确定形式表现出来的事物,就像在充斥着相悖命题的《新爱洛伊丝》里圣·普勒和朱丽的对话一样。

　　副本堂神甫的神学可以总结为两个主要方面:一是造物主上帝的存在得到了自然等级的证明,一是可归因于历史和人类的痛苦假定了一个能够修正的上帝的观点。副本堂神甫的神学和伏尔泰一神论的不同之处在于感性和内心的角色。照亮了灵魂内心的光明和"善与恶确定的意识",天然地给予人类,它们在不同于理性的另一个层面上施加影响:宇宙法则不是通过虚无缥缈的体制表现出来的,而是通过这些美好的事

---

① Trahard (P.), *Les Maîtres de la sensibilité française au XVIIIe siècle*, Paris, 1932, 4 vol., t. III, p. 110.

物被感知到的。"理性""感情""信仰",这些词语不断地在副本堂神甫口中重复,这是自由人的真正导师。那里有把卢梭和启示教分开的元素,因为上帝只能通过自然和理性显露真容,永远地面对所有人。① 这就是为什么《萨瓦副本堂神甫的新教誓言》的第二部分都是在反驳各种教义和启示。他恭敬的怀疑引来了政府的斥责。在这篇著名的文章里,他把耶稣比作苏格拉底,然而他内心对耶稣神性的肯定却招致了唯物论者的讽刺。

　　卢梭思想的宗教体验没有停留在信仰的宣誓上,这是一种对完全自由的神学的肯定,因此所有东正教派、所有教会都无法忍受这一点。这也是个人渴望与上帝在心灵深处结合的表达,这种表达可以通向对忘我的真正探索。《致马尔泽尔布总监先生的信》、卢梭的沉思与漫步都见证了这一点。他借用了神秘主义,但没有与其混淆。卢梭在自然中与上帝同化;在孤独中,在意识丧失中,在时间流逝之外,见证了永恒。②

　　因此,卢梭的虔信主义的反响是不可估量的,表现在两个层次:第一,通向忘我体验的自然神论,根据它,信仰让我们去接受、去爱理性向我们揭露的等级;第二,通向世俗宗教的一神论。这个日内瓦人是一个信教者,也是世俗教徒、自由的基督教的捍卫者;在半沉默状态下,在满腔的热忱里,在对与共济会有关系的小团体的忧虑中,他让自己的声音振聋发聩。他是一个思想家,他用处理政治问题的方式处理宗教问题。《社会契约论》的最后一章涉及最终确定公民的合法性,在与社会的比较中看待宗教,把国家与神权关系建立在一种真正的宗教基础上的观点。这种宗教信条不是通过"解释和评论"给出的:"神性的存在,神、契

---

①　Menant（S.）, *De l'Encyclopédie aux Méditations*, in Delon（M.）, Mauzi（R.）, Menant（S.）, *Littérature française*, Grenoble, 1984, t. VI, pp. 267 – 320.

②　Salomon-bayet（C.）, *Jean-Jacques Rousseau, ou l'impossible unité*, Paris, 1972, pp. 65 – 66; Guyot（Ch.）, La Pensée religieuse de Rousseau, *op. cit.*, p. 149.

约和法律的神圣,只对排斥异己者不宽容。"所以其他的都不属于立法范畴,"人的宗教"——萨瓦的副本堂神甫所主张的修行是可以推行的,因为从政治的角度来说,国家需要用国民的宗教信仰来构建国民道德。它始于契约也终于契约。①

伏尔泰和卢梭的例子表现了启蒙时期一部分社会力量是如何尝试在教会之外解决社会的精神忧虑的。他们的体验既是一致的,也是相对的;两者都是一神论者,但在理性和内心的平衡点上意见不一。他们同时建立了一种边缘化的宗教,展示了一种个人灵魂状态,鼓励公众反对排除异己和独断主义以及狂妄的无知行为。二人都处在十字路口,在那里新社会既表达了与宗教传统、对世界的解释(宇宙的、历史的、超自然的)截然不同的自由需要,同时也表达了在道德上进行宗教约束的必要性。这是处于变革时期的社会的宗教表现、事物进步和自我肯定的碰撞;在它所争议的不平等等级上,所假定的社会的另外一种组织方式无疑是资产阶级的。感情替代了宗教热情,就像它覆盖了所有思想那样,它将宗教的表现形式具体化。因而,它加深了基督教传统的启示和新的意念所代表的新文化之间的鸿沟。

幸福　能量　隐忧

人类思想史突出了作为文化现象存在的各种思想,它们可以作为理解在思想领域和社会空间进行着的变化的主线。思想的种类同时也强调了思考的进步和它们所引起的矛盾。思想的原则可以具体表现在文学和哲学作品之外的其他痕迹里,比如在艺术形式和社会实践里。然而

---

① Gouhier (H.), *Les Méditations métaphysiques de Jean-Jacques Rousseau*, Paris, 1970, pp. 244 - 259.

如果我们希望把握住观念上的成就、超越单纯形式上的累加，就会朝着一个必须扩大的视野发展。我们需要重新研读 1950—1980 年间文学史家在这方面给出的颇具成效的研究成果，其中有三个概念比较适合，因为它们显示了某种影响力：在古典主义和启蒙运动之间道德理性主义根本的连续性，以及意识的蒙昧、理性和内心世界的冲突所强制带来的断裂。这就是：幸福、能量和隐忧。

现世幸福与终极观的弱化

我们反复说过，幸福的理论是全新的，尤其是我们的最终目的是用它反对宗教。但同时它总是吸引哲学家、伦理学家和人文主义者的关注。最能显示 18 世纪特征的是关于人和对个人实践行为担忧的论著层出不穷，这让狄德罗不胜其烦。因为他认为，"它们只是那些创作了这些作品的人的历史而已"。幸福成了一种主导观念被处处引用，成为一种把经历和世界构造、个人和社会连接起来的方式。根据作家给出的定义，幸福是与隐忧和苦难相对的生活艺术的元素，它指出了某些幸福的途径："健康、自由、财富、别人的器重"；它又提出了某些条件：在孤独和群居之间让生活变得更有特色的可能性。总之，道德和思想并驾齐驱，我们可以在真实的幸福中找到虚构的幸福，而现实的幸福存在于对虚构幸福的狂热中：或者建立在感情的空间里，或者在对理性需求的追寻中。安宁、欢愉和激情定义了幸福主义的感性空间，自然、社会和美德是幸福的社会根基。

18 世纪认为幸福是属于感觉主义的，幸福来源于人类对感觉的完美驾驭，灵魂与肉体的和谐所产生的满足感，安宁、对极端事物的拒绝是幸福的保证。幸福的梦想赋予诗歌和小说一种拒绝世界、隐居、逃避、欢愉、学习、家庭安宁以及幸福生活的稳定性的主题。但这种内心安宁却可以掩饰我们只能通过各种快乐逃避的烦恼。"什么是快乐？是更加欢快名义下的道德"，阿瑟·扬在《夜》里这样写道。这部著作通过勒·图尔纳尔的翻译而闻名法国。重新确立幸福观地位的、关于消遣的运动传播了一种伦理观，建立了享乐主义的方式，并且鼓吹让技术为幸福服务。享乐思想促进了机械装置的发明，刺激了剧院附属装置的革新，比如音效方面。总之，通过限定了状态的理性，它让大家接受了情感抑制和健康的极限；渴望幸福的愿望对这些状态来说都是合情合理的。这是进步的写照，理性必须确定幸福的教育学。自然条件不能成为障碍，物品的自然属性也不能与人类本性背道而驰，这都依赖于心理倾向、生理学、社会和物质因素。

幸福是一种受到青睐的存在方式。它是欲望和满足、社会幸福和个人幸福、道德和本性平衡的产物；是一种具有让信念平和、让灵魂运动、具有双重优点的折中方法。这些生理学上的依据变得愈发重要，它们迫使人们去思考健康、生活的不幸、自由思想的影响、死亡等问题。为幸福观念提供发展沃土的社会现实并非立刻就可以被感知，楚布雷神甫在《对文学和道德的评论》(1735)中认为，我们已经触及了幸福，无论其状态如何，幸福本身永远不会痛苦，因为善与恶的状态势均力敌。霍尔巴赫、伏尔泰、孔多塞也赞同这个观点。一言以蔽之，是物质条件的背景决定着每个人能否从生活中，也就是生存环境中获得享受。在这种环境下，自然支配着文化，开放的乡村胜于城市，比如时间的安排、家庭生活，尤其是让交往更活跃的友谊。一种和谐的、独立于宗教的现实生活方式逐渐显露雏形。《百科全书》对幸福下了一个一般定义：

> 对财富的占有是我们幸福的基础，但这并非幸福本身。我们生活中最完美的幸福只是某些乐趣所播种的一种宁静的状态。这些乐趣是善行、节欲、信仰的乐趣：感官乐趣中纯洁的趣向、高尚的精神。

所以，个人幸福在于意识的获得和丰富的社会生活实践，而并非依赖物质条件得以实现。贯穿整个世纪的《哲学的幸福》反对基督教的幸福，无论它们形式如何，伏尔泰、狄德罗、卢梭、《怡情理论》(1747)的作者勒威斯克·普伊，还有类似梅特里的唯物主义者，他们都认为这种冲突在两种基调中产生：一种是突出了人类善行和主宰世界能力的乐观情绪；另外一种是可以感知到固有忧虑的悲观情绪——从超自然力量中解脱出来，人类又受到了自然和感情的桎梏。这两种倾向共同存在于18世纪，有时候也能够在和伏尔泰、卢梭这样风格不同的作家作品里读到。①

在这种未分化的背景下，这些基本观念反映了个人阅历和经验的丰富，但也难逃自明之理。18世纪的经济发展活力带来了幸福的理念，这是特定时刻社会状况的表现。在这个社会里，奢侈聚积起来的巨大财富满足了少数人的趣味，提高了生活水平，著作本身也指出了双重的重要变化。

对于有限的行政官员和重要人物，作为一部分贵族和精英人物的出路，集体幸福的理念变成一种主导观念：幸福不再只是享有选民资格的人的权利，而是所有人的权利；幸福可以通过公共力量获得，比如通过管理、教育和改革。这是在所有文化领域大获全胜的功利主义原则之一。从1754年开始，杜尔哥就肯定了这一点："真正的道德对所有人一视同仁，它承认每个人身上平等的幸福权利。"②这是对静止状态的一击、对进步状态的认可，后来亚当·斯密也明确提出过。

物质进步和分析的深入间具有密切的关系，在两者关系中研究幸福，从而给予幸福一种新的定义，即"资产阶级"幸福。让我们去理解能

① Mauzi (R.), *L'Idée du bonheur au XVIIIᵉ siècle*, *op. cit.*

② Turgot, *Deuxième Lettre à un grand vicaire sur la tolérance*, Paris, 1754.

最好地刻画事物新等级的幸福,两个特点使其在新生活艺术中与一般人才济济的情况区别开来:它首先是创新性活动的产物,是建立在平衡、美德基础上的、远离人民和朝臣有瑕疵的生活方式;其次它是贺拉斯的"中庸之道"(aurea mediocritas)所指的智慧的产物,也是财富过剩和资源贫乏的结果——极端的状况与幸福是不相容的。于是,创业者的行为、公民的生活方式、财富积累和有节制的享受达到了和谐。在社会空间里确定那些谈论潜在幸福的文章的传播途径和地点就不再那么重要了,重要的是理解一种观念的掌握和接受是如何反映整个社会的紧张情绪的。假如幸福长期取消了宗教和世界之间达成的协议,那么它或者决定了批评行为,或者进行了一种调和,并把护教论置于含糊的矛盾中。对于社会思想,它也可以比消费(这种挥霍和欲望的表现形式)更能呈现生活的节制和禁欲主义(内心安宁理性的集体化象征形式)的观点;同样,静止的幸福比运动的幸福更具表现力。

存在与行动:一种能量

我们可以用另外的方式预感到能量观点。在处于启蒙运动转折时期的社会中,冲突对自我(moi)和人(personne)的定义提出了怀疑,也就是对1770—1780年间通过大量的改革计划或者对政治和社会等级的批判表现出来的怀疑行为。能量这个词本身是全新的,无论在科学还是修辞领域都是轰动一时的新词,它是演讲中的"活力"和"效能",物理中古老神秘力量的同义词,而后又逐渐成为公共和私人行为中显著推动力的代名词。德芳侯夫人在1779年写给德·舒瓦瑟尔公爵夫人的信中对此进行了评论:"我还记得当我说'能量'这个词时,巴泰勒米教士还嘲笑我。就是这样!要知道现在这个词可是相当时髦,我们在很多地方都用它来替换其他词。"

公众对沙龙的迷恋使得"能量"获得了舆论力量的支持,于是对思想和感性的一般运动来说就具有了深层含义,①之后能量成了激活语言的一个品质。这是与古典时代的告别,古典时代从中看到了对"等级"和"光明"的威胁。面对被想象力夸大的表达方式和理性难以控制的意义,古典时代战战兢兢。18 世纪创造了交流的能量。行为言语活动的力量是孔狄亚克的感觉主义理论的中心,他在《论人类知识起源》中把能量看作知识和言语活动的起源。对于狄德罗,无论在《盲人书简》还是《聋哑人书简》中,能量理论都成了起规范作用的训示。对于卢梭也是如此。无论在语言还是艺术上,能量都成了与词语符号的苍白无力作斗争、刻画文化运动和法国的光明的聚合关系的最好方式:要让人信服,不能仅凭论据说服,还要找到"原始能量"。② 诗人,比如荷马,应该让世人听到新的词语,设想与自然相符的新道德风尚。文学记录了这段从清晰的语言学到表达式的语言学、从模仿的美学到创造的美学的转变。重新确立文风重要性价值的转化已走到了尽头,"新词"成了创造者能力再现的工具。塞巴斯蒂安·梅西耶、布勒东从中听到人民的声音,找到了重建适合感性表达的方式。以下是梅西耶的说法:

> 运用你艺术的能量来记录人民应该崇敬的东西。然而诗人,被这种能量驾驭着,将会找到刺激理性启示的图像和神话,并且拥有雄辩术的所有魅力,法律会很快被镌刻到所有人的心里。③

能量在它的政治使命中肯定了作家。总之,这个词已然深入人心,

---

① Delon (M.), *L'Idée d'énergie au tournant des Lumières*, *1770 – 1820*, Paris, 1988, p. 19.
② Rousseau (J.-J.), *Essai sur l'origine des langues*, Paris, 1990.
③ Mercier (S.), *De la littérature, et des littétateurs*, Paris, 1778, p. 21.

因为它让人们可以用不同于机械理性主义的方式理解世界。它用动力的解释代替了机械理性主义，它还让人们找到了改变社会的理由。能量主义同时展现了自然的力量、它令人不安的存在、历史中人类的行为活动和对伟大行为的呼唤。关键在于把进步和动力结合起来，并把它们引向诗歌能量和原始政治所失去的年代。让我们看一下狄德罗的解释：

> 随着一个民族激烈变革的逐渐平静和远去，精神也平复下来，危险的画面逐渐模糊，文学随即开始沉默。伟大的天才在困难时期养精蓄锐，他们在等待困难过后的一朝分娩。①

个人和自我也逃不过这种能量上的变化。"长久以来保留给上帝或者自然、物质、语言的能量从此与人类结缘。或者被纳入自然的轮回，或者成为新的精神的载体。"②这种现象意味着在物理能量和道德能量之间有一种连续性，它超越或者融入了唯物主义的冲突，狄德罗也见证参与了这些冲突——在组织者方面、在教育传播的知识方面、在物理和道德关系方面。它阐明了客观形式、存在的力量、维凯尔的形而上学的基础——"我存在"（J'existe）。能量是精神的，精神的活力与物质的呆板截然相反。对梅耶尔和1770—1780年的那代人而言，这是对创造性自由的最好证明。对热尔曼·德·斯塔尔夫人而言，"内部的能量"是"新哲学"和道德复兴的根基之一，它们就这样在感知能力和人类能量的"浪漫主义前期"找到了根源。

作为道德选择和思想意志，能量将问题引向了关于性别和年龄的浪漫空想的思考：年轻的激情和女性的需求刺激了渴望新思想、新灵魂的

---

① Diderot（D.），*Fragments échappés du portefeuille d'un philosophe*. Cité par M.DELON.
② Delon（M.），*L'idée d'énergie…*, *op. cit.*, p. 32.

青春时代和希望时期的诞生。博马舍、舍尼尔、拉克洛为那些传统意义上在社会生活中被排斥或边缘化的人们提供了各种人物形象和论据。"生存的情感"时代是感情最强烈、激情最焕发,介于安宁和行动之间、幸福和不幸之间的时期。"感性的灵魂比其他人有更多的生存方式,对他们而言,善与恶不断增多",这是 1751 年迪克罗在《世纪风俗研究》中的说法。很快这种说法又被谢瓦利埃·德·若古在《百科全书》的《感性》中重提。卢梭凭借《对话录》让其产生了巨大反响——但他建议要有所节制。这场论战推动了 18 世纪末空想势头的发展,就像在萨德的作品中那样,以感性和自由思想作武器。这是一场冲突。其中,人类的本性对弃绝的宗教道德、平衡和内心安宁的古典理想发起了进攻。

承载着社会变迁和历史延续性的强烈情感是可能的:"给予人民道德,就是提高他对于善与恶的分辨能力,就是鼓励他分辨大恶与大善,如果他能这样思考的话。"直到后来狄德罗写信给苏菲·沃朗玩起了危险的反论,却说明了美学能量、道德和行为能量如何结合起来的。这是通过恶转化为善的方式,是进步和幸福的伦理学条件。社会面貌本身、价值观之间的平衡被打破了,因为贵族的价值观(如果能量存在的话,那也是贵族的能量①)被学者的、商人的、改革者的、发展的价值观所替代。然而,在强调工作理论价值时,能量的观念却可能导致奢侈消费甚至破坏有规律的生产和等级原理。对于古老的标准以及新的思考社会的方式,无论是贵族的和宗教的社会,还是资产阶级的和功利主义的社会,这都是可以利用的准则。一种思想的多面性可以让我们看到《百科全书》颇具说服力的知识和前浪漫主义创造性想象力之间的融合与矛盾。这是对美学和道德、唯物主义者和唯灵论者的对立统一的诉讼,它无法打碎深层的对立关系,但表现出可能存在的规模,而且在启蒙运动中让我

---

① Delon（M.）, *L'idée d'énergie…*, *op. cit.*, p. 32.

们看到了知识可以转化成行动的潜力。个人狂热和被"反自然"哲学家
抛弃的社会现实的残酷以及非理性成了变化的推动力。启蒙时代更进
一步说是能量观标志成了解放自主性、深刻理解了康德"勇敢地去求
知"（Sapere aude）这句口号的决定意义这一转折时期的标志。

启蒙运动与隐忧

　　科学知识进步的希望，以及扎根于能够促成一切能量融入各种生活
的对自然的新感情，这一切都没有消除隐忧。隐忧成为消极状态或是幸
福状况最大的敌人，除非这是创造者幸福的主要原则，就像洛克和莱布
尼茨希望的那样。但是启蒙时代的"知道勇气"（sache oser）也包含着意
识隐忧，即潜在的怀疑。在人类等级中，启蒙时代的人失去了支撑着人
类信仰的超自然的庇护；在知识等级中，启蒙时代的人阻隔了"与绝对的
关系"（les amarres avec absolu）——没有什么反映了先验的真理，一切有
待解释，有待付诸行动。让·德珀罕认为，"隐忧是启蒙时代的成果"[1]。
启蒙时代没有无视对一切都永不满足的现象，没有无视心灵的空虚、
对可以填补灵魂的善事或模糊或清晰的憧憬；启蒙时代尝试将其纳入
理性的自然解释中，把它们从天上重新带回人间。这种解释的元素依
赖人类的组织、心理物理学结构、历史以及不平等现象，即从必需的
推动力到对幸福本身和美学成就的追寻。隐忧的"物理中心主义"
（physiocentrisme）能够代替基督教奥古斯丁教义的上帝中心论。感性的
文学家对关于人类的主要观念和美学理论做出了颠覆性的阐释，这涉及
爱、艺术和生命，[2]隐忧的作家们却从不满足的角度感知到了这些。在
哲学层面，以及在文化生活的主要领域，这是一种原动力、一种"核心观

---

[1]　Deprun（J.），*L'Inquiétude au Siècle des lumières*，Paris，1979.

[2]　Trahard（P.），*Les Maîtres de la sensibilité française…*，*op. cit.*，pp. 275－290.

点",表现体系和各种学说之间的中间人。

　　构成隐忧的形而上学的材料是从各种看待人的方式中归纳出来的。18 世纪继承了奥古斯丁派的隐忧——人类原罪的标志,马勒伯朗士已经将其与物理紧密相连的笛卡儿主义的形而上学联结起来:隐忧是对真理的探索。与洛克、莱布尼茨的读者布兰维里耶的哲学作品一起,同时也伴随着沃韦纳格①的作品,隐忧摇摇晃晃地从天上来到人间,来到自然和行为中。隐忧可能源于与人类对抗的阶级所发出的威胁,而没有必要要求上帝隐身;隐忧在激情、具体的行为中恢复了应有的地位。孔狄亚克和爱尔维修从中体会到了一种生活的原则、一种"物理感性"的基础。狄德罗认为,隐忧已经和上帝一起从所有的关系中脱离出来。但是卢梭和他的拥趸重建了奥古斯丁派的理论,他们在隐忧中感觉到了对唯物主义的警惕。

　　　　机器不会思考,既不是运动也不是名人来制造思考能力:你努力用自身的某种东西去打破压制你的种种束缚,空间不是你的价值范围,整个宇宙于你而言也不够大,你的感情、欲望、你的隐忧、你的骄傲与你感到受束缚的瘦削的身体相比拥有不同的原动力。

　　这就是用马勒伯朗士和奥古斯丁派的语言对萨瓦的维楷尔进行的抨击:精神由隐忧确定。围绕着上帝隐忧的形而上争论反映了启蒙时代主要的意见分歧:人类对自然之外真正中心的依赖性;或者它纯自然力量的表现,自由或恩惠。让·德珀罕的调查表明,这不是"世纪之恶",而是对幸福的信仰,是对幸福在社会中现实影响力的信仰。

────────────

①　沃韦纳格(1715—1747),法国道德学家和散文家。——译者注

正是在社会风俗中,我们感知到潜在的、明显的行动。患者病榻前的医生捕捉到一种"焦躁不安",这足以表明医生的目光把焦虑世俗化了。这个词在进入医学词汇时也改变了它的语义。如果把《百科全书》里编纂的"忧虑"词条(精神语法词条)和旺德奈斯医生编辑的"忧虑"(医学词条)比较一下,我们会发现后者从病理学意义上得出的普遍症状,是对生命有机体的捍卫。同样地,像洛克希望的那样,隐忧被完全纳入自然中,就像临床变异在年龄和性别上表现的那样。隐忧在青少年的躁动不安中开始明朗化,这是生命中某个年龄段的深刻烙印;但它反映了某种精神状态,并且与女性特征或者忧郁的心境相关。通过双重解读,临床表现的种种形式有助于对忧虑的接受,后者被重新纳入人类的生命机体。

以类似的方式,隐忧成为个人或集体诠释历史的方式,是它让冒险者踏上了征程,是它点燃了国家伟大灵魂的激情,是它让倒霉的君主信誉扫地。伏尔泰论证了开化的沙皇彼得大帝和没有抉择能力的国王路易十三的例子。隐忧成就了文化:在卢梭的作品中,是不符合实际的需要和不平等的论断;在马布利、德尚、摩莱里眼中,是社会中对人类不幸寻求乌托邦式解决方案的原动力。在此,我们读到移植到政治上的神秘论断:"在把人类历史性的忧郁归并到其历史环境本身的过程中,法国18世纪的社会主义出乎意料地把理论中心主义变成了世俗化的工具。"无论它属于本质还是客观存在,隐忧已然进入启蒙时代的历史中,就像它可以赋予诗歌、音乐、建筑灵感一样,物理的自然性和焦虑的象征主义之间存在的关系,在很多方面都得以解释。

整个18世纪,对宗教的解读和对这个感性的、具有深远影响的观念接受之间的区别已经清晰。还是在这方面,无论是对于理性的敏感反应中,还是在类似《新爱洛伊丝》《保罗与维吉尼》等确定了时代基调的主要作品里,启蒙时代的转折点都凸显出来。米什莱对其中的每一部书都评价道：“这是一个全新的时代，一场风俗中的革命。”①但这却不是他行为上的期盼。德珀罕还回忆起了路易十六在 1789 年 5 月 5 日国民会议召开之际所宣布的：“普遍的隐忧将会通过征求谨慎意见而召开的三级会议确定下来”，“在不知情的情况下，他刚刚命名了很可能是世纪之恶，或世纪荣誉的事情”。② 对启蒙运动的文化审视不能简化为理性的现实感的丧失：它的怀疑、忧虑、心灵和能量的发动，渗透到了思想和实践的所有领域，总之是对担忧的论述。

启蒙运动的其他方面：另一个世界

狄德罗从诗人卢克莱修的《物性论》中获得了《对解释自然的思考》引言的灵感，“我们从黑暗中凝视着光明”。如何更好地表达把有见识的人和感性的人区分开来的困难，甚至在修辞学的练习中证明引起两大性格类型对立的因素，解决作品和现实的矛盾？要从孕育着变化的论战出发，给予心理和社会状况格外的重视。于是，狄德罗在 1760 年 8 月 31 日写给苏菲沃朗的信中反驳了达朗贝尔：

> 达朗贝尔在法兰西学术院闭会时发表了一个关于诗歌的演讲。据说《伊利亚特》和《依尼德》即《埃涅阿斯记》被看作让人哈欠连天的枯燥作品。这就是班门弄斧，自然会说一些蠢话。这个人对荷马的语言可以说一窍不通，尽管他对自己的方法很自信。这是他的方式，让我想起了这个冷冰冰的几何学家，他不能忍受对他一窍不通的拉辛的赞扬，终于下定决心阅

---

① Michelet, *Histoire de France*, Paris, *1833－1846*, XV, p. 340.

② Deprun（J.）, *L'Imquiétude…*, *op. cit.*, p. 122.

读拉辛。在《普赛克》的第一幕结束时他说:"好吧,这到底能证明什么?"如果我当时在的话,我会对他说:"愚蠢的家伙,你什么也领会不到。"

感性现实的转移和新完美类型的逐渐显现,诸如正直的人、哲学家、感性的人、浪漫的人,这一切并没有立刻带来时代的鸿沟,甚至在我们眼中是为了赋予时间一种清晰的脉络。只有在文化背景与其对立面的一定平衡中他们才是真实的,这种平衡来自共同的人类生物学以及与世界的关系。

这就是为什么 18 世纪的历史学家们难以解读标志着启蒙时代转折点的三大运动同时到来:政治引起的舆论颠覆、技术和经济的发展、非理性力量的推动——他们总是处于这样一种尴尬境地。但科学、理性的力量与众多未来唾手可得的能量源泉的神秘力量之间的互相渗透和影响是存在,[1]在 18 世纪末,非理性的世界通过影响占了主流:精神世界的客观实在性更多的是由参与的逻辑学支配,而非伽利略式的理性或者王港派的基本法则。它在"非理性光辉"中逐渐明朗化;通过情感,把它的全部力量都赋予对于新社会的理解和热情洋溢的情感探索。

玄奥之说和政治的交汇记录了主要事件的发生。一种看似在 16、17 世纪已经消失的认识准则又重新找到了其发挥解释作用的力量,其主要原则为协同契约(la convenientia)、仿效(l'aemulatio)、相似(l'analogia)和简单化(la simpatia)。[2] 通过这些相似的游戏,世界是可以被诠释的。认知,就是识破让事物变得相互关联、密不可分的相似体系,对于言语活动同样如此。投机的共济会给予它在苏格兰式

---

① Dupront(A.), *Art et Société en Europe…*, *op. cit.*, p. 24.

② Foucault(M.), *Les Mots et les Choses*, *op. cit.*, pp. 32 – 55.

（écossisme）的或高等级的制度下以特殊形式出现的机会，然而前者却广泛传播了功利的、理性的社交价值。难懂的行话——一种无法沟通的具有象征意义的表达方式，却建立了理性和非理性之间的关系，从而向外行人隐瞒了某些秘密；对于内行人而言，则揭露了推理能力无法用自己的力量表现的东西。这是神秘学的沃土，通过它，认知达到了感性知识无法企及的程度，掌握了人类的物质和精神幸福所依赖的力量。求知若渴的精神和"神志学"众多形式中的强烈意愿都推动了神秘学的发展。一些人，比如圣·马丁，在他的论文《上帝、人和宇宙关系本质描写》里（1782）提到了新的科学知识、理性带来的成果，从经验到关于宇宙和神秘价值的普遍知识的统一。共济会因此可以把更加美好的、经过宗教改革的社会需求和完全改造社会的憧憬结合起来。"无名哲学家"克劳德·圣·马丁的学说提出了对世界的宗教式的重新解读、一种教会外的精神旅程、通过科学和事物对异化的批判。

与"动物磁气说"的碰撞赋予这些研究更加本质的意义。[1] 围绕在一个动物磁疗施行者周围的"和谐社会"（Société de l'Harmonie）普及了世界动物磁疗学的观念，这种医疗法有利于恢复身体健康。它阐明了人类在支配精神、天气、生命力量时的兴奋和狂热，其作用与同时代的其他经验一样，比如孟格菲兄弟的伟大发明热气球和富兰克林避雷针的成功。"和谐社会"模仿了共济会的模式。共济会是一种代价昂贵的社会性形式；但"和谐社会"表明要实行完全的平等，只需花一百金路易就在整个外省建立了网络。在巴黎，大的贵族，比如洛赞、古瓦尼、塔列朗，频繁接触国会议员如迪波尔，爱国文学家如布里索、贝尔加斯，还有一些大

---

[1]　Darnton（R.），*La Fin des Lumières*，*le Mesmérisme et la Révolution*，Paris，trad.，1984；Ferrone（V.），*I Profeti dell'illuminismo*，*le Métamorphosi della ragione nele tardo settecento italiano*，Bari，1989.

学者如马拉。总之,这是两种融为一体的精神力量的表达:对学术机构外普及的科学的信仰,对社会变革怀有的美好神奇的想法。这就是贝尔加斯和布里索受卢梭启发,对无法从道德中分离的政治革新表明的态度。卢梭思想和动物磁气说传播的汇合,通过物理学的进步,带来了机构改革的希望。"健康的身体将会有益于道德修养,而更好的道德势必产生政治性影响。"①

    在动物磁气说和神秘学中,启蒙时代的社会渗透着理性的几何学理论,受到感性的推动,充斥着文学空间的自我经验和才华的唯能论,从而在转向非理性的过程中找到了平衡。它因为向更高等级提出了适应永不消失的宗教需要的表达形式而更容易被理解。所以,寻找主体性的新社会能够理会它的含义,在现有的"没有教会的宗教"即一种非宗教化的虔信主义观念中,在统一了宗教计划和政治计划的内在关系中,在经验性的理性主义需求和先科学或者超科学的光明派教义的汇合中,预见到自己的未来。这正如法布尔对狄德罗所表明的那样,这从根本上是启蒙时代到颇具智慧的浪漫主义文化过渡的开始。

---

①   Darnton（R.）, La Fin des Lumières…, *op. cit.*, p. 133.

第十九章　知识的物质化　事物的抽象化

　　土地的种植，是生计与美观同时兼顾的；没有一样实用的东西不是赏心悦目的。马路上跑满了各种车辆，或者说车辆装点了马路，车辆式样新奇，构造的材料也灿烂夺目；车中男女都生得俊美异常，驾车的是一些高大的红绵羊，风驰电掣，便是安达鲁奇、泰图安、美基内斯的第一等骏马也望尘莫及。老实人道："啊，这地方可胜过威斯发里了。"他和加刚菩遇到第一个村子就下了地。他们走到村中第一户人家，其建筑仿佛欧洲的宫殿。一大群人都向门口拥去，屋内更挤得厉害，还传出悠扬悦耳的音乐，飘出一阵阵珍馐美馔的异香。加刚菩走近大门，听见里面讲着秘鲁话，那是他家乡的语言。早先交代过，加刚菩是生在图库曼的，他的村子里只通晓秘鲁话。他便对老实人说："……咱们进去罢，这是一家酒店。"店里的侍者，两男两女，穿着金线织的衣服，用缎带束着头发，邀他们入席。先端来四盘汤，每盘汤都有两只鹦鹉；接着是一盘白煮神鹰，简直有两百磅重；然后是两只香美异常的烤猴子；一个盘里盛着300只蜂雀，另外一盘盛着600只麻雀；还有几道炖肉，几道精美的甜品；食器全都是水晶盘子。男女侍者分别来斟了好几种不同的甘蔗酒。食客大半是商人和赶车的，全都彬彬有礼……①

---

① ［法］伏尔泰：《天真汉》，傅雷译。——译者注

以上就是 18 世纪最著名的故事,伏尔泰的《天真汉》中的一段。其中至少呈现了三种经验:首先,经济的繁荣调和了供需关系,乌托邦的钟声也在"到处蔓延"的奢侈的溢美之词中敲响;其次,流通激活了人口流动和商品贸易,客栈犹如皇宫般富丽堂皇,车夫也彬彬有礼;再次,建筑、道路、车马、衣服、各色食品、菜肴、餐桌礼仪,一切都在美学影响下变化多端。

乐园(Eldorado)众所周知,是一个乌托邦的形象,是用来确定社会梦想,与威斯法里,传统的文化象征、理想的乐土相对,所以,看到物质主义占支配地位,实现物尽其用,而不是相反的情况,一点也不奇怪。与此同时,在"乐园"的旅行让我们读到一种与现实世界相比意义深远的"不同性",而这种"不同性"只能被否认。老实人离开了热带天堂——一个模板式的社会,平等、透明、神奇——因为它不能解决古老世界的弊端,而这正是对古老的不幸在未来进行转变的关键所在。"乐园"在两种身份中存在:一种是一成不变的历史身份,即黄金时代;另一种是未来社会的身份。在未来社会里,贸易和科技发展都被"排除在利润之外。所有人可享受现实的丰腴物产,财富不是通过积累获得的,国家权力对贸易的参与不是通过暴政实现的。放弃拜金,就会幸福。空洞的文章暴露了虚幻的特点,因为老实人和加刚菩也拒绝这种说教"①。伏尔泰式的理想园是一个对未来进行反思质询的社会,对商品和变化既有所忧虑又有所期待的模糊的天堂,是天与地之间的停靠站,是一个在现实中还有待构建的模式。在《风俗论》和《哲学通信》中,我们窥探到尘世间可能的幸福,这种幸福是建立在实用艺术和美术、交换与自由、礼貌与平等基础之上的。这也是不现实的"幸福之地",因为创造需要的欲望首先赶走了英雄。这个寓言变成一种栩栩如生的阐释,是对进步所具备的潜力

---

① 　Goulemot (J.-M.), *Discours*, *Histoire et Révolutions...*, *op. cit.*, pp. 438 – 439.

和"充足的理性"进行发问的结晶。

《老实人》取得了成功,瑞士出版商克拉默将 1 200 册发往巴黎市场;巴黎的出版商在日内瓦出版后的两个月内又重印 6 次,就是说又有 10 000 人买了这本书。在伦敦、列日、里昂、阿维尼翁,出版界争先恐后,为了可以再印几千册。1760 年前后,对于这本匿名书来说是个巨大的胜利,"秘密出版"①了 20 000 册。《老实人》触及各个阶层,比如站在对立面的哲学家(奥梅尔·饶里·勒弗里、不赞成对莱布尼茨讽刺的瑞士学者阿莱尔、弗雷隆)以及持支持态度的哲学家(格林、比埃尔·卢梭)。这本书具有既惹人爱又惹人厌的一切特点:它激情洋溢、兴致勃勃地展示了最严肃的事,它将最高雅的反思与玩笑混为一谈。这是一种将现实转到一种能够为人接受、给予舆论积极评判的文笔的成功。在东印度公司敌对情绪不停地上涨时,巴黎人在街上反复唱着"让我们吃耶稣会会士"的歌曲。

但《老实人》的优势还在于突出了启蒙运动的基本精神:"具体"的作用及神权不能存在于表现形式之外。对于一个追逐幸福的社会来说,这是从各种事件中获得的教训——不幸与战争、里斯本的灾难、殖民的希望、空想式的文化之园。《老实人》的结尾又回到帕斯卡的推理上来:工作和消遣是治疗人类贫困的两味良药。尽管这种教训与美学相符,但还是不失影响力,而且昭示了这个世纪是多么浅薄。这或许是历史上第一次广泛地推广普及和传播文化戏剧、道德原则,以及打上享乐主义烙印的一种"生活艺术";毫无疑问是在奢侈品消费者的圈子之外。这个圈子被构想为"一种多余物品的装饰性信号,在把这些剩余物品光明正大消费掉的目的中,我们意识到自己是拥有者"②。社会和政治革新,正

---

① Pomeau (R.), *Candide*, Oxford, 1980, pp. 64 - 69.

② Starobinski (J.), *L'Invention de la liberté...*, *op. cit.*, p. 15.

如孟德斯鸠让大家注意到的那样,可以让"所有利益都与众不同"。在社会等级和空间等级里的经济运动和人口流动保证了人们对美好生活的追求不断提高,我们将在日常生活及其环境的各种表现形式里,在艺术家的提议和城市理念中,从厨房到建筑去触摸和感知其中的若干变化。

财富消耗　消费模式

我们要尽快抛弃介绍18世纪"法国人日常生活"的观点。这种方式自有其道理和优点,但也有精神上的缺陷。因为每一个时代都堆积着与其他分析类型重叠的话语。然而应该明白泛滥的变化是如何在日复一日的环境中产生,如何每天重现,如何通过行为和记忆进行传播的。虽然这是一段难懂的历史,因为它企图让工作更具历史性,让隐蔽的习惯更清晰可见。关键在于理解物质文化的形势,其中既有各种行为,也存在着潜在的象征意义和改变物质文化形势的社会信仰。我们可以把18世纪设想为一个准备冒险的世纪,在高涨的消费以及消费引发的关于奢侈讨论的分析中已初露端倪。在此,重要的是回顾历史,在一个限制重重的社会里,以另一种方式来衡量开放指数、初次尝试是如何介入的。

饮食制度：制度的开放

很明显,我们很难估量这些脆弱的吸引力,因为对其中的大多数,我们根本找不到资料：缺乏统计、没有提供论证的书籍、各种困难限制了分析的可能。这些分析在城市要比在乡下更容易进行,在富裕人里要比在穷人或赤贫人群里更容易把握。从沃邦开始的经济学家在计算人民预算时强调了其中的困难,历史学家只能万分小心地研究它们;不是本着说明的目的,而是为了理解转变的条件以及一连串的反响;这些思考是由必要却难以捕捉其变化的一般平均数的观点引起的。

请记住两种形式。一方面,18 世纪变革的质变要大于量变,而且总是在边缘社会进行;城市阶层或半城市阶层是最早受到改善的生活水平影响的。另一方面,"劳动力由第一产业转向第二产业意味着在特定历史时期,工人的命运最终比农村短工具有更多优势,能带来更多机会"①。从 17—19 世纪,食物的影响一直占据着主要地位,满足吃饭需求是家庭的主要问题,消耗了家庭收入的绝大部分:农村贫农家庭要占到 99%。他们的命运因为赚取额外收入方式的区别而有所不同,比如从小块土地开垦到小规模养殖,从妇女劳动到儿童劳动。正是这种开放性使得无论对于农村家庭还是城市家庭,都很难衡量收入和支出的关系、需求和剩余的关系。在研究莫里诺的计算模式时,我们发现在 18 世纪初,一个农村短工每年工作 250 天,可赚得 112 利弗尔的工资,而他要把收入的 53%用于购买粮食。如果是两份同样劳动时间的工作,食物支出的比例就降到了 30%,可支配收入增加了一倍;第一种情况是 40 利弗尔,第二种情况是 90 利弗尔。

我们预感到了这些抽象模糊概念转变的困难,它们勾勒出人民在面对财政压力和食品的具体数量时所显现出的生活的不稳定性。冒险,已经通过对饮食价值和饮食制度的精密计算得到了印证,所以我们感到确确实实有必要对这些因素进行衡量。在 18 世纪前四分之一的时间里,鲁昂纺织工人家庭中,丈夫每天面包(丈夫 1 222 克,妻子 983 克,孩子 659 克)、鲱鱼(沿海人的标志性食物,具有很高的营养价值)和奶酪的摄入量可以获得 3 000 卡路里的热量;他的妻子大概是 2 000 卡路里。很

---

① Morineau（M.），"Budgets populaires en France au XVIIIe siècle", *Revue d'histoire économique et sociale*, 1972, n°s 2 – 4, pp. 468 – 489.

有可能在这种消费水平下,一年 365 天每天的食物并非如此单一;其他种类的鱼、含淀粉食品、蔬菜,有时候甚至是肉也会出现在百姓餐桌上。与 20 世纪对营养的需求相比,细微的变化既没有改变卡路里的数值,在"每日脂肪量摄取"上也没有改变最严重的欠缺,这就足以证明某种真实情况。对物质的所有数据都首先基于富人、城市居民、士兵、水手、中学生和住宿生摄取的热量得来。在此举一个例子证明一下,圣西尔的女士们在曼特农夫人及其精神继承者的严格控制下,每天摄入 4 000—5 000 卡路里,而 5 000 卡路里是体力劳动者的配给量。巨大的社会差距一目了然。

如果我们以同样方法去观察 18 世纪,会发现其实财力变化(变化的可能性)很小,首先是上层阶级口味发生变化,然后是下层阶级。事实是,随着对新鲜肉食需求的上升,调味料和胡椒的重要性逐渐减弱,对大量腌货的需求也有缩减。[①] 由当时的观察家发布或者历史学家重现的路易十六的预算里,消费种类不多,可支配的物资也没怎么增长。因为与高涨的物价相比,工资涨幅微乎其微;尽管存在不均匀增长,对小麦的需求远远超过对酒的需求,油的需求增加了 1 倍,而盐则增长了 2 倍。[②] 阿布维尔的织工、欧尼斯的佃农、普罗旺斯的农民,在以消除恶化情况为标准的观察意见中,他们的生活水平下降了,而且在相同的历史重现中加深了不确定性。我们还应当承认,人们不会饿死,因为人口还是有所增长的;[③]与此同时,社会和经济层面的思考也构建了消费知识和知识对象。预算本身的多样化的意义也是深远的。观察家考虑到了

[①]　Flandrin (J.-L.), *Chronique de Platine, pour une gastronomie historique*, Paris, 1992, pp. 213-249.

[②]　Morineau (M.), "Budgets populaires en France au XVIIIe siècle", *art. cit.*, pp. 450-470.

[③]　Perrot (J.-C.), *Une histoire intellectuelle. op. cit.*

新的需求比如衣服和家具,在食物中谷物的统治地位受到了动摇。此外,争议还在于对数字确凿性的双重忧虑:解决救助和管理的问题,减少假日、增加就业人口。如果工作时间延长的话,穷人的财产就可以增加,这是马因河畔沙隆的院士们根据 1775 年规模宏大的竞赛"为了减少乞讨"的报告计算出来的。这也是欧尼斯的农业协会会员或者拉罗歇尔的院士们思考的问题。为了生活或者为了更好的生活,应该加倍工作或者提高工资,这将把思考引向另一层面。

要知道,除了方法上的困难,还存在两种假设。首先,工资和小麦价格存在着紧密联系,这反映在所有人对市场调节的依赖中,是稳定的因素。但是考虑到那些我们观察角度之外的情况和我们所了解的在农业和工业领域可能的变化,就必须承认在饮食制度里变化的潜力。对工作的刺激、对妇女儿童的动员,可以让他们更加适应社会。那些衣食无忧的人,他们在生活模式选择上也会有所变化。

两个例子:奥弗涅农村和巴黎

奥弗涅可以作为乡村的典型。这是一个没有统一性的省份,那里的饮食风格每个地区各有不同。[①] 谷物产区、产酒区、被阿列山丘分割的地区、草场地区、山区,各具特色。在克莱蒙图瓦,食物主要是混合了大麦的黑麦面包、野豌豆、大麦,难以消化;还有蚕豆、核桃油和大麻籽油;餐桌上鲜有肉,因为牛很少。但是在利马涅地区,就像在"分割区"(pays coupé),佃租显示了家禽饲养的重要性,所以食物主要有阉鸡、母鸡、兔子;吃猪肉是富人的专利,奶牛几乎还不为大家所知。葡萄种植区的优

---

① Poitrineau (A.), " L'alimentation populaire en Auvergne au XVIIIe siècle ", in Hemardinque (J. - J.) (éd.), *Pour une histoire de l'alimentation*, Paris, 1970, pp. 146 – 153.

势依赖羊的养殖。总之,饮食制度的差别不大,居民主要吃粗纤维谷物、掺入少量红葡萄酒的水、奶酪、蔬菜,根据场合和时节,在某些节日还会有肉。

在山区,多样性就更加明显。牛奶不稀缺,所以就制造了装运牛奶的圆柱形大罐,生产奶酪。森林则保证了用橡栗和栗子等饲料来大批饲养猪。绵羊、山羊、奶牛是仅有的习俗允许的肉类。谷物的种类也要更多一些,草和蔬菜更加丰裕,还有"牲畜和穷人的食品"——土豆,渔业产品,或多或少的偷猎行为带来了富含能量和蛋白质的食品。山里人——传说中的加斯帕德更加强壮;而平原上的人则要虚弱很多,受到营养不良和疾病的威胁,从他们年轻时这种不同就显现出来了。

在这两种饮食制度和地理分区之间,几乎没什么交流。奶酪是平原的专利,而酒则占领了粮食产区、城市和高山牧场。在每一个地区,一个人去世之后的财产清单反映了与其财富相当的饮食等级。几乎各地都是用炖锅,或者用挂在壁炉上的大锅烹饪。有时候也用小锅、长柄煎锅,厨房用具更加齐全。在豪门显贵、大地主、商人、医生、律师等家里,或者本堂神甫家里,出现了烤肉用的滴油盘、烤肉铁钎、各种形状的盘子、鱼锅以及更加复杂的器具。用具的等级也让人想起了饮食制度上存在的等级和革新能力的强弱。

类似情形也以一种更加鲜明的方式出现在巴黎民众的阶级中,也就是巴黎四分之三的全部人口中。[①] 由于与家庭相关,饭菜准备和饭菜本身通过一些厨房用具表现出来,这些用具的作用则因"以食为天"(vivre à pot et à feu)这句老话而显得意义重大。这些家庭用具随处可见,成为遗产重要的一部分:1715 年占 20%,1780 年占 7%,但是在比较富裕的

---

① Roche (D.), *Le Peuple de Paris…*, *op. cit.*; KAPLOW (J.), *Les Noms des rois, les pauvres de Paris à la veille de la Révolution*, Paris, 1974.

家庭则平均只占5%到2%。这种倒退可以说明两种变化：或者我们用不是特别昂贵的器皿和材料进行了替代，或者是因为古老的生活方式不再受青睐。在为了受到重视而使用昂贵铁制品和铜制品的情况下，甚至是为了减少总体重量使用锡制品的情况下，存在一种普遍现象：路易十四时期，富裕人家平均有10件金属制品；路易十六时期是6件。到1715年，铁、铜和锡制品分布在家庭用具中：铁主要用于三脚家具、铁钩、烤架、平底煎锅，铜主要用于有柄小平底锅和炖锅，锡用于餐具。1780年时，铁和生铁器具的数量维持原状，铜制品有所减少，锡制品呈上升趋势，而瓷器、玻璃和陶器逐渐替代了老的材料。厨房面貌焕然一新。这一点可以得到印证，一些家庭换掉了壁炉，各种物品逐渐增多，附带着新的或者更加专业的烹饪选择：有柄大平底锅、蛋杯、无翻口大碗、咖啡壶、糖罐，在富裕的资产阶级家庭遗产里发现的茶壶则要少一些；同时烤肉工具和银制品在数量上也有所减少。我们会在后面再回到第二个问题上来。至于烤肉工具问题，反映了一种消费状况，即烤肉的消费远不如煮着吃或者切成小块吃更普遍：80%的财产清单证实了这一点。但成套的厨房金属用品不足以回答这个问题：巴黎人在路易十六时代比在路易十四时代吃得更好吗？为了回答这个问题，必须要借助统计学。

　　在此，我们可以参考一下拉瓦锡的研究。继众多经济学家之后，从古典经济学家威廉·配第和沃邦开始，思想家和行政官员开始对各个首都的饮食发生兴趣：王国的和平取决于此，因为衣食是否丰足是动荡的晴雨表。[①] 为了更好地掌握食物数量和质量，我们采用了热量摄入分配。拉瓦锡在包税所，消息灵通，他可以粗略地计算"个人收入的最高限

① Perrot（J.‑C.），*De la richesse territoriale du royaume de France...*, *op. cit.*, pp. 190‑197.

度,从这个限度出发,我们可以推测出外省省会和二线城市的人均收入最高额"。从拉瓦锡的数据出发,菲利普估出了 60 万巴黎人在 1780 年每天每人消耗 2 000 卡路里的热量,其中 208 卡路里来自每天 52 克的蛋白质(现在每天摄入 30 克)。巴黎人对肉的消费量很高,碳水化合物占其正常饮食的 50%,脂肪类占三分之一。这就是一个正常饮食制度的所有表象。① 巴黎人身体健硕,他们能抵抗瘟疫,从 17 世纪起巴黎没有发生过一场瘟疫。这种舒适生活和安全的基础非面包莫属:占食物配给量的 50%,但只占食物开支的六分之一。其余的主要食物是肉、大量的鱼和其他种类众多的食物,如鸡蛋、黄油、奶酪、油、糖、咖啡、可可粉、酒、甜烧酒、苹果酒和啤酒。13% 的热量来自肉、鱼和鸡蛋,10% 来自脂肪,11% 来自酒,3% 来自糖类。在对热量摄入分配的观察中,我们观察到一种平衡的、与众不同的、具有现代社会特征的饮食。然而,为细致反映此种观察的价值所在,两个因素必须考虑在内。

首先,这种计算是基于对民众摄入量的估计:有 50 万居民摄入量达到 2 400 卡路里,70 万居民则低于 1 700 卡路里。很明显存在着对平均消费估计过高的风险。这种风险可以体现在对肉的摄入量计算上:② 不到 70 万的城市居民平均消费 60 千克,而不是菲利普根据拉瓦锡的数据得出的 73 千克。巴黎数量众多的流动人口为衡量总体生活水平增加了不确定因素。其次,必须承认根据财力、工资水平、工作及身份等级产生的饮食制度的社会分化。在穷人的食物里,占第一位的是面包,而且一直是面包。然后,一步一步地,随着平均热量的缓慢增长,购买各种

---

① Philippe (R.), *L'alimentation de Paris au XVIIIe siècle*, *Annales E. S. C.*, Paris, 1947, pp. 60 – 67.

② Lachiver (M.), *L'approvisionnement de Paris en viande au XVIIIe siècle*, *La France d'Ancien Régime*, *études réunies en l'honneur de Pierre Goubert*, Toulouse, 1984, 2 vol., t. 1, pp. 345 – 354.

食品的开支迅速增加,我们正在逐渐接近富人的饮食制度。从穷人到富人,主要区别在于质量,而不是数量。"在这场游戏里,穷人的饮食制度比具有万般选择的富人的饮食制度更加脆弱,更容易受昂贵生活的冲击。"①

而且,我们也不能忽视对主要食物,如肉,所具有的一种特定稳定性的假设:根据当时的第一道菜,1720 年左右每天消费 170—180 克肉,1780 年左右是 168—165 克。尤其需要考虑到的是,巴黎人对食物占有量的特殊性。实际上,王室的管理总是保持着良好的食品供应状况,尤其是肉和面包的供给。普通民众则在保证饮食平衡的状态下摄入肉,但是肉的形式要差一点,比如动物内脏或者肉店的下脚货,就像警察总监勒努瓦尔记录的那样,最好的肉是留给生意兴隆的手工业者、资产阶级和那些"需要佳肴的人"的。② 一些观察家,比如塞巴斯蒂安·梅西耶之所以认为普通百姓吃得很差,是因为总体需求提高了。最后,由于餐饮业的发展和"贩卖廉价食品"制度,在富人的美味佳肴和穷人的粗劣食物之间也出现了"扶困资助"的制度。

百姓的食品去"小商贩"那里购买,后者从达官贵人、资产阶级、修道院和宗教团体那里购买剩余食品。作家塞巴斯蒂安·梅西耶谈到了被主教鄙视的一种菜肴,这种菜放在小商贩的货架上,已经开始慢慢发霉,静静地等着穷人来购买。"凡尔赛四分之一的人吃王室餐桌上剩下的菜。"水果、蔬菜、鸡蛋、盐都在街上、市场和食品市场上零售。在流动摊贩出售的廉价商品中,我们看到了混乱、肮脏和欺诈,它们损害并显示了这个庞大领域的特点。这个领域主要是面向下层民众的,但是也给巴黎其他等级的人提供了饮食。这种现象让井然有序的城市显得有些杂

① Philippe（R.）, *L'alimentation de Paris au XVIIIe siècle*, art. cit.

② Kaplow（J.）, *Les Noms des rois…*, op. cit., p. 135.

乱,所以当出现针对小酒馆的批评时也就不奇怪了。在当局眼里小酒馆是滋生违法行为之地,但是对普通民众而言却是每天光顾的地方;在那里可以吃午饭、晚饭,可以在任何时候填饱肚子。

手工业者、作坊主、行会会员、侍者、短工、日工经常光顾这种地方。这就是雷蒂夫对坏男孩街上托雷勒大妈开的三等小酒馆的观察。老板娘在一个多小时时间里给120位客人提供服务,食客们在老板娘和女侍者的催促下围着摆了30—40道菜的桌子狼吞虎咽:他们只有一刻钟的吃饭时间。雷蒂夫目睹了这一切,根据食客的着装和习惯可以分辨出他们的职业:见习裁缝、工人、细木工匠、锁匠和鞍具制造商。他试图品尝食物,因为"观察远远不够,还需要亲自品尝"。而且,他也有这个习惯,当他住在阿尔布勒胡同时,去街角小酒馆吃饭。他对托雷勒大妈小酒馆的描写与一般的漫骂讽刺形成鲜明对比,他的描写揭露了一种并非如此肮脏醒醍的现实。总之,正如他在《现代人》的一篇小说里宣称的那样,"在巴黎这样一个大都市,一切都如此井然有序,我们无论花多少钱,都可以在此生活"。所以,应当认可在饭店发展时代找到一席之地的、得到了更加广泛传播的新生活方式。饮食方式可以在同一个地方无限变化,并且适应相当一部分居民的日常生活方式。通过一种灵活的再分配方式以及对成本和价格的扩大化计算,存在于此类人群之间的贫困化和困难状况的表面矛盾得到了解决。

美食爱好的曙光

18世纪继承了17世纪的烹饪革命,又创造了另外一种革命。这两个时代是法国和欧洲精英文化史上的两个阶段,但是对于更多法国人来说,它们无疑也具有举足轻重的意义。在时间流逝中,法国人见证了他们不断丰富的美食财富。"节日的饕餮大餐,无论这些节日是农耕方面的,还是属于典礼抑或是生命周期,都与乡村饮食风格和每天节制的配给形成鲜明对比。"①所以稀有的食品都可能出现在餐桌上,所有城里或者社会上层阶级的调料都可以用在狼吞虎咽吃肉的宴会上。为了显示公众口味的扩大,让·雅克·卢梭重新发现了平等预言的信号:"在我们的烹饪里,需要肉汁。这就是为什么如此多的病人缺少肉汤。我们的餐桌上需要甜烧酒,这就是为什么农民只喝水。"②

烹饪图书提供了一种方式来衡量这种口味征服的范围。一些主要书籍,比如《法兰西菜谱》《法国糕点师》《法国果酱》《美味菜谱》《调味品学校》《王室或法国菜谱》。我们就不在此逐一列举了,只列出主要的几部,都是在 17 世纪完成的;在之后的 18 世纪,它们被反复阅读、出版。美食图书收录了 1650—1789 年出版的 230 部书籍,其中 75 部(32.6%)在 1700 年之前出版,156 部在随后的 90 年间出版。这是出版界的重要现象,大约 30 万册书出版流通;同时也是巴黎的一种现象,因为首都巴黎保证了 17 世纪 60%、18 世纪 87% 的图书出版。需要注意一个特点:一部分出版的书籍从 1689 年开始和《法兰西菜谱》一起被收入了特鲁瓦(法国城市)的尼古拉·乌杜和卡尼尔印刷的"蓝色文学"。③ 17 世纪的著作生命力持久,在启蒙运动的世纪里记载了 1650 年之前口味的变迁,这种变化受到了 1750 年之后出现的新变化的冲击。当时的烹饪书籍和所有科技书籍一样经历了飞跃发展,所以在美食著作《乡村夫妇》和《乡村乐事》里发现对菜谱和饮食方式的记载一点也不奇怪。这种成功也反映了改善生活的愿望,其中《资产阶级女厨师》于 1746 年出版,之后又反复再版就反映了这层意思。格林男爵在 1757 年

---

① Pitte (J.-R.), *Gastronomie française*, *histoire et géographie d'une passion*, Paris, 1991, p. 50.

② Onfray (M.), *Le Ventre des philosophes*, Paris, 1989.

③ "蓝色文学"指法国 17—19 世纪的大众文学。——译者注

的书信体作品中推荐道:"科学和哲学征服了我们的食品,烹饪也进入了意识形态范畴。"①

这种认可需要我们以一种更加准确的精神对公众和这种文学功能进行思考。首先是注定成为他们同事和竞争者的实践家和技师的出现。弗朗索瓦·皮埃尔·德·拉·瓦雷纳在写《法兰西菜谱》时是禹克赛尔侯爵的厨师。莫隆,18世纪最具贵族气派的论著《王宫夜宵》和最具坦率平民气息作品《资产阶级女厨师》的作者,曾在他的大作《烹饪历史性论和烹饪实践或有学识的厨师》(1758)里寄语年轻的厨师,厨师就是艺术家,其声誉能给他带来财富:"他自认为处于科学和进步的九重云霄,远离了一批头脑迟钝之人。如果有人怀疑他们从某部出版作品里剽窃了几个菜肴的菜谱的话,他们会认为自己颜面扫地。"

烹饪书有助于破译和推广服务规则,更准确地诠释仆人和主人之间的关系,并毫无疑问地将其在贵族阶层之外进行普及。《资产阶级女厨师》就是这种普及最直接的标志。换言之,从沙龙到配膳房,从贵族官邸到寻常百姓家,在讲究的烹饪书里读到的是宫廷社会饮食习惯的普及。总之,这代表着消费风格和举止风格:餐桌装饰、饭菜的安排、享受美食时的行为、社交礼仪。烹饪教材在风俗改变的过程中也加入了礼仪规范、处世之道及书信式教理问答。礼节、分寸和口味以同样的方式被提出来,从而带来了社会礼仪的胜利。这种社交礼仪强加了对等级的尊重,允许在有社会阶级归属感的情况下存在一种更平等的生活方式。②

18世纪并没有亲历贵族模式和资产阶级模式的冲突,但是贵族模式却将宫廷烹饪方式传播到城市里,从巴黎传到了外省。或许反映在出

①　Girard（A.）, *La cuisinière bourgeoise*, *livres culinaires*, *cuisine et société au XVIIe et XVIIIe siècle*, *Revue d'histoire moderne et contemporaine*, 1977, pp. 437 – 523.

②　Marenco（C.）, *Manières de table*, *modèles de mœurs*, XVIIe – XXe siècle, Paris, 1992.

版业上,这也是巴黎成功地被外省和国外书商取代的原因。这些书由专家完成,但并非只给专家看,吸引购买者的是书中的教育方法。第二种模式诞生于掌权精英们的生活模式和所有那些在经济运动中壮大了财力的人们的特殊要求。"在烹饪实践的发展演变中,社会变动性的影响是决定性的。"①莫隆第一次明确地向资产阶级寄语并不是没有意义的。广告技巧适用于腰缠万贯抑或是收入微薄之人与日俱增的期待。1774 年布鲁塞尔盗版的匿名作序者列举了目标群:

> 他的作品不再是写给贵族阶级,而是献给资产阶级。但是我们可以说,他把用调味品衬托的百姓家的菜肴变得高贵起来。

这就是为了最广泛传播。之后厨师、女厨师、仆人和主人都出现了:

> 在烹饪课里,对配膳房,他又补充了一些告诫,都是以同样的细心从所有超出资产阶级和其厨师能力所及的事情中整理出来的。为了重建对于食物的欲望,他通过一般的艺术手段给出一些规则,但并没有忘记提供一些方法来辨别哪些本质上是好的,以及哪些不符合我们审美标准、不是那么可靠的理论。②

被烹饪书籍遗忘的人仍然处于社会边缘。城市和乡村的普通人没有找到他们的一席之地。被归为低等食品的民间饮食鲜被提及,但是通

---

① Girard（A.），*La Cuisinière bourgeoise…*, art. cit.

② Menon, *La Cuisinière bourgeoise suivie de l'office*, à l'usage de tous ceux qui se mêlent de dépenses de maison, Bruxelles, 1774, réed. Poitiers 1881, pp. 480 – 498.

过图书销售和年鉴,书本里的烹饪方法事实上还是影响了普通百姓的饮食,因此读者数量要远远多于消费者。但毫无疑问,菜谱的推广和生活方式的普及,"通过统治阶级现实的或想象的文化模式,见证了对中间社会阶层、乡村贵族、中下层贵族产生的强烈冲击和吸引"。A.吉拉尔的假设由《资产阶级女厨师》的独树一帜得到了证实。这部著作向更广泛的人群提供了贵族生活习惯扩大化的场景,而且以一种社会性上升的方式推动了这种环境的扩大。这本书还面向非专业人士,并且本着"在短时间内将一种日复一日、墨守成规的活动变成一种具有创造性行为的目的"触动了很多女士。《王宫夜宵》和《资产阶级女厨师》之间是相互影响、承前启后、相互适应的。

新的烹饪:烹调神话

　　就这样,我们从贵族式烹饪走向了人人可及的大众美食。在《法兰西菜谱》的销售和传播过程中,整个 18 世纪呈现了路易十四时代菜肴的华美壮观。[①] 从中世纪和文艺复兴脱胎而来的烹饪风格,其鲜明特点是摒弃了很多香料。这种风格之所以长盛不衰,是因为更加小心翼翼地使用本地调味植物:香芹、大蒜、风轮菜、百里香、月桂叶等,有时候也加汤、醋或者酸葡萄汁。既甜又咸的菜肴所占比例减少了,酸味菜也不再时兴,而是改为加汤和黄油。蔬菜占领了餐桌,不仅是在汤里加蔬菜,而且更多地体现在做菜方面。烤肉面临着其他烹饪菜式比如焖肉、烩肉块、蔬菜炖肉块的冲击。这就是在古典时代美食家必读书里讲述的内容。[②] 酒当然必不可少,有时会在里面加点冰。酒也是一种融入大手笔消费和各种佳肴的"上乘食物"。

---

① Flandrin(J.-L.), Hyman (P.), Hyman (M.), *Le Cuisinier français*, Paris, 1983.
② *Ibid.*

从 1739 年,弗朗索瓦·马兰开始在其《考缪斯的礼物》和《餐桌乐事》里揭露 18 世纪的离经叛道:

> 现代烹饪在古典烹饪的基础上形成,少了繁缛程序和对各种器具的使用,却多了菜式的花样;而做法更简单、更干净,或许也更有内涵。以前的烹饪方式过于繁琐,过度拘泥细节。现代烹饪是一种化学,烹饪的科学在于分解、消化、提炼肉类,提取营养价值高且清淡的汁液,然后将其混合,以便让人们感觉到所有成分的存在,却并不突出其中任何一种。之后像画家运用颜色一样让它们水乳交融,协调一致。从它们不同的味道里,只得出一种细腻精美与众不同的滋味。恕我冒昧地说,这是汇聚了所有味道的和谐。

我们可能已经记录了在化学和绘画双重保护之下的对细腻的追寻:新的烹饪试图在其他艺术中发展一种有征服力的艺术。它的特点建立在两个层面上:它提供了各种各样配有口味清淡、浓浓的调味汁作为冷盘或者甜食的菜肴,其中有肉类、家禽类、野味、鱼类、蔬菜、薯条、烩肉块、蔬菜炖肉块、烤制食品、肉糜;对于这些有创造性的配菜,新的烹饪艺术还发明了富含食物精华、作为各种调料基础的"作调味汁用的汤汁",比如浓汁、肉汁、肉汤等。这是一种精致、高雅、追求简约的艺术,就像我们在比较同一道菜的不同制作工序时体会到的那样。这正是弗朗索瓦·皮埃尔·德·拉·瓦雷纳或者莫隆的烩鸡块所体现的那样:准备方式更加细腻。资产阶级的烹饪更加轻装上阵,也更方便简单、经济实惠。

这就是为什么在财产清单上我们格外关注带来这场革命的厨房用具。方砖砌成的炉灶就是最主要的表现。毫无疑问这种炉灶来源于意大利,在 17 世纪进入了贵族阶级的厨房,并且在启蒙运动时期进入了资产阶级家庭。可以使用方砖炉灶用文火熬汤及调味各种汤汁,而且还可以做各种复杂的热菜。1750 年开始,方砖炉灶在巴黎富裕阶层流行起来,其特点为浇铸轻便,用砖砌在靠窗的墙后面。但财产清单并未把方砖炉灶作为不动产计算在内,因为革新的迹象消失了。请让我们记住这样一种假设,审美观和制作方式的变化是同时的,烹饪书籍通过它们的需要扩大了一场运动;这场运动把对简单、美味、价廉的探索与一场真正的烹饪神话联系起来,这正是莫隆研究的主题之一。

厨房神话激起了回归人类童年的热情。出现了"天真菜肴"、"美味水果、蔬菜、奶油和文质彬彬的人们",就如卢梭在《爱弥儿》①里所言。烹饪文化就像 A.吉拉尔和 J.C.博奈证明的那样,是与自然的断裂:它具有社会和文化压制法则。卢梭的烹饪主义甚至在他之前就表现出来了,例如在 M.德·若古编撰的《百科全书》的"烹饪"一节中:

> 我们同意以各种方式变换大自然恩惠于我们的佳肴。以这些方式,这些菜肴失去了质量,也可以说是成了准备好的美好毒药来破坏其个性,缩短人生。于是世界太古时期的简单烹饪成了一种现实的研究、一种辛苦费力的科学。以法兰西烹饪、皇家菜肴、现代菜谱、考缪斯的恩惠为名的新的论著不断涌现。

历史揭示了自然主义和禁欲主义美食爱好者、信徒之间古老哲学斗争的结果:奢华与享乐之争,东方对西方,具有颠覆性的异国情调(比如 16 世纪的意大利人),反对国家节制,道德反对妄想。但是,对于《百科

---

① Rousseau (J.-J.), *L'Émile*, Œuvres complètes, "La Pléiade", t. IV, p. 465.

全书》,进行比较并不完全有道理:把其他时期的挥霍、荒诞行为,"古老的成见"与启蒙运动时期厨师的战果和其他艺术并驾齐驱发展的新烹饪艺术进行比较,这才是最重要的。启蒙运动的厨师最终调和了自然和文化、营养学和美食学(美食学这个词于 19 世纪初期由格里莫·德·拉·雷尼埃尔发明,他接受了柏拉图主义和卢梭烹饪主义)。

《法兰西菜谱》就已经尝试奏响健康与饮食的和谐之音。它力求让"健康处于良好的状态,保持良好的心境",向人们传授如何准备固体食物(让健康与饮食互相协调)配料,这种食物无论与胃口还是适当的消费都是相符的,并且避免了看医生和吃药的可能性。这是教科书作者的一个古老传统:良好的消化吸收是在厨房打下的基础。启蒙运动补充的是科学与烹饪的关系。烹饪艺术是人类智慧的增速器,以下就是莫隆在《膳食总管和大厨的科学》中的阐述:

> 烹饪让食物的粗劣部分变得纤细,去掉了杂质和汁液;烹饪完善净化了这些元素,甚至可以说将其神圣化。它所烹制的佳肴在血液里承载着更加纯洁、更加纤细、更加丰富的精神。这将会是一种进步,而不是把现代烹饪的烹调归于来自蛮荒状态的物理原因,这些物理因素在我们之间召唤着修养礼仪、精神才智、艺术和科学。

一场论战隐藏在关于奢侈、科学和艺术的社会道德的辩论中,辩论双方是反对新烹饪的拥护者(梅斯尔尼·德·凯尔龙,莫隆,百科全书)及其对手(德萨勒尔,《一位英国糕点师致法式新菜谱的一封信》的作者,1747 年)。文化也是烹饪的,或者说烹饪是介于物质主义、形式主义和思维智力之间的一个挑战。18 世纪因此重新找到了由"道德的奢华"的传播而引发的社会之争。

从奢华到舒适：习惯和材料的改变

在以《资产阶级女厨师》为代表对于烹饪的反思中,两个事实是显而易见的。进步的理论和饮食的节制并存,口味的变化以对空间的占有为基础。卫生和饮食这两个方面突出了关于平衡的研究,减少了挥霍。于是,实用科学建立起理论科学和食品生物之间的组合。第一阶段:在食品分析中引入定量配给作为消化的目的和方式,其中我们应该明白肌肉的机械论、物理和化学机械论。雷奥米尔和斯帕兰札尼在这方面也贡献颇多。第二阶段:关于饮食制度的反思。在标明餐桌礼仪结构的古老理论中,18 世纪后半叶用饮食习惯的理性研究系统将其代替,这些饮食习惯被记录到了对卫生状况更广泛的研究中。① 在"过饱"(réplétion)和"放血"(saignée)后的几个世纪,物理学家特龙相和蒂索通过节食理论发展了关于饮食制度的观点,于是,寻找自然资源和破译食品平衡得到了理论支持。饮食习惯应该和年龄、性别、地点、职业以及社会身份相一致。医生还为此列出了清单,比如蒂索在《关于公民健康的意见》和《关于文人健康》中的阐述。这种反思反映了对于自然物的简单需求和食品与环境之间的必要联系。从长远来看,一种食品配给观念将会发展起来,实现一种从食物经验论的百科全书式思想通向对营养价值的计算性化学的过程。② 卫生的哲学是一种实用的哲学,换言之,即找寻非自然和自然事物之间的平衡,然后逐渐向具体运用转变,实现以应用生理学分析为基础的管理事务的观点。③

① Lambert (J.), *Le Chirurgien de papier*, thèse université de Paris-I, 1991, ex. dactyl., 3 vol.

② Aron (J.-P.), *Bilogie et Alimentation à l'aube du XIXe siècle*, in HEMARDINQUE (J.J.) (éd.), *Pour une histoire de l'alimentation*, Paris, 1970, pp. 23-28.

③ Lambert (J.), *Le Chirurgien de papier*, *op. cit.*, t. I, p. 187.

　　启蒙运动的饮食确定了一种对世界的支配。同样,《百科全书》里的服饰体系反映了交换的次序、布料的普遍特性和异国风情。烹饪的总体结构表现了空间的错综复杂,因为它赋予技术与生产一种特权,然而却未意识到饮食行为的社会规模和人情世故的规范性。《百科全书》更多的是培养和发展正常享乐的简单艺术,而不是收录组成上流社会烹饪艺术与奢华之风的秘诀和旁门左道。① 用于烹饪的各种食物、果园菜园的产物、饲养场的家禽家畜被重新纳入一种活动链,而词典却对此提及甚少。我们重新找到了对生产、交换和工业的礼赞,发展了农艺学:完全简单的财富和生产的无限潜力。

　　从对巴黎最基本的观察出发,《百科全书》在此加入了《资产阶级女厨师》所披露的内容。各种各样的消费物资从巴黎近郊比如帕西区、阿让特伊、贝尔维尔、蒙特勒伊汇集到巴黎。凭借着果园、菜园、家畜饲养、家禽饲养,这些村庄提供了各种蔬菜和香料。城市的菜商、果品商把水果、桃子、杏、樱桃等水果批发来,然后由小商贩在市场和街道上零售。鱼市和肉市是相当开放的,在那里可以买到来自西部和中部的牛肉。春天有来自香槟地区博韦地区的羊肉,冬天则有来自卡昂和鲁昂的小牛肉,这显示了产品质量和原产地的关系。

　　在《百科全书》和《资产阶级女厨师》两部作品中,我们可会发现食品供给的潜在资源及其多样性。人们品尝到了自然之风,这些来自大自然的各色食品拥有不同的口味和难以察觉的细微差别。② 启蒙运动时期的饮食在自然食品供给方面重建了一种实用化利用的理论;凭借遥远的商业供给,长此以往,这种实用化便拥有了一席之地,比如东方和美洲

***

① Bonnet(J.- C.),“Le réseau culinaire dans l'Encyclopédie”, *Annales E. S. C.*, 1976, n°5, pp. 891 - 915.

② Peters (A.), in Menon, *La Cuisinière bourgeoise...*, récd., 1981, postface.

新大陆的香料，安德列斯群岛的咖啡和巧克力，荷兰和洛克福的奶酪，地中海地区的干菜、柠檬和橙子。实验性的口味和完美无缺的意愿撇开了关于奢侈的辩论，并且将昂贵和富有异国情调的菜肴与更加经济、简便的乡土产品置于同一层面上。夏尔丹的艺术融入了普通物品和产品的寻常特点，比如收藏在卢浮宫博物馆的《切开的甜瓜》：甜瓜切开后橙色的瓜瓤、粉色与黄色的桃子、绿色与紫色的李子、灰绿色与黄色的梨、一瓶酒、装饰着花瓣的异国瓷器，跃然纸上。狄德罗解释道：在颜色的和谐搭配里，"物体本身的物质在色板上跳跃"，这是物质与智慧完美融合时刻的细腻感觉。

新型消费　风俗的变迁

新的消费是最具发展空间的。从最广泛的到最具体的消费，比如糖、咖啡、巧克力、茶，创造了新的消费者。其烹饪法对于观察者来说，正如在狄德罗的《百科全书》里体现的那样，受到推动了美学思想和"静物"观点的同一场运动的影响，确立了一种烹饪和描写风格。

糖进入了普通百姓消费中，意大利的厨师和糕点师引领并确立了这种潮流。糖在安德列斯群岛生产，在大的港口提纯，直到19世纪一直是巨额利润的来源。它促进了贩运和奴隶贸易的发展，《百科全书》对此有清晰的认识。就像看待其他食品物资一样，要从其特有的技术和健康角度来看待糖的历史。[①] 从17世纪开始，殖民地食品取代了当地的蜂蜜，于是当物价降低、产品丰富时，就促进了果酱和糕点艺术，以及广泛普及的制糖业[②]里诞生的各种食品的发展：果酱、糖浆、肉糜。这些食品与糕点或毫无关系，或同属一家。

---

① Bonnet（J.-C.）, *Le réseau culinaire dans l'Encyclopédie*, art. cit., p. 905.

② Meyer（J.）. *Histoire du sucre*, Paris, 1989.

　　果酱业和制糖业风行一时,势必推动以铜(撇沫勺、大汤勺、烘焙盘、煮糖锅具)、玻璃(糖罐),甚至瓷器(果酱缸)为基础的成套厨房器具的生产。服务于奢侈的手工业诞生,之后是半奢侈手工业,最后是服务于大众的手工业创立,改变了视觉图案(这在静物中可以察觉到),也改变了对于器物的需求,正如我们在财产清单里看到的。纯铜成了争论的焦点,因为它虽然在视觉和心理上具有保存水果颜色的优势,但铜锈却具有危险性。医生和五金制品商提倡使用镀锡的铜具。镀锡的铜尽管会让水果变黑,却消除了铜所包含的毒性里低碳酸盐中毒的可能。糖还支配着我们日常生活中的其他食品,例如果汁冰糕(冰镇果汁饮料)和冰激凌(冰冻饮料)的发明以及柠檬水的发展(在巴黎由 3 000 手工业者体现出来),当然还有医用糖浆。在 1789 年大革命前夕,法国殖民地糖的产量很可能超过了英国殖民地的产量(大概在 9 000 吨,还不算走私的部分)。除此以外,一部分消费由从西班牙、葡萄牙或英国领地的进口得到满足,即每年每人不到 4 千克。这个数字的价值值得我们思考。但是这个数字又确立了新的依赖关系。这是一种将富人社会身份具体化的产品,一种资产阶级和穷人在新环境下接受的产品。

　　通过博内的著作,我们可以把百科全书派强调的重点放在甜味食品和制糖业上;在伏尔泰和马尔沃的小说中可以找到这样的说法:"令人愉快的口味的集体宣言。"一种文学性效果用一种社交性理论影响着甜食的附加意义,我们可以找到的甜食有冰镇果汁饮料、冰冻饮料、果酱、"美味的糕点"、甜脆饼干、饼干、蛋白杏仁甜饼、水果香糖和糖果,从中可以体会到一种幸福的感官享受;这种感觉与节日盛宴上大量美味佳肴的巴洛克风格或者资产阶级强烈的食欲形成了鲜明对比。作为平和文化的象征,这些是百科全书派阶级的图腾食物。

　　咖啡集合了两方面的优势:颇具异国情调,体现了现代性和商业性;极大推广了富人的习惯,咖啡消费继而又推动了糖的消费。在具有刺激性、发苦的饮料中加糖在法国已然成为一种流行趋势，就像在英国那样，这是为了掩盖一种不常见、不熟悉的口味，而且在各种饮料中加糖也早已成了一种传统。从 17 世纪末开始，法国就成了咖啡消费大国。毫无疑问，这种与日俱增的消费更多地源自对东方和意大利的习惯的效仿，而不是当初医学上广泛争论的习惯渗透。

　　咖啡在时尚的巴黎丝毫没有过时的迹象，一种具有深远影响的社会习惯、饮料商的行业团体、对加奶甜咖啡的迷恋承载着这种潮流的发展。于是，我们就拥有了不可小觑的精神刺激物以及替代食品。《百科全书》里鼓吹了咖啡对于肥胖及易患偏头痛人群的药效，而且提出了消费时的注意事项：先喝杯水以便让咖啡利尿排泄，用糖调和一下不可口的苦味；在咖啡里加点牛奶和奶油来提高营养价值，从而"为难一下食盐的理论"。在《波斯人信札》的第 36 封信里（1721），郁贝斯给雷迪出了一个扩大贸易的主意：

　　　　咖啡在巴黎非常流行，有很多商店销售咖啡。在其中几家，人们谈论着新闻；在另外几家，则可以下棋。其中有一家以这样的方式煮制咖啡，所以它赋予喝咖啡的人一种精神：至少是从那里出来的人，没有人相信他去了不止四次了。

　　这就是所谓习惯和智慧的影响，这个世纪奏响了所有情况下的和谐之音。咖啡馆给小酒馆带来了竞争[1]，老板是饮料制造商而不是酿酒商；在咖啡店少了些喧哗，多了些全神贯注；顾客更高雅，举止更有风度，也更有自制力。商人财产清单的记述与文学作品里的评论如出一辙。咖啡馆环境舒适但有点拘谨：地上铺着方砖，墙壁用细木重新装修过，

① Roche（D.），*La Culture des apparences…*，*op. cit.*，pp. 255-265.

大厅由蜡烛来照亮,现代的独角小圆桌和舒适的椅子替代了普通的桌子和长椅,还有随手可以取阅的报纸、用来取暖的火炉。从皇家宫殿到林荫大道、从费罗街到圣女日南斐法山,我们可以找到适合所有口味和消费水平的咖啡馆。在行会清单上登记的有 2 800 家,即如果巴黎有700 000 人生活的话,平均 250 人拥有一家。巴黎的咖啡馆为广大顾客提供了干净的环境、文明的空间,相比烟雾缭绕的小酒馆更适宜见面的地方。总之,变化就摆在那里,日常的节日气氛在两极状态和两种饮料中形成:酒馆与酒、咖啡馆与咖啡。在酒馆,一片混乱拥挤的场面;在咖啡馆,一切井然有序。一边是由混乱和道德不稳固性支配的易激动人群;另一边是一个流动的社会,顾客安静礼貌、衣冠楚楚。从产品到事物、从事物到人,流动着相似的力量,展现了构成社会关系张力。让我们听听德吕勒神甫著名的诗句:①

> 对于诗人,它是一种弥足珍贵的琼液,
> 维吉尔喝不到,伏尔泰将之视为珍宝。
> 是你,神圣的咖啡,可爱的琼液,
> 不会让我头脑昏沉,只会让我心情愉悦。
> 所以,当我的双鬓蒙上岁月的风霜,
> 我依然要品尝你的琼浆玉液。
> 准备珍贵的玉液,我乐此不疲,
> 无人能剥夺这种美妙的享受。
> 我独自炒着咖啡豆,
> 它们在滚烫的炉子上,
> 由金色变成乌黑色,

---

① Delille (abbé), *Les Trois Régnes de la Nature*, Paris, 1808.

我独自一人。

外壳里面有坚硬的牙齿,

我研碎你苦涩的果实,发出声响。

你的香味让人陶醉,

我独自一人享受着缭绕的芳香。

在你的粉末中心醉神怡,

我越来越镇静。

气泡越来越多,

我凝视着你轻盈的气泡。

你的琼液慢慢澄清,

在热气腾腾的咖啡壶里,残渣沉淀下来。

我的杯子,你的玉液,美国蜂蜜,

非洲的汁液精华,

一切就绪。

日本珐琅器里盛满了你的玉液,

只有你,

融合了两个世界的精华。

来自于神圣的仙露,

来吧!

呼吸一下我的仙气吧!

　　这就是当时的诗歌,其主旨是用一个新的主题引起对社会公约的承认。作为一节美好的物质文化课程,记载下约定俗成的行为、各种物品、比用蒸汽沸腾和浸滤更能让咖啡浓烈的泡制方法,归根结底,记录了一种对物质道德关系的思考、一种习惯的生理学。

　　茶和巧克力也值得做类似的分析,不仅是出于完美性的考虑,而且因为二者都有咖啡和糖共有的与社会习惯相结合的特点,都具有异国情调,都是通过渐进的普及被公众接受,同样在饮食和医学影响上引起了争论。巧克力的发展也是从西班牙和意大利开始,在摄政时期确立下来。让·埃蒂安·利奥塔尔在 1743 年给玛丽·特蕾莎——一个负责皇后日常巧克力的侍女画了幅画像,他给出了一个用于巨大财富的象征性的表达方式。画作以《漂亮的巧克力制造者》为主题,我们现在依然可以在德雷斯顿欣赏到。巴黎的食品杂货商和巧克力汽水制造者在巧克力推广方面功不可没。1770 年在巴黎成立了第一家巧克力工厂,1776 年出现了第二家——勒格朗的巧克力工厂。其中药剂师占据了一部分市场。从安德列斯群岛进口巧克力的潮流反映了在法国将近100 万磅的巧克力消费量。根据拉瓦锡计算,巴黎只占 25 万镑,即每人200 克;与 250 万磅的咖啡和 65 万磅(3 200 吨)的糖相比,消费量并不高。巧克力热量不高,但所扮演的社会和非现实角色却格外重要。作为富人喝的饮料,巧克力也少量地进入了咖啡馆。作为一种用于"私生活"的饮料,巧克力与当时的性观念紧密关联。一些小说和回忆录,比如卡萨诺瓦的回忆录,认为它是医治情欲衰退的良方,要比香槟和牡蛎更奏效。画集则或多或少将其与情色场景联系在一起。① 可以肯定的是,在一个社交界精英眼中和味觉中,对巧克力的爱好已经融入了对糖的狂热以及冷热饮料交替的喜好中。它们展现着一天中不同的时刻,"划分着上流社会活动场景里的季节轮回"②。

茶并没有享受到咖啡和巧克力的礼遇。在法国是这样,但在英国远非如此。受中国和西方贸易衰弱的影响,一部分法国进口产品转向了伦

---

① Harwich(N.), *Histoire du chocolat*, Paris, 1992.

② Camporesi(P.), *Le Goût du chocolat*, *l'art de vivre au Siècle des lumières*, Paris, trad., 1991.

敦和都柏林。对于法国人来说,茶一直都是在医学院庇护下销售的药用
植物。茶价格不菲:1700 年左右,一磅中国茶要 70 利弗尔,而同样重量
的日本茶则要 200 利弗尔。在降价的同时,茶也赢得了更广阔的市场。
在 1715 年版的《王室和资产阶级新食谱》里,作者说道:"由于价格较
高,茶不像咖啡那么普遍。"但作者也提出了"一种沏茶的方法",而且明
确指出"一般要在早晨饮用,以此来振奋精神,饭后饮用则利于消化"。
1760 年左右,勒美瑞医生推荐茶"更多作为一种享受而不是单纯为了健
康"。茶在法国并没有经历在英国那样的风靡。在英国,茶成了家庭仪
式的一部分,并且在饮食制度中站稳脚跟;也因此促使产生了一种新的
社交,被纳入谈话礼仪中。毫无疑问,随着对英国人的效仿,创造了许多
新事物。

装饰品的消费

　　咖啡、茶、巧克力强加给消费者一种非主流的消费,然后这种消费就
变得必不可少了。巴黎的财产清单表明家用器皿开始在富裕阶层和中
产家庭中普及,尤其是在摄政时期之后(1715—1723)1780 年之前在普
通百姓中普及起来。留给卖主的债务表明了新需求的上升:巧克力商、
食品杂货商满足了这些新需求。盒子、白铁咖啡壶、用来炒咖啡的长柄
平底锅,或者有柄砂锅、炉子、炉灶,尤其是咖啡壶、咖啡杯和小的咖啡匙
随处可见。银质或瓷的咖啡壶造价较高(50—200 利弗尔),铜或马口铁
的咖啡壶只值几个苏。在贵族或神职人员家的餐具柜或橱柜里,存放着
喝摩卡①咖啡。总之,1760 年左右,圣-日耳曼-奥克赛鲁瓦教区 37% 的

---

① 摩卡咖啡,原产于阿拉伯的上等咖啡。摩卡,位于也门红海岸边的一个港口城市,从
　15 到 17 世纪,这里曾是国际最大的咖啡贸易中心。——译者注

财产清单里提到了咖啡壶,在圣-安托纳区却只有 15%。茶留下的印迹要少得多,但仍然可以从少量的财产清单里看到(圣-日耳曼教区的财产清单里有 2%,在更富裕的圣-厄斯达仕教区则要占 10%):茶叶盒、茶罐、茶碗,瓷质的、金属的、紫铜的、马口铁的、价格在 100—200 利弗尔的银质茶壶,在富裕人家里还可以找到瓷质或彩釉茶具;他们还会效仿英国上流社会,豪掷千金置办整套茶具,这是一种炫耀财富、展现自己追寻时尚、突出年轻人特色的方式。在此,新生活方式更多的是由交友相会和礼节决定,而不是家庭亲密关系决定。

装饰品,由于它们的出现,使得消费水平一目了然:咖啡征服的领域最大,已纳入所有人的食品消费中,无论在家里还是外面都是一样;茶更多地进入上层社会;巧克力则仅限于满足富人、病人、饮料制造商的乐趣。农民、法兰西岛的农夫或维克辛乡下人的财产清单表明了这种普及的局限性:装饰品确实存在,但数量非常有限,价格也更低廉一些,而且仅在有钱人家。

瓷器取代银器

透过消费和装饰品之间的关系,我们可以理解一种风尚,甚至是一件毫无意义的物品的颇具局限性的传播,是如何与经济增长息息相关的;经济变化和文化变革是如何紧密相连的。这一切在瓷器经历的起落中可见一斑,就像服饰变迁一样。[1] 戴尔明尼[2]全面研究了法国东印度公司在洛里昂的销售状况,主要的欧洲顾客都是来购买茶叶的。我们会发现来自中国和印度的异域产品的销售每年都在增长,其中四分之三的

① Roche (D.), *La Culture des apparences*.

② Dermigny (L.), *Le Commerce à Canton au XVIIIᵉ siècle, 1719－1833*, Paris, 1964, 3 vol.

货物都发往大的零售和消费市场,比如南特、洛里昂、蒙彼利埃、里昂、巴黎和日内瓦。法国西海岸集中了胡椒、茶叶、咖啡和瓷器;法国大陆则集中了丝绸、糊墙花纸、藤条和生漆。法国西北市场占支配地位,但南方市场却不景气,更没有打入东北市场。在那里存在着一定的销售潜力,因为购买活动可以在洛里昂的商店里进行,也可以去别的地方。但是商人的习惯、家庭和贸易关系,让我们在一定程度上相信由购买力统计出来的贸易的真实性。

瓷器市场的发展与其他市场因素相关,不过要根据顾客喜好的变化。虽然进口数量从摄政时期到路易十六统治时期保持不变,产品种类却减少了(茶杯、碟子、罐子、碗、高脚杯和茶壶)。瓷器就这样与个人生活融为一体,因为这种情况具有一种商业和美学意义。从产品种类的减少我们可以得出结论,瓷器的使用被广泛普及甚至被全民接受。1730 年以后,主要通过订货方式销售的成套用具赢得了更多客户,产品主要有成套的餐巾和台布、茶具、咖啡用具。东印度公司不冒任何风险,以更高的价格出售自己的商品:300—500 利弗尔的 200 件成套用具。与此同时,中国的产品也应和了西方审美标准。东印度公司从法国、荷兰、英国运出需要的金属或者彩釉样品。一直以来的中国式图案花样变成欧式的,东方艺术家也开始模仿梅森、鲁昂或慕斯提耶尔,仿制法国式的雕刻;然而东方审美艺术一直到路易十六时期都十分兴盛,塞夫勒和尚蒂伊的新手工工场,像以前的工场一样,开始仿制中国艺术品。价格稳定了贸易,在巴黎高档商店、大的服饰用品店或供应商拉扎尔·杜沃克斯那里,一套法国塞夫勒产的瓷器值 400 利弗尔;以同样的价格,在东印度公司那里可以买十几套。在那个时候,廉价劳动力已经显出了优势。

如果没有在法国国内掀起的瓷器研究和开办瓷器工场热潮,这也算不得什么。在继马凯尔的旅行、1768 年前后在圣-伊雷艾克斯发现陶土、塞夫勒王室工场成立、持续生产硬质混合土和软质混合土之后,财富在王室的保护下迅速积累。瓷器即将替代银器。银制餐具曾经是社会进步、财富和体面的象征，但"这是一种有控制的财富，而且打上了重重限制的烙印，是铭记着对一个经常受到变革和货币危机威胁的古老世界担忧的财富"①。这就是一种给人安全感的奢侈品，一种可以抵御命运打击的、储备和家庭能力的证明，一种护身符。瓷器将展现一种崭新风格："是一种从小心谨慎和战战兢兢中走出来的，一种克服了实用性暴政的、没有任何杂念的奢侈。"社会认为可以主宰自身的命运，也可以陶醉于日新月异变革所带来的乐趣中。这就是瓷器首先进入地位稳固、知识渊博的家庭的原因。然而新贵和小资产阶级在继续拷问银器的优越之处；老的社会阶层已经拥有了银器，期待从瓷器中获得其他东西，诸如猎奇思想、美学趣味、寻找新的舒适生活的情趣、对讲究生活的追求。"无论是瓷质的勺子还是盐瓶，瓷器都是耐心和好奇心的标志与见证——它见证了资产阶级缓慢的、连续性的发展，瓷餐具以一种突然的方式反映了更加迅速的事件的爆发和对新感觉的追寻，其本身的脆弱性所包含的完美元素定义了18世纪某种短暂思想中的永恒。"来自遥远的国度、具有易碎性，这种双重特点使瓷器在启蒙运动社会里确认了一种对世界的拥有，无论是从社会关系还是从地缘上都可以扩大其影响。

非主流艺术的美观和舒适：洛可可和新古典主义

我们所观察到的最普遍的风格变化（比如饮食的、服饰的、家具的）和大量装饰品出现之间的关系，构成了"非主流艺术的美学"②的选择阵地。在这个阵地上，我们能够重建习惯的演变及其多层刺激因素，

①　Dermigny（L.），*Le Commerce à Canton au XVIIIe siècle, 1719 - 1833*, Paris, 1964, 3 vol. t. II, p. 577.

②　Deloche（B.），*L'Art du meuble, introduction à l'esthétique des genres mineurs*, Lyon, 1980.

例如经济的、文化的,甚至是精神的。在生活色彩、形式和背景的交汇中,既能够确认风格的推动力,也可以同时见证社会生活的诸多限制。

如果研究一下风格的变化,会发现第一方面已广为人知:占优势地位的洛可可式。但是由于对享乐主义、异教神话和色情寓言的大量参考,这种艺术形式逐渐世俗化,而且被理性和历史的需求取代,被标志着文艺美术体系的新的准确性替代。[①] 在其历史发展中,变化并不是唯一的,但是当1750—1760年确立了新的词汇和主题之后,它在建筑、绘画、雕刻以及整个非主流艺术方面都有所建树。伏尔泰故事中繁冗华丽的细节与描写的线性特点相排斥,而且宫殿外墙的朴素与内部优雅的装饰、豪华的家具格格不入。

细节和朴素在新古典主义没有完全作出公正评价的另外一种平衡面前消失了,因为对原有风格的反应受到等级和各方面认可的必需品的刺激:一种井然有序的秩序,一种有节制的混乱,一种尊重君权和实用功能的传统模式的多样性。我们见证了朗日尔神甫的理论性思考,他是城市规划家,反洛可可的手工业者;也见证了尼古拉·科钦的思考,他是雕刻家和画家,为路易十五一时兴起的爱好服务,他鄙视过于雕琢又肤浅的装饰。下面就是尼古拉·科钦的作品《对金银工匠的请求》的片段:

> 金银器工匠们,在你们正在加工的刻有朝鲜蓟和芹菜的锅盖上,即使手指大的野兔肉也不要放在旁边……不要变化物品的位置,要记住蜡烛台就必须竖直地摆在那里,这样才可以放蜡烛。烛台的托盘必须是凹的,否则没法盛流淌下来的蜡烛油;如果是凸面的,蜡烛油就会滴在桌布上。房屋的石雕工们,

---

① Chaunu（P.）, *L'Europe des Lumières*.

你们在进行工作时，不要犯哪怕比沙漏还小的错误，出比玫瑰花还小的纰漏……至少我们希望，如果东西是方的，就不能把它们折弯；如果建筑物是半圆拱顶，那么就不能让它们的轮廓变成像他们在文学大师那里学来的 S 形。

由当时最伟大的插图画家、历史新绘画的创始人所做出的对曲线和精雕细刻的指责，并没有在多样性和冲突中把寻找精神快乐的问题再次提出来。科钦只是提出了另外一种标准。就是这"另外的标准"受到了手工业者和装饰家研究的推动，就是这"另外的尺度"赋予了日常生活一种新的空间。两个例子可以证明：椅子的艺术、关于舒适的教育。

家具和生活艺术，装饰品和必需品

18 世纪既是家具手工业者的黄金时期，也是他们的衰退时期。新消费之风转变已被感知，工业革新最初的迹象已初露端倪，我们也想想纺织品和糊墙花纸吧，这些都证明了手工业者们对完美的追求。他们的努力满足了逐渐扩大的购买人群，也满足了多少与必需品不沾边的各种需求。豪华住宅的影响力波及到其他领域。由于公众平等地接触新的消费社会，一切都混在了一起，即使在此捍卫这样一个观点依然不是问题。生产阶层仍然存在着，但也存在着这样一种公众，即使他们没有能力购买最昂贵的商品，也能多少感受到新的感性潮流。新家具的增多是肯定的，在普通百姓家庭增加了 3—4 倍，而在贵族阶层则有 100 多倍。18 世纪迎来了新的风格，普通百姓房屋内部装饰的变化和奢华住宅的平行发展，很好地表现了与此有关的个性空间的获得和情感的演变。①

我们可以认定需求与寻求与众不同的景象相关。所有人都能感知，

---

① Chaunu（P.），*L'Europe des Lumières*, *op. cit.*, p. 482.

这种景象受到了城市装饰和剧院的影响,以文化为载体。说得更直接一点,我们知道在巴黎,光顾绘画沙龙已成了一种习惯。这部分人群并不固定,只有少数人对订货感兴趣。尽管他们并不能提供鉴赏标准,因为这些标准来自与收藏家、艺术家以及学院派之间的共识,但他们会逐渐获得一些准则。一种美学观点即一种批判的观点,从各种人群以及展览的混乱中浮现出来。批评赋予知识渊博的那部分人一些抽象的、从具体分成派别的公众中脱离出来的方法。从此以后,艺术必须重视沙龙附带的艺术准则带来的变化,这种变化拥有一大批支持者。沙龙的宣传册本身就是出版业的成功,它对参观者人数给出了近似明确的规定。1755 年出版了 7 696 本,1787 年则达到了 21 940 册(这一年,可以说10%的巴黎民众去过沙龙,我们估计每 3 个参观者中就有一个潜在购买者)。在《英国间谍》①(1783)一书中,政论作家皮当萨·德·麦罗贝尔认为,这是一种两性和所有阶层融合的现象。请我们记住这种假设:通过印刷品,通过开放性展览,通过各种言论,有可能全面掌握风尚的价值。在剧院和集市,我们也可以找到其他例子。②

剩下的工作就是手工业者的了。他们分布在市镇、乡村,记录着当地传统的影响以及来自巴黎的时尚。在首都,他们构建了一个创新者阶层,从那里走出了赫赫有名的艺术家和近一半的法国画家。他们逐步与竞争性的行业,比如细木工和高级木器工接近,并于 1754 年达成和解;③从此,他们遵守同样的规则。同时也存在着自由手工业者,他们在高博兰或者圣-安托纳的郊区享有国王的保护,或者享有高度领主决定权治外法权的保护。然而细木工匠大部分都是法国人,高级细木工则由

---

① Van De Sandt (U.), *Les salons au XVIIIe siècle*, *Revue de l'Art*, 1986.

② Roche (D.), *Les Français et l'Ancien Régime*, *op. cit.*, t. II; Isherwood (R. M.), *Farce and Fantasy*, *Popular Entertainment Eighteenth Century Paris*, Oxford, 1986.

③ Verlet (P.), *L'Art du meuble à Paris au XVIIIe siècle*, Paris, 1958.

少部分外国人组成。在这些外国高级细木工中,有厄邦和里斯奈尔,他们至今仍代表着巴黎家具业的辉煌。在所有工场作坊里,尽管存在着源自工人才华和一小部分工具的才能经济(l'économie de moyens),功用方面的完善还是促成了两件事:从木材到油漆,材料种类增多;产品样式增多以及它们对新需求和不断变化的风格的适应,即使这些新形式仍然存在于库存甚至新产品里。①

18 世纪是各种变化层出不穷的时代,搁脚凳、马扎(帆布折椅)、软垫长凳、椅子、扶手椅、路易十五样式的扶手椅、长靠背椅(长沙发)都是在那个时代出现的;以这些样式为基础,稍加变化又设计出多种款式。椅子,作为其他样式的鼻祖,在 15 世纪末出现,之后两个世纪它一直受形状造型结构的限制。结构决定着制造形式上的原则,而且椅子还需要方便搬运,于是之后的折叠扶手椅、马扎、凳脚交叉呈 X 状的凳子有力地挑战了带椅背的四腿或三腿的椅子。如果说坐的方式反映了一个时代的本质,那么古老的坐姿并没有考虑到椅子对身体的适应;而它恰恰反映了等级制度和象征制度的威严。现在社会的椅子可以适应人们各种蹲着或半躺的姿势,尤其是在一个人的情况下。这无论如何都带有强烈的空间关系学意味。现代社会让椅子更加个性化,不舒适的长凳逐渐失去人们的青睐,靠垫被用于新型的椅子。总体来说,直到最近一个时代,占上风的依然是"空间的舒适"观点,而这与生活环境是一致的。

18 世纪见证了 17 世纪开始的两种革命的胜利。一方面,家具艺术逐渐独立化,进入了它的成熟发展期,抛弃了不考虑身体舒适度的结构原理,"变化而精致的曲线装饰不再仅仅是完成一种简单的装饰功能,也是为了让物体本身的外形具有活力"。家具艺术从"空间设计"里诞生

---

① Id., *Le commerce des objets d'art et les marchands merciers à Paris au XVIIIe siècle*, *Annales E. S. C.*, 1958, n°12, pp. 10 - 28.

了。启蒙时代的活力与精巧从形式与物质的结合中悄然诞生了。新古典主义风格的回归不应被视为一种对结构的新依赖：装饰器具、由结构激发的对家具圆形柱和横梁的重新运用都是反常的；整体协调是对重量法则的一种挑战。①

　　另一方面,关于"舒适"的思考、关于舒适与身体关系的反思(请注意"舒适"一词要上溯到 1815 年,但"舒适的"[comfortable]一词来自英国,大概于 1786 年出现),又造就了新的供大家就座的家具。椅子演变成了一种日常用品,但一直到摄政时期及洛可可艺术风行的路易十五时代,造型上都一直没有变化。弧形的、填有垫料的椅背反映了对舒适度的探寻、对放松姿势的研究,以及解放身体的革命。身体不是静止的,它需要做些小动作,需要画像中表现的或伸直,或踡起的腿部姿势变化。从此人们可以舒舒服服、不受束缚地坐在那里。出于对女性服饰的考虑,椅子的扶手更短了,扶手顶端也更加弯曲。② 在 17 世纪路易十四时代家具的骨架设计中,一种让座椅适合身体的设计理念占据了上风。高级细木工卢杜在他的《家具艺术》中对这些原则进行了系统描述。扶手和椅背的曲线适合身体结构的,是"安乐椅"。如果是半高的椅背,就变成可以两用的"侯爵夫人宽椅子"(marquise)。于是结构的精确与流畅达到了统一,坐垫更是强化了对柔软性的需求。"安乐躺椅""安乐椅""长沙发""沙发""土耳其式长沙发"满足了人们休息的需要,无论在个人工作还是社会工作方面都不可或缺。喜欢安逸、在世界中寻找幸福的思想界发明了一种样式,这种样式从木材和纺织品中找到了它们柔韧、轻盈等视觉和材料上的优点。路易十六温和的统治并未让家具业的发

---

① Deloche (B.), *Le Mobilier bourgeois à Lyon*, *XVIe – XVIIIe siècle*, Lyon, 1983, pp. 14, 153 – 154.

② Giedion (S.), *La Mécanisation au pouvoir*, Paris, trad., 1980, pp. 269 – 278.

展出现倒退,家具被构思成独立的实体,而失去了与环境的联系,这将成为一种规则——与装饰品的机械化同步,都发生在 19 世纪,但那时关于舒适的思想已成燎原之势。

洛可可艺术攻占了装饰领域。新古典主义潮流减轻了装饰元素而无须往前追溯。它需要在对自然和考古学的回顾中、在精巧的想象中寻找样式。[1] 然而,它如果不能战胜一种抵制行为,就无法立稳脚跟。这种抵制毫无疑问来自那些不愿意放弃舒适扶手椅的人,比如处于操控中心的凡尔赛宫的路易十五。而且,就像赫德雷某一年在《关于流行家具的书信》里表达的那样,对不舒适的新家具的控诉可能会被大家讨论。[2] 一般的习惯是首先倾向于对富人生活风格的研究,然后通过各种影响去引导所有人的私人装饰,至少在巴黎是这样。

随着舒适家具的胜出,一种新的舒适风格因身体上的舒适和生活的安逸引领了潮流。[3] 三种要素构建了平衡:在功能多样性和私密性双重影响下的内部空间的重新规划;独立性、装饰性与身体更舒适,空间利用更理性、更自由的家具;设计师的设计和作品会考虑到"流量"(气味、风尚、热量、光线),表现出对环境、气氛等各种构成要素的重视。在 18 世纪后半叶,这种体系已进入富人家庭。舒适的起居设备既考虑到内外之间的交流,同时也考虑保暖、通风、照明等问题。关于水以及身体卫生的思考也应运而生了,但是如果洗澡与声色犬马和精致生活有关的话,那么它就不再仅是富人的乐趣。贵族的府邸里出现了奢华的浴室,比如 1782 年维尔吉府邸里的盥洗室,铺着方砖,用各种画作为装饰,供有热

---

[1] Eriksen(S.), *Early Neo-Classicism in France : the Creation of the Louis Seize Style in Architectural Decoration, Furniture and Ormolu, Gold and Silver and Sevres Porcelaine,* Londres, 1974.

[2] Praz(M.), *Goût néoclassique*, Paris, trad., 1989, pp. 261－262.

[3] Goubert(P.), *Du luxe au confort*, Paris, 1988.

水和凉水。类似的例子还有安茹街上的沃维诺府邸。[1] 总之,一切都在发生着变化,需要从当时的情况出发重新考察各种要素。[2] 通过高克利对 1755—1800 年间"小广告"里出现的与房屋相关的词汇的分析,我们足以判断当时的发展变化。

报纸内容其实已经包含了所有市场上必需的信息:房屋各方面状况、财富性质、对房屋具体情况的描述,有时候还会涉及其价值。它们记载了需求和供应之间的期望标准、居住习惯的变化,和一些建筑学家如帕特、苏夫洛、德维利陈述的城市现象体现的新理念的对话。这些逐渐加深的变化是由报纸发行量的增加和城市的扩张带来的。在 1755 年有 1 470 个广告(每期 14 个),在 1782 年就达到了 7 521 个,而 1800 年又增加到了 10 459 个。报刊带来了对房地产的真正热情,报刊业也见证了租房信息的增加(占到了 1800 年广告的 65%)。报刊业的繁荣也体现在与公寓相关的广告逐渐增多(1755 年占 22%,1782 年占 41%),而这对成套房屋和旅馆的存在是不利的。在这场运动里,城市的一切元素都被调动起来了。首先是从业人员,尤其是商店人员、手工业者、租金收入者,他们实现了 50%—60% 的交易。整个首都所有的街区都与之息息相关。但是城市地图表明,从 1782 年开始,城市发展就不仅仅围绕着林荫大道;房屋信息把重点放在了富裕的堂区、不断扩张的街区;这些恰恰都与城市的发展相吻合。

在这个背景下,人们越来越重视房屋功能的专业化,一屋多用的情况逐渐减少,大众对舒适房屋的需求呈上升趋势。在 1755 年,20 个单词就足以给不同房间命名了;到了 1782 年则需要 27 个;而在 1800 年又增

① Vigarello (G.), *Confort et hygiène en France au XIXe siècle*, in Goubert (P.) (éd.), *Du luxe au confort*, p. 52.

② Roche (D.), *Le temps de l'eau rare*, art. cit., pp. 383 - 399.

加到了 50 多个。这种命名描绘的准确性,伴随着功能价值的上升。最显著的质和量的飞跃影响了所有与卫生相关的事物,例如"衣橱""衣柜""厕所""盥洗室"。所有与陈列和装饰相关的指数也增长起来。在1755 年,59%的情况会涉及这些信息;在 1782 年和 1800 年,比例则分别达到了 60%和 82%。在私人住宅方面,存在一种足以颠覆整个城市的变革的迹象,而这种迹象的产生要早于变革。

在 1780 年左右的巴黎和卡昂,一种思想逐渐蔚然成风:某些社会幸福取决于城市组织。理论学家在对古老城市的分析中寻找方法,同时还研究象征符号以及寓意的使用。在外观方面,当建筑的每一个装备和城市的每一部分与它们的用途相呼应时,城市空间就将古老与现代融为一体。达朗贝尔曾经说过"建筑是我们最大需求之一的装饰面具"[1]。新的需求萌芽为所有人带来了舒适生活的华丽改变。在这些变化中,我们看到了赋予本章标题的一切根据:思想的物质化、物质的抽象化、物质生活和文化生活的有机统一、艺术之间的融合与接近。"我们赖以生存的、心爱的人世间事物的本质是这样的,如果我们拒绝不了其他一切,那么我们也就无法拒绝这一部分。"[2]

---

[1]　Perrot（J.-C.）, *Genèse d'une ville moderne…*, *op. cit.*, t. II, pp. 700 – 701.

[2]　Praz（M.）, *Goût néoclassique*, *op. cit.*, p. 257.

第二十章　巴黎：启蒙运动之都

两个理由可以解释为什么我们将此随笔的最后一章献给对巴黎的思考。首先是因为巴黎的城市文化在 18 世纪法国的全面转变中起着举足轻重的作用；其次是因为依然存在的关于解读城市文化的辩论。社会历史学家和文化历史学家有必要试图理解城市如何构建一种文化特性。在这点上，应当承认城市所肩负的所有职能中，文化已成为一种习惯性的行为。从把巴黎变成文明发祥地、思想呼吸地的传统开始，一切都渗透其中；甚至新的对自然的感情及新经济形象的上升，改变了看待城市和城市人口现状的方式。从亚历山大·勒梅特尔 1682 年在阿姆斯特丹出版的《大都会》开始，我们就了解到与其他城市相比，是什么界定了首都；连接首都和国家其他地方的有机关系是如何构想出来的。

首都吸纳了国家每个角落的生活方式与荣耀，然后以同样的方式影响了其他地区。正所谓头与身躯不可分割，君主离不开臣民，天地相依，大都会也要依赖大大小小的市镇、村庄。头的作用是驾驭身体的其他部位，身体的每个部位协调一致的行动是为了服从指挥。君主牺牲了自己的休息和健康，为了保护子民的荣誉、生命与财产；而他的臣民们在必要时被迫舍弃了他们的财产，放弃了自己的生命，捍卫君主的生命和荣誉……她接受，她也给予。只要一息尚存，她就一直努力。没有她，整个国家就失去光荣和尊严，一切富丽堂皇将毁灭，接着出现放任自流、杂乱无章、社会不公、抢劫成风的局面。

　　首都，君主居住地，我们只能用类似表达基础政治关系的词汇去看待、理解、诠释。首都之所以为首都，是因为集中了所有权力要素，"是君主的日常府邸，是议会、法兰西学术院所在地，是商品交易集散地"。在此，我们要注意到，启蒙运动的巴黎，继路易十五重新掌权重返凡尔赛宫之后，只拥有全部特征的四分之三，但政府是职能通过大的行政机构（service）来履行的。请注意"法兰西学术院"（Académie française）这个词，就是勒梅特尔所理解的知识功能的同义词。他在作品第十四章、第十五章的详细阐述中认为，"法兰西学术院"即科学与数学实用性的辩护师；在第二十七章及其后面的章节里收录了首都在知识层面的体现：宗教雄辩术、法律、医学、科学、哲学、图书馆、花园。历史上大都会的主要角色镌刻在了城市化权力的文化观念上：首都规模本身以及享有盛誉的城市影响力，都取决于现实的物质条件、容纳力、兵力，能够引起从量变到质变的各个要素的集合体。在启蒙时代的巴黎城里，都市风格产生的效果在扩大：人口、社会机构、城市建设带来了变化，所有信息都在此变幻着。

　　整个18世纪，这个问题始终占有特殊的重要性，因为巴黎与外省之间的关系具有特殊的发展趋势，凸显了依城市规模①形成的风俗发展的不平衡，强调了以一种自治方式规划其发展的外省能力。评论首都成了文学作品中反复出现的主题。1734年马里沃在《误会》里写道："巴黎即世界，地球的其他地方皆为其郊区。"1760年之后，与理想城神话相反，我们听到了不同的声音。17世纪城市与宫廷这对完美组合受到了强烈的冲击。1759年，弗日雷·德·蒙布朗发表了《高卢人的首都或新的巴

---

① Perrot（J.-C.），*Genèse d'une ville moderne…*, *op. cit.*, t. II, p. 1028.

比伦》,洋洋 67 页对巴黎生活进行了辛辣抨击。所有力量结成了同盟。
我们在卢梭、格林、法布尔·德格朗丁①,甚至是 1778 年出版《巴黎生活
之诸多不便》的作者内克尔夫人的作品里都可以读到对巴黎的讽刺与不
屑。巴黎是享乐天堂,却是穷人的地狱,就像对不辞辛苦的马一样。过
度奢华、宫廷的靡靡生活、社会道德和怜悯心的缺失,导致农村人口减少
及贫困化。此类批评不绝于耳。弗日雷·德蒙布朗对这些内容进行了
汇总,于是,他笔下诞生了巴黎日常生活的画卷:巴黎,既奢华又龌龊不
堪;既"景色秀美"(pittoresque,这个词在当时出现),又具有无限
生机。②

　　在这场接纳、改变、憧憬、浪费、稳定、排斥的城市运动里,文化历史
学家抛出了双重观点:他们或者强调巴黎社会对立的阶级分化现象;或
者寻找普遍的一致及统一的现象,即对将要进行并经历决定性政治变革
的巴黎人来说的共同变化。两种观点碰撞、交织,如果我们想在各方对
立的背景下更好地把握给予每个人的机会(当然分配是不平等的),而
不提前涉及未来可能出现的断裂,此处与别处一样,预感并不能取代我
们还未拥有的确信。三种条件赋予这种发问特殊的意义:现象本身的
规模(拥有法国模式、欧洲模式),城市结构的复杂性,个人行为与事件
之中显而易见的时间影响。

巴黎的容量:空间与时间

　　"首都中的首都"首先表现在其物质影响及物质力量方面。如果我

---

① 法国大革命时期政治戏剧讽刺家和显要人物,也是抒情歌曲的词作者、诗人。——译
　　者注
② Trousson(R.), *Introduction à Fougeret de Montbron. Le cosmopolite ou le citoyen du
　　Monde*, Bordeaux, 1970.

们长久地讨论任何一次人口普查都未统计的，且因为资料缺乏不能从历史人口统计学家的方法中知晓的人口数字，我们只能局限于统计学家们最保守的估计。[1] 1780 年约有 70 万居民，但是这一数字是建立在系数计算方法及范围不确定的基础上的。在所有这些数据面前，统计移居运动中的人口及"流动人口"的现实困难就显现出来了。众所周知，巴黎人口统计情况要归功于从 17 世纪开始的堂区神甫每年对结婚及出生情况所做的调查。从 18 世纪开始，人口统计成了专家思考研究的对象（在此只列举其中的几位，如德帕歇、布丰、拉·米肖迪埃尔、拉瓦锡、波迈尔）。在不到一百年的时间里，由于新的常住或非常住人口的到来，巴黎增加了 10—15 万居民。我们还未计算那些在巴黎短暂停留、将"巴黎气息"或质的变化带回家乡的游客和移居人口。

偶尔或定期来巴黎的过客为传播城市魅力做出了贡献，但这本身是个混杂着佣人的复杂社会团体。艾克斯皮利神甫估计在 18 世纪中期有 35 000 人，包括士兵、短工、仆人、日工、季节性工人、危机中的失业人员、出苦力的人、需要到巴黎办事的人、游客、诉讼人、学生、文人、共和党人。巴黎就是各国旅客喧嚣的集散地。人口的流动也推动了文化的交流，因为在巴黎主要依赖来自四面八方的人们的相会。但变化不是单向的，因为这些迁移者会把他们的新习惯全部或部分地带回他们的家乡。旅行的作用也因为受欢迎的文学作品而增强，这些文学作品触动了一些学者或有一定知识的人：旅游指南、城市年鉴、游记，甚至旅游小说。因为它的重要性，因为它的巨大人口承受力以及物资供给能力，即使不是全国规模的市场，至少也是地区性的物质供给区；还因为它处于邮局道路辐射网以及信息交换的中心位置，巴黎反映出了所有流动性提出的问题，并解决了这些问题。

---

[1]　Chagniot（J.），*Paris au XVIIIe siècle*，*op. cit.*，p. 221.

在这些运动中起决定性作用的新事物的传播,毫无疑问是与巴黎社会的复杂性密切相关的,而这种复杂性已经引起了大家的分析与质问。梅西耶在 1782—1788 年间出版的《巴黎日常生活的画卷》中曾用洋洋洒洒 12 卷,4 000 余页来论述这一点。这部孕育着一些社会认知特点的著作现在依然是我们的研究对象和许多知识的源泉。在这部著作中,我们读到了城市杂乱无序的表面和动荡不安中诞生的众多人物形象,这些都需要寻求一种将政治疑问引向审视消费行为和消费等级的秩序。同时,我们也读到了对政治和道德、绝对价值和实用选择的忧心忡忡的相对主义评论;将责任推到城市结构上的观点凸显了在时空中的各种对比、习俗体系、物质意识与精神意识的资本化、鲜明的对抗等。最后,对社会价值观和经济价值观的揭露认为,变化的扩展模式相互之间是互相吻合的,纵向是由高到低,横向是从中心到边缘。在文化空间的两种构成要素中,表现了它们转变与过渡的职能。由此,提出了一个关于城市职能和巴黎表面的名不副实的理论问题。一方面是首都在消费和需求方面所扮演的角色;另一方面是经济大都会的角色:社会文化中心与经济中心不完全相符,巴黎或许不是一个"经济—世界"的首都。

事实上,我们无须怀疑。巴黎人拥有一部分巨大的王室财富,他们上缴的税额要比其他法国人多。[1] 根据内克尔的计算,人均 140 利弗尔;根据拉瓦锡的说法,人均 120 利弗尔。在衡量法兰西国土财富方面,巴黎的特殊功能在拉瓦锡的计算中得到了解释:如果不考虑首都内的服务性工资以及私人资本运作,那么整个净收入达 3 亿利弗尔;其中 33%来自生产、商业与土地收入,20%来自租金,剩余的来自典当、地租和法国国库的收入。巴黎每年吸收 2 亿 6 千万的货物,而且承担着金融流通,以及教堂、君主政体、小借债人"巴黎资产阶级"向包税人或者大的

---

① Morineau（M.），*Budget de l'État...*，art. cit.，pp. 289 - 336.

新教徒银行家借贷的信贷公债。[①] 1780 年，经历了伴随着交换激增和无数工业技术创新的投机热潮以及有价证券的投机，货币的大幅度增长即便不是让巴黎所有的作坊受益，至少也让那些不畏惧激烈的英国竞争的人从 1788 年的商业协定中得到了好处。随着消费市场给所有优质产品的生产，比如纺织、书、服饰、家具、五金制品、仿金制品、陶瓷和玻璃制品带来的依然脆弱的工业使命和一种积极的推动力，巴黎在贸易和生产领域占据着有一天我们需要重新衡量的重要位置。[②]

经济体系在国民空间中表现的差异性也包含了时间的影响。首都的社会和文化现实是由错综复杂的时间性构成的，这种复杂性在相互影响中、个体与个体之间的关系中、集体性的涵化过程中表现得比在自下而上的等级中更明显。一言以蔽之，社会性的商业存在于社会的方方面面。城市本身就是一个时光元素的组成体，是由人构建而成的。在城市里，时间镌刻在石头里，空间也因各种经历和活动而形态各异。骑马人与步行者的生活，马车夫和坐在马车里高高在上的纨绔子弟的生活，乘马车的游客和忙碌的工人的生活，便衣警察和夜间监视者的生活，比如在雷蒂夫·拉·布勒托纳《夜》里描写的陶然微醉的老板和喋喋不休争吵的行会会员，再比如梅内塔。

18 世纪也是编码明朗化和概念化的时代。地图和交通图、旅游指南和年鉴、房屋门牌号和街道名称，可以让人们更准确地识别一个地方，并且努力适应可控制的城市空间的发展。1750 年间，《国家或巴黎全景图》的编者耶兹列出了适宜新的社会习俗的城市新结构不可或缺的因素：新的支撑点是"必要性、实用性和娱乐性"。每个大的城市类型的划分都要遵从这种归类方式。必需品强调了人类的储存生产（我们理解为

---

①　Perrot（J.-C.），*De la richesse territoriale du royaume de France…*，*op. cit.*

②　Chagniot（J.），*Paris au XVIIIᵉ siècle*，*op. cit.*，pp. 71 – 92，299 – 316.

再生产）、生计、生存和安全。物质援助与精神援助是并列的，前者是身体上的，后者是灵魂上的。实用性的东西起源于教育，教育的所有元素都是浓缩的，兼有对艺术和贸易的描绘。"娱乐性"一词总让人想到演出、散步、音乐会、古迹、稀奇的花园、咖啡馆。一切都被冠以政治、民事、世俗和宗教"管理"的头衔。耶兹的读者们因此可以在多种利害关系并列的现象中、在个人与集体的占有中、在工作和娱乐中理解"空间"这个概念。

于是城市被看作显现出来的时间连续性和同时性相互贯通的整体。在教会时代，世界的结构在永恒的救赎中体现出来；它的影响渗透到日常生活中，无论是在平常的活动里，还是在具有强烈象征意义的节日典礼经年累月地重复中。在公共广场的时代，记忆和事件、行为的体现与监督控制错落交织；娱乐，节日，骚乱勾勒出与现实的关系，并且在想象中将其发展，甚至将其传奇化。在经济时代、空间时代、商业与劳作时代，社会行为的方式、达到利益最大化的商人的行为习惯、手工业者的行为方式（他们的行会语言体现了处于特权受限的经济和自由经济中的工作理念和基本态度）都得到了破译。最后是处于社会和思想碰撞中的文化贸易和知识交换的时代，它赋予了这个时代应有的价值和意义，同时也给予巴黎作为变化中的首都所扮演的角色。

再者，过去的实践经验只有通过不断地重新解读才进入我们的时代，一个发明、一次修修补补的农活可能比清晰的理性更符合日常生活的结构。假如一切都可以同时在理论上行得通，也应当承认对于最离经叛道的思想——就像对最高明的智慧一样——并非一切都按部就班遵循同样的节奏。在日常生活中就像在科学上一样，反抗与压抑同在，细微的改革与精湛技艺快速增进共存。于是乎，巴黎成为时尚之都，并且哲学也在此成为一种时尚。对城市的分析可以突出关系前景、对稳定性的吸收和适应、物质文化和精神文化碰撞等概念。

我们之所以更倾向于研究社会文化表现形态中的种种关系,是因为它们是众所周知的。在夏涅奥、法尔日、卡普鲁、卡普兰和索南什等人无数的研究中,我们可以对巴黎拥有的行为方式形成一种社会性的地形学观念。现在的困难是,不把巴黎设想为一个条理有序的社会(巴黎社会秩序井然、阶层分明,社会环境和谐),而是想象为由各种关系支配的社会,比如冲突与调和、对立与统一。个体对集体的归属不是自然而然的,对错综的结构和复杂的发展历程的分析研究是为了重构历史,从而更好地理解一个城市是如何运作庞大的社会游戏的。根据不同的人、集体和阶层产生的时间的多样化,展示了贯穿着差异、容纳着分歧却同时创造着兼容性的城市。城市化、礼仪文化和道德文化以及公众舆论,构成了最明显的表现。在文化之中诞生了或被动或主动的相互依赖关系,这是一种文化融入另一种回应它的文化的过程。[①] 但是,这不是重建普通民众与精英、主动与被动的对立和接触、反思权利丧失的手段,而是一种见证人类通过万千经验进行改变,思考变迁,甚至与漫长的历史和事件对峙的方式。

在巴黎,对所有人而言,舆论和风俗的变迁、思想和普通行为的变化、政治事件和物质生活习惯的改变,以不同的速度进行着。家庭关系和日常关系中新的自由与精神上的独立同样重要,因为我们曾几次试图在这两个领域证明:永恒的变化贯穿其中。当我们对时尚和关于奢侈的争论进行分析时,其间的关系一目了然。因为"服饰文化"和衣着服饰的社会习惯都是既清晰可辨又模棱两可的现象,它们对所有社会价值、等级制度有机体或者世俗社会理念进行了拷问。在人民的政治实践中,我们以同样的方式领会到其原则:激情与动乱审视着"道德经济"、"市场文化"、治安理念与权力的关系理念等。在服饰习

---

① Dupront (A.), Les Lettres, les Sciences…, *op. cit.*

惯中表现出来的是一个社会的伦理，它可以通向政治，通向对自由平等的获得。① 现实与表象之间的联系，秩序与混乱之间的逻辑，都在或野蛮或理性的社会动荡中具体化，这时民众会提醒政府注意游戏规则，有时也会将规则强加给政府。

我们将宽容地看待那些引发问题的评论，因为评论也是做总结的方式，是结束法国周期性问题的方式。仍以巴黎为例，用不同方式找出根本性问题：第一种问题，涉及人和事物的根基和特性，这有利于长期发展；第二种问题是文化的干扰和影响，强调流动性及短期内的变化、社会文化趋同和分化节奏的加速；最后一种问题是由政治和文化相互交融引起的。

传统与身份

巴黎，和其他城市一样，错综复杂、互相交织的时间（durées imbriquées）问题在这里显现，体现于各个机构或者如诺拉所说的"记忆之地"。所有城市都有一个故事，一种厚重的标志性影响，一股动力，一种空间的绵延，一些惯例习俗，甚至是支持者的信守如一。文物可以承载它们、呈现它们，又可以因为其他习俗而超越它们。18世纪诞生了扎根于王宫和贵族府邸的官僚主义和形式主义。结果的改变并不排斥辉煌而古老的声望的延续，比如卢浮宫，尽管作为王室宫邸，但是君王却迁入了很多学院，包括法兰西学术院、法兰西科学院、皇家医学院，并引进了最优秀的艺术家和工匠。整个巴黎的文化都依赖于和这些机构相关的或大或小的实践才能。社会的多元化造就了这些关系；与此同时，机构活动也多少产生了对异文化吸收和改良的效果：教堂、宫殿、广场就

---

① Pellegrin（N.），*Les Vêtements de la liberté*, Paris, 1989.

是如此。

宗教与传统

在首都巴黎,不存在或几乎不存在王室权力和教会的冲突。他们共同存在并且"齐心协力"教化民众,镇压一切过激行为,狂热的詹森教派教义即如此。由宗教机构掌握的、具有纪念意义的宗教建筑和艺术,及土地遗产,无论在价值上还是空间上的影响都是巨大的,深刻证明了一种空间的精神化。然而,在这种空间里,宗教活动的世俗化、非基督教化却逐渐显现。大教堂、中小教堂、小礼拜堂、修道院、修士院、女修院、医院、教育机构,以及十字架和塑像、节日和祭祀、朝圣和圣迹,最后还有墓地,当卫生工作者和行政机构对礼拜、祭仪、缅怀之地发起攻势、让对逝者的祭奠退出生者视线时,争论就产生了。堂区教堂学校和医院对呈现世界、再现社会原貌意义非同寻常。

巴黎的堂区教堂主要是基督教徒,更确切地说是天主教徒复杂的生活环境。因为巴黎的新教徒只能在私人场所,主要是在外国大使家里进行宗教活动。教堂欣欣向荣的景象透过慈善行为和捐赠品可见一斑,但是这种活动并不完全遵从教堂的惯例。堂区教堂的界定标准就是古老的地理分界线:远离主教堂的辽阔疆域上的或者遥远的内陆地区居民,可以选择小礼拜堂或者修道院。由于缺少教民,过多的小教堂不利于社会凝聚力。"市中心的教堂比比皆是,郊区却几乎没有,这是所有老城的情况。"①这种状况就造成了主教管理区的各个教堂以及教民之间的不平等。巴黎的圣絮尔皮斯教堂的神甫会拥有哪些关系? 凭借他 10 至 12 万信徒,是否比外省的主教还要有权势? 梅西耶断言:"巴黎所有的

---

① Le Bras (G.), *préface au livre de* Friedmann (A.), *Paris, ses rues, ses paroisses*, Paris, 1959, pp. 1 - 2.

神甫其实就是小一点的大主教。"

宗教信仰和苦修的效果与教士相关：入修会教士和不入修会教士，后者有1 200名，前者1 000名；另外还有2 500名修女。相对于教务会的议事司铎和神甫，一般信徒会更了解无职衔的神甫、堂区助理司铎和修士。至于大主教，他的权威遍及世界。巴黎大概有54个教堂，4家医院可以进行洗礼，136家教会办的学校可以接纳信徒。18世纪初期，在经历了大规模冲突之后，神职人员的分布没有太大变动，形成了没有统一性的团体，在巴黎找到机会，成为教士，领取俸禄。个人与宗教的关系影响着这一历史背景。雅克-路易·梅内塔的解释会让我们更加清晰。

> 在我被婚姻的枷锁套牢之前，面对告解证，我非常尴尬(没有告解证就不能接受圣事，告解证一般只发给堂区教堂。梅内塔不受推崇，也没得到推荐，自然就得不到)。我的一个熟人用几瓶酒和3利弗尔①从一个改革派教士那里给我弄了一张，我终于了却了一桩心事。

这就是当时一个自由人流露出来的反对教会干预政治的思想。但同时人们也无法逃脱各种责任。拒绝给雅克-路易·梅内塔告解证的巴苏爱埃神甫其实与他相熟，但神甫拒绝宽恕他、给他作证，一点也不奇怪。由于修道士的存在，巴黎提供了调节社会的可能性：对乞讨人员的帮助、为新婚夫妻在教堂举行婚礼。基督教徒的生活很大程度上依赖于教堂财产的"贡献"，而这些财产又或多或少来自贵族、商人、手工业者。

---

① 利弗尔为法国货币计量单位，1利弗尔约为1法郎，1795年法国将法郎定为标准货币，停止利弗尔的使用。——译者注

这是一个参与的标志，但也是一项沉重的善行，因为必须进行捐赠。梅内塔被任命为圣索沃尔教堂的手工业者总管，一天，有人请求他：

> 以前有个叫贝特朗的纽扣商，他一直纠缠我，让我加入圣普里教堂的慈善协会，后来这个教堂升格为圣索沃尔堂区教堂。在我们神甫的信仰中，这是一件多么让人气恼的事情。因为在同一个教堂里，一个他唯恐避之不及，另一个他却愿意奉献。在此，我们看到了把两个名字大相径庭的、所谓的圣人混为一谈的天真做法。他们敦促我成为圣萨卡芒教堂堂区财产管理委员……我从来不是教堂的常客，对所有教会的人缺乏信任，没有一点要加入的想法。

不遵守教规、批评教义教理，这个玻璃工玩起了反教权的文字游戏。但同时，他也描写了教堂区显贵的声望、招募新成员时玩弄的手法、真正的教堂"中流砥柱们"的"威望"以及神职人员控制下的宗教慈善的社会影响。于是，教堂间的、信徒间的、教堂财产管理委员会之间的、虔诚信徒之间的、一般基督教徒之间的、逐渐消失的天主教徒之间的三六九等的关系暴露无遗。于是，在詹森派堂区（圣-日耳曼-洛克塞华、圣-梅达尔）之间，或承认《克莱芒通谕》①的教区（圣-絮尔皮斯教堂、圣-厄斯达什）之间，就形成了对职位继承人的指定权和一些传统。或多或少的规律性、风俗的变迁、民间的（姘居与自由结合）或贵族的放荡行为（有时是荒淫无道）、对礼节的遵守，都要取决于这些力量。圣约书所展现的对宗教仪式和传统行为的迷恋，正在信仰中发生变化，甚至一些集体行为还停留在对葬礼的尊崇和显圣的笃信上。在学校体系和慈善体系的推

———————————

① 即《乌尼詹尼图斯谕旨》。——译者注

动下,巴黎人在文化适应上贡献了自己的力量。

教会的巨大努力和信徒的意愿促成了对大部分儿童的教育。1790 年左右,由唱诗班领唱出资的教区唱诗班训练学校有 402 位老师,而由神甫创立的免费的慈善学校、非教会的寄宿学校、教会中学、神学院、女修道院则构成了丰厚的教育遗产。在这些小学校里,几乎可以接收所有 7—14 岁的男孩;除此以外,还接收 10%—15% 的女孩,这个比例已经不小了。但是两个问题从未解决:一是免费教育与收费教育之间的关系;由于学校规模有限,一部分儿童无法接受教育。二是女孩受教育要落后于男孩,尽管在巴黎地区这方面的差距已经缩小了很多。① 入学在富裕阶层和上流社会已不是问题,培养了一批基督教徒,对教化民众工作做出了贡献;基本上可以让每个人都举止得体,并具备更强的思考能力。如果对少数人来说,存在社会再生产和可变动性,那么同样存在通过基础知识的获得而产生的变化。巴黎的学校培养了顺从的、有技巧的人民;同时也培养了一些不墨守成规的人,他们为发展而工作,彰显了开放甚至坚定的批判思想,比如雅克-路易·梅内塔。

还有相当一部分无法融入社会的边缘人。巴黎也是"穷人的首都",这使得移民问题更加突出。对于符合基督教社会关系准则的贫穷,传统的援助和帮助并不少见。"不敢暴露自己贫困状态的穷人"(pauvre honteux)和受到救济的穷人通过教堂不用去济贫院的收容所就能克服他们的困难。受到救济的穷人数量不断增长,②1700 年是 9 000 人,到1789 年就增长到了 15 000 人。慈善机构中出现了两种趋势:对"限制"这一传统的恪守和对个人慈善活动的需求。虽然教堂捐款箱里的捐款减少了,虽然穷人的捐税降低了,虽然一些年代久远的救济院再次成为

① Sonnet (M.), *L'Education des filles au Siècle des lumières*, Paris, 1987.
② Roche (D.), *Le Siècle des lumières en province…*, *op. cit.*

讨论的焦点，我们还是在同一时刻看到了个人救济的增多、新的慈善机构的创立和非宗教慈善活动的兴起。社会创立了在新的慈善行为下见证慈善捐赠持续增长的新形式；同时，接受了贫穷和犯罪的同化现象。舆论认为救助贫民、承认工作权利是国家的职责，然而流氓还在继续作乱、制造紧张气氛。在这一方面，巴黎既深深植根于基督教的特性，又受到怀疑和控诉。

城市空间与生活空间

巴黎将机构资本化，与在别处一样，1789 年之前的旧制度并不是将某废除而是日渐积聚。巴黎提供了其他任何一个城市都不能匹敌的就业和劳动力市场，这里是第三产业的首都。巴黎上演着统治与依附戏码，它甚至允许各种消费差别导致的更加广泛的社会等级之分，这是梅西耶观察到的，他是一个目光敏锐的观察家。三个层面的状态接受了模仿和决意的力量："脆弱生命的空间、政治监管的空间、社会等级制度的空间。"

房屋、街道、街区组成了日常生活的空间，我们不应该在此通过社会底层的日常生活来概括他们的行为，也不能通过富人的文明举动来概括他们的行为。家庭的稳定性、工作的角色，都凸显了民众逻辑的新颖。[1] 混居是一种准则，人们相互之间的监督对"家庭荣誉"（l'honneur des familles）表现出一种特别感性的依恋。梅西耶在这种混居中看到了自由的避难所，不必考虑贫穷与苦难，因为很多巴黎女人是来自农村，她们更贴近自然。一种现实的、两性间的、情感上的谅解可以在家庭这个经济和社会机构内部存在。家庭既是和睦的舞台，也是冲突的战场，就

---

[1] Farge（A.），*Vivre dans la rue à Paris au XVIIIᵉ siècle*, Paris, 1979; La Vie fragile. *Violence, pouvoirs et solidarités à Paris au XVIIIᵉ siècle*, Paris, 1986.

像无数由于传统原因呈报到权力机关的案件呈现出的那样,比如暴力和酗酒,还有因家务劳动分工的争吵引发的深刻变化。在工场、作坊,生活的变革仍然具有流动性所带来的转瞬即逝的特点,比如一家商店取代另外一家,比如断断续续产生的不断变化的社会关系准则,比如权力机关和个人自由的交汇。法尔日指出,对于大部分巴黎人来说,"脆弱生命"空间的所有行为、风俗习惯归纳出了社会上上演的一切;无论是相互融合的一面还是决裂的一面,无论是团结一致还是争执冲突。于是情感价值不再专属于富人和有文化的人,它们又被赋予了新的色彩,像其他表现形式一样,显示了文化空间的融合。

　　文化空间总是受到规范力量的控制并被同化,规范化是基础政治教育的载体。城市警察就扮演着这个角色。在 20 多个街区有 40 多个警察分局,处于城市警察总监直接领导下的便衣使其力量更加壮大。分局负责一切事务,是巴黎人的坐标;他们在那里申诉、发表观点、寻求援助。警察分局按照街区的生活节奏进行工作,监控着蠢蠢欲动的行为和日常的暴力。从贝里耶开始,城市便衣被安排到特别划分的区域,他们敏锐的目光注视着整个城市,尤其监督着犯罪和离经叛道的自由思想。警察的重要性在于坚持这样一个事实,国家机关的职责不仅限于监督这一职能。通过一些琐事,警察调节着一切与日常生活相关的事务。① 通过警察局,经济的、意识形态的、社会的、行政的以及安全的状况都体现了出来。了解与观察是预防违抗命令行为和犯罪行为的必要措施,警察局希望对居民进行系统的管理。骑警队队长纪尧泰建议建立实验性的档案,挨家挨户登记收集对采取行动和进行监督有用的信息。他确信 1750 年之后巴黎会更加安全,因为它将处在越来越多的法国和瑞士警卫参加的

---

① Guillauté(F.- J.）, *Mémoire sur la réformation de la police en France soumis au roi en 1749*, Seznec (J.) (éd.), Paris, 1974.

巡逻队的警卫之下。密探和拿军饷的间谍不断向政府机关报告贵族的行为和工人们的"堕落"行为。警察之所以监督，是因为要对居民强加一种与其身份和年龄相符的行为。① 巴黎警察，作为欧洲的典型，更多的是预防着犯罪行为，而不是与之作斗争；于是透过他们的行动，就可以隐约窥见一切反抗的苗头和民众的不信任。在警察局的报告中，民众表达了几种不同的逻辑：要求免遭暴力；拒绝政府的过激行为，因为过激行为可能将大众引向类似 1745—1750 年间的"罢工绑架案"骚乱或1787—1788 年间的税收所暴乱。大多数民众和过于自信的警察之间出现了鸿沟，这种鸿沟要大于旧的城镇组织和人民之间的鸿沟。

城市机构具有非凡的持久性，它们是以此为生活目标的人的骄傲之本。但这只是表象而已，因为没有进行自由选举，商会会长、市政长官、参议员不被看作人民的代表。② 资产阶级民兵队是一种替代在街区显贵中招募警官的形式。市政府对处于野心勃勃、谋求上位的资产阶级的吸纳能力是有限的，10 个职位留给王室官员、最高法院审查官和御前秘书，只有 32 个职位公开提供给资产阶级精英以及六行业（Six corps）中的商人、律师、公证人、放贷者。这是宝贵的晋升之路，但并不通向自由的政治。因为选举是受控的，选民是经过挑选的，投票受王室操纵，就连商会会长也是指定的，但总体上还是具有很大吸引力的，因为行政长官和市政官员可以受封贵族，获得爵位；并且还可以得到相当可观的收入（公开的或隐形的），获得一些并未失去影响力的象征性或有实权性的职位。城市政治机关管理着节日庆典，而且介入主要的活动：属地管权（ratione loci），对港口、河岸、大街的监视；属物管权（Ratione materiae），对生活必需品、税收、借贷、河道交通、随着城市发展逐渐增多的土木工程的管理。

---

① Chagniot (J.), *Paris au XVIIIe siècle*, *op. cit.*, p. 142.

② Ibid., p. 93.

　　旧的城市机构受到了三方面的冲击,他们已名存实亡,大部分情况下面对王室权力束手无策。机构职能繁冗,其管理能力因此备受争议。市政府掌控的武装力量面对王室部队支持的警察形同虚设。1780年以后,君主政体加大了对巴黎城郊区的控制,而没有遭遇来自传统贵族和王室的反对。因为它更多地采取了弥补的措施,而不是进行强制性的改革。君主政体在巴黎也表现出对一些表象的尊重,但是它的绝对权威、严厉的监督并不能控制18世纪80年代表现出来的舆论的力量。①

　　在巴黎社会,权力优先文化(culture des préséances)是最根本的,多种解读城市的方法有助于观察家作评论。工资级别、根据婚姻计算出的财富等级、财产清册、穷人的税款,所有这些可以说明两个问题:身份地位和财富是如何划分等级的;富人的城市和穷人的城市是如何融合而又泾渭分明的。1788—1789年,莱恩哈特对房租等级计算得出的结论是:58%的高于40利弗尔、低于250利弗尔,这是租一间房的基价。在一个大部分人都是房客的城市里,四分之三的人居住空间是一室或两室,但是仍有三分之一的人占有几处舒适的套间或位于新老城区的府邸。在大部分房租低于200利弗尔的房子里,居住着刚刚融入社会的资产阶级,"这群忙碌而有道义的人既不是因为富有也不是因为贫穷而被收买的"。总而言之,他们已然是"因为缴纳选举税而拥有选举权的公民"。城市的发展未把这两个社会分开,因为中心老工业城集中了古老传统的所有因素,奢侈和贫困每天都在打交道。

　　因为这种多样性,新的社会观察科学也应运而生,比如梅西耶的实践。三种形式的感性在此相遇:首先是将城市景观结合了色彩和

---

①　Gay (J.-L.), *L'administration de la capitale entre 1770 et 1780*; *La tutelle de la royauté et ses limites*, Paris et Île-de-France, n° 8, 1956, pp. 299 – 370; n° 9, 1957 – 1958, pp. 283 – 363; n° 10, 1959, pp. 181 – 247; n° 11, 1960, pp. 363 – 405; n° 12, 1961, pp. 135 – 218.

线条的美学技巧。其次是医学，揭示了科学诊断在城市组织中的运用。最后是在城市生活诸多场合表现出来的对显而易见的和隐秘的事物的关注，比如宗教祭祀行列既是一种讲究排场的游行，也是对宗教奢华的仰慕的产物，更是"对穷人的亵渎"；比如目光的交换，贵人们轻蔑的打量和穷苦人躲闪的目光。总之，在城市空间里发挥作用的是两种明显的表达：顺从与反抗，失序与有序，有权与无权，正如雅克-路易·梅内塔见证的那样。① 再就是构成各种行为的价值，比如交换价值、使用价值、象征价值或者符号价值。② 对于《巴黎日常生活的画卷》的作者而言，城市社会受到他打算揭露的一些规则的支配。他的"预见型社会学"（sociologie avant la lettre）安排了比较的标准，这些标准是从消费选择出发建立起来的，展示了社会角色之间的相互依赖性。所以他没有对社会等级进行区分，但对不同阶层进行了划分，根据准则这些阶层划分可以得到强化并或多或少地进一步分化。③ 模仿、区分、选择的力量就这样作用于传统的巴黎社会，这样的社会同时也是社会和集体力量的表现。

公共空间的感性

公共空间是文化赋予价值体系最持久的表现力。我们可以用三个特点将其定义：全民都可进入，开放而非封闭；代表了一个社会团体以及宗教祭祀和机构会议，成为公共行为的表现场所；最后是戏剧和戏剧演出的文化聚会、价值观碰撞的表现，市场和捐献、娱乐和工作、想象与现实的表现。从街道到集市，从消遣活动到庆祝会，从眼睛到耳朵，普通

① Roche（D.），*Journal de ma vie…*, *op. cit.*
② Perrot（J.-C.），*L'économie politique et ses livres*, *communication inédite*.
③ Mercier（S.），*Tableau de Paris*, *op. cit.*, t. XI, p. 39.

的街边世界展现了能够留住巴黎人的各种活动,过程的熙攘喧嚣早已成了一出戏。商店、江湖郎中、张贴的广告展现了从书写到口语、从视觉到听觉的解读方式和适应方式的汇合。

　　歌曲是巴黎文化的一个基本元素。教育通过多种形式发展歌唱艺术:唱诗班的儿童唱经队、巴黎歌剧院的声乐学校、舞蹈老师和乐器演奏家的单独授课、圣-朱利安-德-梅内特耶慈善会(1776 年消失)、音乐会和歌剧。音乐和歌唱总是和富人们的"良好教育"联系在一起;通过宗教活动和劳动实践,它们可以直接成为大众遗产的一部分。歌曲通过音乐爱好者卓有成效的收集工作而被众人熟知,比如莫尔帕的爱好者们收集的歌曲就突出了节目的政治色彩。尽管人民群众也唱歌,有时候也自己填词作曲——梅内塔也证实了这一点,但是他收集的相当一部分歌曲还是出自别处,为社会上由高到低各个阶层的匿名作者所创作,[1]承认了公众的多样性。是什么培养了适应的能力?是将音乐和主题、曲调与歌词、音色和内涵联系在一起的关系,是不断重复。因而也就是"旋律的记忆"彰显了歌曲的力量。歌曲之所以从摄政时期到 1780 年的危机都能够介入宗教和政治的一切辩论,是因为所使用的创作、传播方法。音色(timbres)和旋律重复的使用,不是音乐经济使用的唯一手段,但在将信息具象化上做出了贡献。新的歌曲总是朗朗上口,而音色确保了信息的传播,由于它被大家所熟知,因而保证了口口相传的目的。

　　乐曲的特殊性使它们被反复吟唱,反映了两个歌唱团体、两个创作系统、两种传播途径的存在。一种让人想到新闻业和报纸杂志(目标群比较大),另外一种表现了王室和权力机关人数相对较少的群体。从一种到另外一种,成功或者得失的重要性创造了交流的机会。但就在巴

---

① Grasland (C.), *Recherches sur la chanson politique à l'époque de la Régence*, *mémoire de maîtrise*, Paris I, 1986, ex. dactyl.

黎,透过传统形式我们可以直接捕捉到公众舆论的萌芽。

集市剧院提供了观察另一个各种元素交织汇合的平台。[①] 戏剧的目的就是表现与市场、消费经济和流通之间的紧密关系,这是城市讽刺必需的象征形象。与此同时,它成功的可能性要取决于公众的参与。圣-日耳曼、圣-奥维德和圣劳伦斯市场的剧院吸引了来自各个年龄段、各个阶层的男女观众,它们引发了所有人的猎奇心。集市剧院成功的关键就在于其模棱两可的道德身份,1770—1780 年之后,在皇宫和大街上的剧目里依然可以见到: 集市是以商业中心作幌子的自由娱乐场所。在这种重合之下,我们会发现各种各样的消费和开支中存在的必然联系,无论是有价证券的购买还是浪费在戏剧演出上的钱都是一样的。[②] 戏剧种类的混杂、滑稽剧和讽刺剧的对比、大剧院中传统等级的对立、对身体和力量的崇拜、对异国风情的追捧,成为戏剧长盛不衰的要素。世界的传统观点,比如对戏剧或者对世界的象征戏剧的观点,成就了伦理学家和哲学家的反思,参与了城市的宗教仪式,同时还传播着消费模式、市场和礼仪习惯。

总之,在巴黎的社交准则里还流传着古老的方式,存在着教会教育和城市礼仪传递出来的口头传说和视觉艺术的价值优势、普通公众与等级森严的公众共同存在(小酒馆和咖啡厅和市场上享有特权的剧场的氛围差不多)。在教会教育和城市礼仪的熏陶下,确定了由演出活动构建起来的公共活动领域;但这种演出形式已经受到了不同经济和文化价值的传播力量,以及新的等级力量的干扰。从表象到影响、从街边到剧院,存在一种文化连续性,这种连续性将让位于另外一种基于不同于个人和

①　Isherwood (R. M.), *Farce and Fantasy...*, *op. cit.*

②　Vénard (M.), *La Foire entre en scène*, Lyon, 1978.

公众的平衡状态的社会特征。①

制约和影响：政治与文化

巴黎人适应了这些共同影响，这座城市长久地和它浩瀚的记忆、传统、风俗、各色愿景、社会时间共同存在。道德社会和基督化一定程度上强化了监督，限制了暴力。

权力在具体执行过程中展现了自身力量，权力的执行具有威慑性和麻醉作用。雷蒂夫在《巴黎之夜》中讲述了他从格雷弗来到现场，目睹了三个可怜人被处以车刑的故事。有关惩罚戏剧的夜间演出，就已经是感性变化的一个信号了，但这种变化是知识分子阶层和作者本身的。雷蒂夫无法忍受他所看到的景象，转身离开。但当他把目光投向观众时，却发现他们表情漠然，面对恐怖的酷刑依然谈笑风生。古老的恐怖行为和集体仪式化的古老逻辑，潜伏在平和的、道貌岸然的景象之下。

宫廷社会推动了思想与行为的统一。国家和警察机构创立了以君主为基础的可辨社会(société déchiffrée)的观点。等级和习惯之间的差别在从属相依的表现形式中构建了等级制度。然而，城市的构建依然受到古老形式的影响：受国王掌控的行业具有强大的"存储"功能；贵族阶层，像埃利亚斯所认为的那样，未受到经济发展的冲击，具有顽强的抵抗力；旧的行会也保持着经济活力和经济力量，没有形成一个在利益和行业习惯上完全一致的统一阶级。巴黎也受到新生的上升力量的影响，比如工作价值、创业和创业者价值、自由和经济上成功的魅力、对私生活的自省、功利主义和非宗教化的传播。有三个因素促成发展了梅西耶思考

---

① 　Sennet (R.) , *Les Tyrannies de l'intimité*, Paris, trad., 1979.

的文化冲击和相互影响的现象：文化资本的全面增长、传播速度的加快、公共事务和非法性之间的紧张关系。在这些推动力之上，文化和政治的新型关系也由此确立。

巴黎人的文化财富

　　学校教育的普及和精英人物的改革行为让巴黎人找到了反思和提高地位的方式。无论是个人还是集体，在文化机构体系里，从路易十四到路易十六，随处可以感觉到惊人的发展。这首先要归因于巴黎大规模的扫盲运动，大部分居民都可以读书写字，决定婚后财产的结婚契约、遗嘱、财产清单就证明了这一点。从 17 世纪开始，社会的中上层都签署过这些契约。总体来说，在路易十四时代，85% 的男性、60% 的女性签署过遗嘱；到了路易十六时代，比率分别达到了 90% 和 80%。民间的财产清单也见证了这种变化。然而乐观的事实也不应该掩盖一部分人口仍未完全融入社会，以及大部分人口都是文盲的现象。巴黎的扫盲运动取决于三个因素，应该通过对结婚契约的深入研究进行细致观察：巴黎人的出身，要依赖移民大军中形形色色的教育传统；家庭落户的年限和形式；职业资格以及面对社会挫折时的家庭承受力。边缘化和贫困化、新出现的外省化现象、夫妻的困难处境，甚至对儿童的遗弃，所有这些都会增加文盲人数。但是人民可以识字，也应该识字。让我们听听雷蒂夫和他受到接待的邻居尼古拉先生的对话：

　　——先生，您肯定知识渊博！您读过一本叫作《七个小号》的书吗？
　　——是的，先生。
　　——这是本非常棒的书。
　　——但是以前，人们从未这样推崇过它。

　　——因为世界已经非常堕落了。但是人们也很欣赏卡圣神甫的《神圣的王宫》，这确实是本好书。

　　——但超不过《七个小号》，这可是一本没有受到任何批评的寓言集作品。

　　——您开玩笑了，这可是我读过的最美妙的书。

　　——极有可能，先生。

　　——能否告诉我现在人们喜欢读什么书吗？

　　——人们比较青睐布丰的《自然史》、伏尔泰的悲剧、卢梭的《爱弥儿》和《新爱洛伊丝》、拉辛的戏剧、高乃依的戏剧、普雷沃和里科博尼夫人的小说、马蒙泰尔的《道德故事》等。

　　——我对您所列举的一无所知。世界真的变了，对此我可是毫不怀疑。

　　在这位 45 岁的虔诚信徒和年轻的印刷工人的对话里，代沟清晰可见。更不用说城市里表现出来的各种各样让人振奋的现象了。

　　巴黎把阅读变成了获取知识和教育的途径。读书、写作、算术、思考，这是文人和富裕阶层的平等的资本，因为存在着与经济、公共生活和家庭密切相关的三重义务；对于其他人可就不那么平等了。首先是工作，它可以创造良好的条件，可以把物质生活水平的提高和文化联系在一起。警察强制使用的文件，如各种证明、证据、证明良好行为举止和道德的文件，以及随后出现的第一本户口簿，让工人至少有了被承认的感觉。在形形色色的工作里，账目、预算表、书信已经被那些希望收回欠款的人所掌握。招收接受过教育的仆人和工人的小广告、小告示也记录了这种必要性。百姓生活同样功不可没，需要仔细阅读这些布告，从中发现生活的基本规则、物价信息、演出信息等。警察局的布告在提醒巴黎人应该遵守的各种规章制度，而议会公告则宣布了主要的政治和司法决议。无处不在的布告传播着社会需求，而这种需求得益于或强或弱的接受能力。1776年继推出《巴黎日报》后，报纸改为每日发行，并提供了各种各样的信息。在咖啡厅、在阅览室，每个人都可以通过这种公共方式重新阅读。个人生活里有了书信，维系着家庭和出门在外的亲人的关系，传递着爱人表达的情意绵绵的爱情信息。

总之，书面的东西流传开来，与之一起的还有承载书写内容的信息。政府学院的文化角色也从中看到了自己的影响，尽管这种影响只是直接触及文人、学者、文学界。学院运行模式本身、解决城市弊端的专家的重要性则影响更深远。雷蒂夫和梅西耶同时注意到了由此引出的两个现象：人民见证了与政权的关系，其中一部分是处于国王赞成的关系中，而国王支持革新、科学和实用性的价值。雷蒂夫认为"这是像气球一样美丽的事物"。

共享文化资源

资源、能力、地位、经济和关系的多样性共同组成了获得文化资源的可能性。尽管这是多少有些不稳定的途径，但由此人们通过家庭和职业途径进入首都生活的可能性就更大了。对所有人来说，有三种途径可供使用：出版物的发行、戏剧、音乐。

巴黎是出版物之都，不单单是指出版物的发行，也包含对出版物的消费购买。整个18世纪里，新出版和重新出版的书加起来有100 000种，这是活版印刷业发展带来的成果。通过特权，权力机关推动了巴黎出版商的资本集中，得到官方同意后出版商就可以名正言顺地出版那些最有名的作品，而得到权力机关宠爱的富人只有在强大支持下才小心翼翼地投入到具有冒险精神的启蒙运动书籍发行中。但是1750—1760年之后，受到了新生力量的推动，他们逐渐占据了主导地位，比如迪歇纳家族、罗宾家族、梅兰家族，当然还有著名的庞库克家族。在启蒙运动普及时,他们缔造了自己的出版和新闻帝国。在巴黎的召唤下,早些时候就有很多外省出版物,或者是造价低廉的盗版书,抑或是一些禁书、宗教和哲学书籍打入了巴黎市场。这就是 J.D·梅洛①研究的鲁昂出版业的投机行为。在与地方机关心照不宣的串通之下,诺曼底的书商让出版业管理大大受挫——为了给首都读者提供书籍,也可能是为了支持一种改变巴黎和外省阅读能力的商业重新分配。周边的出版业也接过接力棒,开始从列日、从布永②,尤其是纳沙泰尔③开发各种需求,1760 年之后这种情况尤为明显。

巴黎人的阅读不仅限于购买图书和完全个人化的阅读习惯,他们还通过多种途径接触书籍。拥有书籍的人占到了巴黎总人口的四分之一,我们在财产清单中可以估算出来。推广阅读的地方也很多,比如学校、教堂、家庭、工场、街道等。图书馆则更多地接待学者和拥有强烈求知欲的收藏家。王家图书馆(Bibliothèque du roi)独占鳌头,但是新的尝试数不胜数,像塞巴斯蒂安·梅西耶记载的那样:

> 现在在巴黎可以读到的东西是 100 年前的 10 倍都不止。如果我们研究一下散布在各地的各色小书店就更清楚了,它们或者在街角的小店面里经营,或者干脆露天经营;销售着一些旧书,还有一些新的宣传册;这些宣传册还会不断相继出版。我们会看到柜台旁成群结队津津有味阅读着的读者,他们未免妨碍了老板,于是老板拿走了椅子,让他们站着阅读。但是他们同样要待上几个小时如饥似渴地阅读手上的图书,浏览宣传

① Mellot (J.-D.), *Livres et Société à Rouen*, *XVIe - XVIIIe siècle*, *thèse*, *université*, Paris I, 1992, ex. dactyl., 4 vol.
② 今比利时西部城镇,此时为布永公国。——译者注
③ 瑞士西部城市。——译者注

册，对他们的职业或者命运发表一些评论，进行一番感叹。①

巴黎人的阅读激情微妙地表现了《2040年》里作者希望彻底降低阅读能力愿望的言论，也表现了要开启讨论能力的言论。一系列机构的建立适应了市场的分裂：图书出租人在周转中获利，分到了一杯羹；阅览室提供了包括年度订阅到每日查阅的众多服务。尽管"无数双手弄脏了伟大的著作"，但这是成功的标志和文化普及的信号。

巴黎的剧院在推出一系列剧目吸引不同层次观众的过程中，也做出了自己的贡献。② 当雷蒂夫揭露市场的混乱和下流言行时，③他看到了由"工人、小偷、妓女、无赖、游手好闲者、失业者和外国人组成的公众"。与大剧院的审美情趣格格不入，剧院并非对大部分人紧闭大门：剧院内既有几个利弗尔的包厢，也有16个苏的正厅后排座位；资产阶级、中产阶级、行会会员、学徒、工人都可以进入。节假日和星期天，法兰西喜剧院的免费演出吸引了大批观众和"道德不一的下等人"。公众的审美取向和需求对政府的限制和垄断行为产生了一定影响。1759—1762年之后，以"喜歌剧"为代表的大街剧目（boulevards）迅速发展起来；之后"小戏剧"（petits spectacles）也如雨后春笋般发展起来。君主政体向舆论压力屈服了，是因为他们从剧院的各种演出活动中发现了娱乐新城市大众的一种必不可少的工具，以及通过惩戒进行管理的间接手段。④

1715年左右，戏剧大概每年都能吸引35 000名观众。大革命前夕，随着剧院容纳能力的提升，这个数字可能会更高。剧院平衡了阶级分化

---

① Mercier（S.），*Tableau de Paris*, *op. cit.*, t. XII, pp. 151 – 152.

② Lagrave（H.），*Le Théâtre et le Public à Paris de 1715 à 1750*, Paris, 1972.

③ Rétie De La Bretonne, *Les Nuits*, Paris, s. l., pp. 1296 – 1297.

④ Rougemont De（M.），*La Vie théâtrale en France au XVIIIᵉ siècle*, Paris, 1988.

的现象。虽然我们仍然可以见到各种特权阶级的人,虽然并不总能见到贫困阶层的观众(根据胡弗通①的统计,占巴黎人口的 10%),但是富裕的资产阶级、有志之士、自由职业者在剧院里也可以接触商人和手工业主。文化界的学生、文人、记者、演员也接触到了其他阶级。剧院就是一座兼容并蓄的文化大熔炉。从楼上雅座到正厅后排,从包厢到长椅,剧院中的各个阶层就展现在这样一个空间里。“正厅后排的自由”,它的杂乱喧嚣,构成了具有批判力的观点的要素。一个人群混杂、激情动荡、处于监视中的群体找回了它的传统,但并没有完全抛开现实,比如剧场大厅观众的观点,观众的活动力还不允许他们各抒己见,演出剧目的政治色彩却是实实在在的。政治色彩并非来自或者说几乎不来自作者:它是深谙捕风捉影之事的正厅后排观众的作品。在 1784 年,《费加罗的婚礼》还没有承担革命义务,但很快就被担负起了这种责任:它承载着对道德和不合理制度的批判,但这种批判并非全新的。而让其真正获得成功的是禁演和现实局势,以及路易十六的一句“可恶至极,将永远不再上演”的评论,甚至政治危机、不满情绪的高涨。

　　剧院和教堂一样,是社会不同元素汇集之地。在教堂里,通过宗教仪式,人们的行为达到了整齐划一;但在剧院里,所有人可以畅所欲言,发表观点。“让剧院具有颠覆性的,正是它的观众。”②还需补充的一点是,观众也从深刻的文化和社会转变中受益匪浅。各种戏剧会演以及巴黎的标志性新建筑奥德翁剧院③及以其命名的新的街区,统一了公众的反应和行为,我们可以从中体会对演出进行讨论的重要性。封闭的舞台美术模式、庄严的象征主义、权力和威严的礼拜仪式,总而言之,剧院的

---

①　Hufton (O.), *The Poor of 18th Century France*, *op. cit.*

②　Rougemont De (M.), *La Vie théâtrale en France…*, *op. cit.*, p.232.

③　1990 年更名为欧洲剧院。——译者注

伦理对于新观众而言已经转变成了一种美学。

从歌曲中我们已隐约感到对音乐的接受。戏剧亦是如此，因为我们见证了听众的变化。这种变化加入了一种通过宗教教育、贵族节日、小酒馆和作坊的社交获得的感性。儿歌、悲歌、圣诞颂歌、饮酒歌、情歌是街边演出的基本元素。塞巴斯蒂安·梅西耶向我们展示了它们的影响：

> 街边歌手吟唱着圣人赞美歌，还有一些则传唱着轻佻的歌曲。他们之间也就相隔四十来步。轻松愉悦的歌曲可以让听众远离卖圣衣的人，他孤零零地坐在矮凳上，徒劳地用他的魔杖指着魔鬼——人类的敌人的触角。每个人都忘了要做的仪式，转而去听大逆不道的歌曲。被天主教排斥的歌手歌唱美酒、肉欲和美好的爱情，歌颂玛尔戈的美貌。在颂歌和滑稽戏剧之间犹豫不决的两苏很快就要掉进世俗歌手的口袋里了。

这是一份珍贵的有关歌曲和图像教育的见证，也是一种摆脱了传统束缚的感性的见证。教堂音乐自有其成功和高超之处，但已不是唯一的吸引点。为了挽留听众，教堂音乐甚至也被迫在演出过程中加入即兴创作和喜闻乐见的内容，以达到"触动观众"的目的。这就是巴黎大主教从达坎①音乐里感到的恐慌之处。但是，在融入王室文艺礼仪系统的庄严宏伟的歌剧音乐里，也加入了争斗的因素：法国人反对意大利人的观点，德国作曲家格鲁克反对意大利歌曲家皮契尼。模仿抒情歌曲，伤感剧占优势地位的喜歌剧的成功，归功于先由业余爱好者、后由协会推出的音乐会，比如1769年的"业余爱好者音乐会"、1770年的"协会会员音乐会"、1772年的"朋友音乐会"；促进了与社会息息相关的音乐的迅速

---

① 古钢琴家、管风琴家以及键盘音乐作曲家。——译者注

发展。共济会支部也具有一定的影响力,因为共济会集会也伴有音乐仪式,甚至是名副其实的音乐会,比如"奥林匹克共济会乐队"。这种扩大的局面带来了双重结果:音乐不再是宫廷和教会的专利,也不再专门为上帝服务;作曲家和音乐家从传统机构中独立出来了,更多地依赖数量并未缩减的公众,雅克-路易·梅内塔就会带他的孩子们带去听宗教音乐会。①

　　阅读的变化、对戏剧的迷恋、流行音乐的发展,所有这些都发挥着同样的作用。一种更具备社交性、更加感性、更加世俗化的文化在世俗中传播开来,在所有层面上引发了同样的问题,无论是在违背道德的行为中,还是在赋予道德敏感的新意义的方式中。

广告与面具

　　精神变化与道德变化同时展现出来。通过启蒙运动的传播途径,在公开传播和非法传播之间,巴黎人是新文化最好的见证者。启蒙运动为官方机构、学院所欢迎,而且因复杂的原因受到了当局的保护。比如在《百科全书》的编纂过程中,政府在经济和工作上都给予了支持。在特权和政府支持的报业发展中,秘密传播很早就存在了。从17世纪末开始,盗版和秘密出版行为既使官方文学愈发成功,又增强了宣传册和引发议论的抨击文章的影响力。反对本身也是一种广告和成功,就像狄德罗在谈论新闻自由的书信作品中谈到的那样。1770—1789年对出版物的审查制度没有指导性,因此人们的积极性也就越来越低。

　　总之,通过各种途径,从街边传闻到新闻出版,从报纸到抨击文章,

---

① Brevan (B.), *Le Public musical à Paris au XVIIIe siècle*, Paris, 1980; Snyders (G.), *Le Goût musical en France au XVIIe et au XVIIIe siècle*, Paris, 1967.

从宣传册到正规图书，从文学作品到戏剧剧本，越来越多的巴黎人进入了一个全新的世界，甚至连他们自己都没有清醒地意识到，而这却因为日常行为和习惯的变化显得水到渠成。作为时尚和奢华之城、消费之城，通过经济手段，巴黎将它的人民引向变革。不断加快的革新带走的还有传统的价值观和墨守成规，并且使每个人每天的生活越来越依赖于这种变革。我们在"服饰文化"里所捕捉到的、通过市场（职业经济）和非市场（捐赠经济、借贷、交换、偷盗）所带来的众多影响，以一种相似的方式，在对事物的新需求中，新的住房习惯中，新的卫生习惯中表现出来。这种橱窗似的效果向所有人展示了富人的消费模式、依赖感性和知识的富裕生活模式所带来的快乐。新闻和"时尚新闻"同时传播着物品商业化的信息、对时尚的迫切需求、对新的道德和经济体系的哲学和政治反思，甚至是女性的抗议。

为了更好地理解这些转变，还需深入研究；但在此我们希望强调模仿的效果和消费经济及消费道德的诞生过程。在各种人群共同生存、阶级不平等、财富差距过大的情况下，一些行为方式诞生了：释放某些信号的行为和生活态度。仆人穿着漂亮的衣服，鞋上装着带扣，还佩戴着手表；店员希望经常有新衣服穿；印刷厂学徒把自己打扮得仪表堂堂，而且为了去小酒馆还佩上了剑；商店女店员拥有最时髦的小饰物；外省人发现了城市的智慧以及充足的物资。巴黎社会本身变得更神秘莫测了，因为表面的等级制度并不是马上就可察觉到的：巴黎社会变得错综复杂，需要其他学习研究来破解等级和经济地位的相互干扰。我的本意不是说平等带来了这一切，因而要混淆生活方式的改变和社会政治的裂变；但有必要对保罗·瓦莱里的句子进行发挥，以阐明一种方法——一个"依赖土地和人民的像火焰一样燃烧的城市"消耗财富、将财富变成精神的方法，把来到世上为了自由、为了与社会结合，进行完全改变的人类意识上的"深层储备"（réserves profondes）转化成具体的言语和行为的方法。由奢侈、本质和假象引起的争论是最基本的,因为除了社会的可辨性,社会的本质才是大家所质疑的。

在人的社会性面具之下,公共空间、象征形式和私生活之间的联系发挥着作用:"公共场合里,我们在创造一些符合大家认知的事物的同时,也面对着社会等级问题。私生活里,过于依赖先验性理论,没有完全解决这个问题,而又面临教育和社会保护的问题。"①这两个领域并非受同一种冲力的支配:个人生活通过节制,通过对虚伪的拒绝得到了发展;而公众则通过意志、诡计和契约。在"个人"和公共领域之间有一种由行为规则控制的平衡:一些行为在他人的认知之外,对冲动的抑制支配着不同空间的不同行为,却在结构紧密的"社会组织"里。18 世纪末期,随着天赋人权、自由、平等的呼声愈发高涨,一种新的"分裂原则"进入了社会生活。个性占领了已失去代表性的表达领域;个性表现形式因为书面表达形式的增加而激增,从而动摇了古老的价值,为打破把个体、教会、国家绑在一起的旧关系做出了贡献。这就是关于戏剧和"人—演员"(homme-acteur)的争论所强调的。②

有三种观点诠释了人在公共场合的角色和演员的身份,即演员代表了各种情感。在把世界喻为一出戏、一个舞台的共同观点中,我们看到了对于人的演员身份的确认。孟德斯鸠在《波斯人信札》中写道:"在法兰西喜剧院,我们分不出舞台上的观众和大厅的演员。一种世俗社会的社交是道德解放的新保证,因为在人类生活中,不再有终极观的沉重负担。"第二种观点,狄德罗把演员的行为和公共生活联系在一起。这种观点在《演员的双重性》一书中得到了解释:演员应该驾驭情绪和感情;在演出中,他的感情与他在观众中唤醒的感情是不一样的。在社会交往中

---

① Sennet (R.), *Les Tyrannies...*, *op. cit.*, p. 89.
② *Ibid.*, pp. 91 – 106.

重要的是感情不受束缚，个人可以像换衣服那样变化语言，拿契约做赌注，进行反复排演，这又是迈向世俗化的一步。"如果演员的表演只是单纯的一个活动，其意义脱离作品，那么也应该具有独立于演员及其感情的意义。"卢梭在把这个观点与城市联系在一起的同时，也对其进行了完善。他谴责了巴黎和城市文明以及街市生活和舞台生活的融合，第一次创立了作为表现方式的现代城市理论。在反驳《百科全书》里的"日内瓦"词条时，他揭露了戏剧价值是如何承载着构建"舞台"（theatrum mundi）观点的行为标准和模式的，同时证明了它们对文化和伦理道德所具有的破坏性。文化和道德是道德不确定性和堕落的源泉，与"服饰文化"和奢侈一样。

戏剧是自我失落的原动力。物质条件，即中心市场、劳动的社会分工，以更为直接的方式影响着巴黎人的道德。与小城市不同，在巴黎，物质会让人意志消失，甚至堕落。于是解读社会的复杂性也增强了，这种复杂性使得单纯基于物质条件对个体的理解更加困难。资本集中化使得巴黎成了殚精竭虑效仿富人的穷人与对贫穷无动于衷的富人之间鸿沟逐渐加深的地方，让我们听一听卢梭是怎么说的：[1]

> 在一个充满阴谋家、游手好闲之徒、无宗教信仰和寡廉鲜耻之辈，想象力被懒惰闲散、追求享乐、无边物欲吞噬的大城市，只能是魔鬼层出，罪恶滋生。在一个道德荣誉一钱不值的大都市，每个人都可以轻而易举地对公众隐瞒自己的行为，他只能通过其信用表现自己。

我们注意到出现了"信用"（crédit）一词。对于伦理学家来说，它表

---

[1] Rousseau (J.-J.), *Lettre à D'Alembert*, 1758.

明了服饰和言语与等价的货币都具有普遍性。在"现代城市萌芽"时期,鉴于作为"城市—剧院"的大都市与自然生活脱节的事实(因为演员成为每个公民都梦想成为的楷模),从这些抨击性的言辞中我们更多地保留了它们对当时经济状况的批判成分,而不是它们本身的定义功能。未来的公民应该接受这样一种生活方式——它融合了真实的内心情感的价值以及接受一般意志的重要性,连接了需求与内心的克制,还表现了新的有机论里失而复得的个人真实性。卢梭没有意识到"就是在这座大都会,那些正颠覆着旧制度根本表象的力量正在朝着完全相反的目标发展,朝着释放更多自由、消除压抑的状态发展"。

巴黎:变化之都

在关于戏剧的辩论中,演员和演技两个要素被人关注。一方面,1789 年前的旧制度的价值体系仍摆在那儿:它们仍保存着其力量、合法权利和正统地位;它们受益于其合法性、国家机器和教会的支持;它们拥有自觉的信徒(partisans conscients),当然也有不自觉的(partisans inconscients)。另一方面,质疑的推动力又出现了,因为很多人获得信息资源的途径增加了,因为在社会空间出现了新的等级制度,因为等级制度和人类个体身份的可辨认性正在消失。

或许就在那里潜伏着文化危机。根本的断裂已然形成,审查和压制在徒劳地继续着。通过一种更加活跃、更加迅速、更具说服力的消费流通,自由的大厦在新的道德沃土上蠢立起来。无论我们对这种超脱、内心深处的转变进行怎样的诠释,感性还是发生了变化,正如遗嘱格式体现的那样,新的连带关系已经诞生,具有理性批评的公众空间在巴黎运转起来。显然,这种风气已渗透进精神和社会关系的准则以及所有机制里。各种违禁的协会引发了不小的骚动,比如沙龙(自由释放行为的地方),在平等表象之下辩论之风盛行;还有艺术和批评机构、自由协会和共济会支部。在所有这些表现形式里，最重要的就是习惯的变化、艺术的交融、精神需要和文明举止的融合、对创立于传统宗教和政治参考模式之外的社会监督形式的宽容接纳。

1773—1793 年间，巴黎共计有 100 多个共济会支部，其中 92 个属于共济会外省分会（Grand Orient）；这个数字和共济会外省分会超过 8 292 个的确切成员人数是相符的。但是我们无法确切统计共济会大支部（Grande Loge），大概也有 100 个。① 如果我们把平均人数转到大共济会支部上（63），这个数字将会翻一番，从而占到总人口的 2%，很可能是巴黎男性人口的 4%—5%。共济会的影响因为触及社会各个阶层而更加深远：教士（占新共济会新成员的 4%）、贵族（22%）、第三等级（64%）。共济会支部的成员中混杂着贵族和穷人，军人和国会议员、资产阶级、手工业者、作坊主（12%）；尤其不乏有才华的人，平民、商人（44%）、艺术家、一小部分雇佣劳动者、店员、职员、商业工人、手工业工人，也是不容忽视的；甚至贵族家的管家；当然也不能忘记平民和普通士兵（5%）等所有人群。巴黎的革新在于广泛地接纳所有承载变化的等级：第三等级和创业者。如果需要就各个团体内部的结构、各个社会团体在共济会内部的分布用某种比较宽容的原则进行研究，那么我们就要记住共济会谋求扩张的企图，理性主义和唯灵论倾向在此相遇。在警察局长官勒努瓦尔的笔下，从 1785 年开始，共济会被看作"纯洁的娱乐"。在那里，我们对新的价值信仰和伏尔泰的启蒙思想给予了热忱的欢迎。伏尔泰于 1778 年 4 月 7 日在九姐妹（Neuf sœurs）共济会分会受到的隆重欢迎，就好像他是文学共和国的国王一样；这可以作为警察的漠然和现实激情反差的象征性事件。对巴黎的精英们来说，公共空间是存

---

① Le Bihan（A.），*Loges et Chapitres de la Grande Loge et du Grand Orient de France*，Paris，1986；*Les Francs-Maçons parisiens au XVIIIe siècle*，Paris，1973.

在的。

公共空间对人民大众来说存在吗？换言之,我们可以从政治中勾勒出文化分界线吗？人民大众所覆盖的范围远比单纯的雇佣工人广大,它蔓延到通过工作、家庭生活、社会关系和娱乐融入社会的中产阶级。而这些人理论上都被排斥在政治之外——政治没有以向政府当局和教理屈服的方式进入"蓝色文学"的领域。"文盲"逐渐减少的事实带来了深刻的影响,[①]无论在兵营还是阁楼上,都有人阅读。但是给这一变化定性的风俗观察家,比如雷蒂夫、梅西耶以及其他几位,总是在他们的客观评论中加上与人民的反复无常、与其"天性"本质、与其表现能力联系在一起的政治上的无能。在这方面,两种证据可以作为证明:一是警察的,二是证人的。首先引起我们注意的是思想的变化,愤怒、不满情绪的上升,即使是在物质需要逐渐增长、更加精致的情况下。可能我们也能够因此找到一种与宗教的关系,这种关系让永远也成不了巴黎人崇拜的"大师"的教士感到震惊(对此还需要深入研究)。如果存在信仰危机,那么在重重限制中也存在着政治的宗教空间,以及一种从偏见和迷信中解脱出来的个人宗教的胜利。[②] 巴黎人民的宗教受两个负面例子的影响:大人物、大贵族以及小部分教士的自由思想,和在回答最苛刻信徒的提问时教士的无能为力。梅内塔曾在《我的生活日记》中这样记载:"我曾经向神甫提问,但他只是用'是''不'这种单音节词来回答我,或者以触犯神灵为由让我闭嘴。"如果说理性不能完全占上风,那么它还是披荆斩棘,开创了道路。

同样,与政府权力机关的关系也发生了变化,这表现在工人们不断增加的罢工、造反以及冲突上。工厂的动乱已不再是新鲜事,1760 年以

---

① Roche（D.）, *Le Peuple de Paris…*, *op. cit.*

② Id., *Journal de ma vie…*, *op. cit.*, pp. 409 – 412.

后为了捍卫薪资、流动的权利以及减少工作时间，工厂暴动呈上升趋势。在面对现实局势时，暴乱就像入市税征收处的动乱或者串通好的罢工一样，展现了组织能力和防御意识，甚至是进攻意识的碰撞。独立思想和职业自豪感激励着工人们反对其所附属集团的监管政策和在此监督下的职业化，反对结盟行会和警察的发号施令，尤其当行会结构发生动摇、城市逐渐发展、1787—1789 年的经济危机加剧了困难并减少了未来保障时。于是一种猖獗的狂热出现了，它最终从影响国王形象的怀疑中获得了生机。一位书店职员当时给维勒德耶先生写了这样一封信：

> 我们发现，在街上广泛传播、用来娱乐普通百姓的歌曲向他们传递了一种自由的制度。互相看作第三等级的下等人根本不遵从大贵族。任何措施都不如让这些巴黎新桥民谣①处于严格的审查制度下更奏效，因为这样就会抑制这种独立自由精神的发展。

警察的敏感证实了政治歌曲的古老传播路径，却揭示了维护政府适得其反的效果。

重要的是重建这种自由动乱的表达方式。雷蒂夫不断收集在街上观察到的情形，然后记录到《夜》②中：当一个女人被教士们鞭打时，人群在奥尔费夫河岸追随着这些"有敌意的公民"。1787 年 12 月 26 日，一场反对英国犯人的暴动爆发了，有 8 个人被逮捕了。在内克尔的号召下，全城都陷入混乱中；王宫一片动荡，被迫关闭。雷蒂夫以两种方式诠释了这些现象：一方面，这是人民的童年时代，动乱是淘气的表现，我们

---

① 巴黎百姓传唱的歌曲。——译者注

② Rétif de La Bretonne, *Les Nuits, op. cit.*, pp. 3181, 3197, 3252, 3255.

曾经误读的卢梭其实就是最初的号召者，"是爱弥儿为我们带来了高谈阔论的一代人，他们让老一辈人缄口不言"。另一方面，所有的民众骚动都是一种通向灾难的罪恶。总之，仍然需要收集这种政治资料以便更好地理解惯用语、文章、物品的再次使用是如何重新定义的，而这所有的一切起初并不是政治性的，或者不是直接针对民众的。梅内塔举过一些曾被引用的例子，我们也可以找到其他类似的例子。鞋商约瑟夫·沙隆在他的《历史信札与记忆》一节中提到了 1788 年八九月份巴黎人民的动乱。不幸威胁着社会边缘人，并触及着融入社会的人，但尤其是政治思想和不满情绪"从最顶层的人通过各种渠道一直蔓延到最底层"。这位鞋商记录道："我们已经得到了 12 年前我们可能徒劳寻找的启蒙时代，两三年来我们拥有了公共组织的理念。"1776 年，重农派杜尔哥改革失败；1786 年，法国改革失败。

在结束本章之前，还需要提出两个问题：舆论要一直蔓延到什么地方？变化到底有多大？日常事件已然启动了某种断裂，约瑟夫·沙隆证明了这一点。政治危机和经济危机只能是"并驾齐驱"，谁也离不开谁。三种推动力构成了当时的历史背景：监督体制的坍塌，言论自由的发展，普及了批判意识的社会文化的加快发展。批判通过报刊、歌曲、传言蔓延到各个角落。关于紧张关系性质本身，关于盲从和理性、混乱与秩序、稳定与暂时、监督与不受控制之间的舆论的脆弱的讨论，都置于政治的非理性之中，就像 1788 年底爱国人民团体最初的活动一样。"在事件的压力下被突然赋予的现实的自由，只能促使计划朝激进的方向发展。"[1]关于这一点，可以通过阅读出版物和回忆录的方式进行讨论。12 月 27 日，三级会议向暴乱做了让步，同意在未来的三级会议中增加一倍的第三等级人数；但是民众仍被排斥在第三等级之外，尽管他们从经

---

[1] Chagniot (J.), *Paris au XVIIIe siècle*, *op. cit.*, p. 525.

济和社会的角度展开了超出其水平的辩论。文化革命和多数派阶级反抗之间的矛盾激化了。在政治社会性方面，文化社会性的转变依赖于一种解决方案，其中具体方式比意识形态更重要、教育比鼓吹灌输更有意义。这是激进民主主义的问题。社会的整个未来依赖深刻的风俗变化。我们可以用孟德斯鸠的思想以及他的"一个民族的整体精神"（l'esprit général d'une nation）作为支配历史变化的载体。社会道德与暴力格格不入，但它们总是需要暴力管制作为法律的补充进行控制。社会道德（集合了智慧与感性、事物的物质化和行为的理性化的理论）取决于社会的堕落或进步。巴黎不是法国，却为法国贡献了力量。

译名对照表

人名地名对照表

Abeille 阿贝耶

Académie des inscriptions 法兰西文学院

Académie Royale des Sciences 法国皇家
科学院

Adam Smith 亚当·斯密

Adamoli 阿达莫利

Adanson 阿当松

Adrien le Paige 阿德烈·勒拜日

Aguesseau 阿格索

Agulhon（M.）阿居隆（M.）

Aiguillon 艾吉永

Aix 埃克斯

Albrex 阿尔布勒

Alençon 阿朗松

Alexandre le Maître 亚历山大·勒梅特
尔

Alexis de Tocqueville 阿历克西·德·
托克维尔

Alexis Jaillot 亚历克西·雅若

Alléon Dulac 阿雷翁·杜拉克

Althusser 阿尔都塞

Amelot 阿莫罗

André Marie Dupin 安德烈·马里·杜潘

Amiens 亚眠

Angers 昂热

Angivilliers 昂吉维利埃

Anjou（duc）安茹公爵

Angélique（la mére）安琪莉嬷嬷

Angoulême 昂古莱姆

Anne Champeau 安娜·尚波

Anne Fillon 安娜·菲永

Anne Robert Jacques Turgot 安·罗伯
特·雅克·杜尔哥

Annecy 安纳西

Antin 当坦

Antoine Galland 安托万·加朗

Antoine Gaspard de Prony 安托万·加
斯帕尔·德·普罗尼

Antoine Laurent de Jussieu 安托万·洛
朗·德·朱西厄

Antoine Léonard Thomas 安托万·雷奥
纳尔·托马

Anville 昂维尔

Arc（chevalier）弓箭(骑士)

Argenson 阿尔让松

Argenteuil 阿让特伊

Arles 阿尔勒

Arnauld 阿尔诺

Arthur Young 阿瑟·扬

Arras 阿拉斯

Aquitaine 阿基坦

Aubert 奥贝尔

Aubry 奥布里

Auvergne 奥弗涅

Augustin Cochin 奥古斯丁·科钦

Avallon 阿瓦隆

Avignon 阿维尼翁

Babeuf 巴贝夫

Bacon 培根

Barbier 巴尔比耶

Bardet (J.-P.) 巴尔德(J.-P.)

Barreau de Girac 巴洛·德·日哈克

Barre 巴尔

Barrème 巴雷姆

Basuel 巴苏爱埃

Baston 贝丝顿

Baudeau 博多

Baudouin 博杜安

Baumer 博米耶

Bayle 培尔

Bayonne 巴约纳

Béarn 贝亚恩

Beaucaire 博凯尔

Beauce 博斯(平原)

Beaujolais 博若莱(省)

Beaumarchais 博马舍

Beauvais 博韦

Beauvilliers 博维利耶

Beccaria 贝卡里亚

Belidor 贝利多尔

Belle-Isle 贝尔-艾斯勒

Belleville 贝尔维尔

Belly 贝里

Belzunce 贝尔赞斯

Benoît Lacombe 贝诺瓦·拉孔波

Bentham 边沁

Bergasse 贝尔加斯

Bergier 贝尔日神甫

Bergman 贝格曼

Bernard le Petit 贝尔纳·勒博蒂

Bernardin de Saint-Pierre 贝纳丹·德·
　　圣-皮埃尔

Bernier 贝尼埃

Bernis 贝尼斯

Bernouilli 贝尔努伊

Berry 贝里

Berryer 贝里耶

Berthoud 贝尔图

Bertin 贝尔丹

Bertrand René Pallu 贝尔特朗·罗纳·
　　帕律

Bignon(Abbé) 比尼翁(神甫)

Billardon de Sauvigny 比亚尔东·德·

Joseph Pâris-Duverney 约瑟夫·帕里斯-
　　迪韦奈

Joseph Trouillet 约瑟夫·图耶

Julia（D.）朱莉娅（D.）

Jünger（E.）荣格（E.）

Jürgen Habermas 尤根·哈贝马斯

Jurieu 皮埃尔·朱里厄

Kaplan 卡普兰

Kaplow 卡普鲁

Karl Marx 卡尔·马克思

Kirwan 基尔曼

L'Averdy 拉维尔迪

La Barre 拉·巴尔

La Bruyère 拉·布鲁耶尔

La Bourdonnaye 拉·布尔铎奈耶（家
　　族）

La Chalotais 拉·沙洛泰

La Condamine 拉·孔达米纳

La Flèche 拉弗雷什

La Fare 拉·法尔

La Force 拉·弗斯

La Fontaine 拉芳登

La Guérinière 拉·盖里尼维埃

La Lande 拉·朗德

La Mettrie 拉·梅特里

La Michodière 拉·米肖迪埃尔

La Peyronnie 拉·佩罗尼

La Rochefoucauld-Liancourt 拉罗什富

科-利昂库尔（公爵夫人）

La Rochefoucauld 拉·罗什福科

La Rochelle 拉·罗谢尔

La Vauguyon 拉·沃吉翁

La Ville 拉·维尔

La Vrillière 拉夫里耶尔

Laclos 拉克洛

Lambercier 朗柏西尔牧师

Lambert 朗贝尔

Lamoignon de Malesherbes 拉穆瓦尼
　　翁·德·马尔泽尔布

Lamy 拉米

Langizer 朗日尔

Languedoc 朗格多克

Lancé 兰塞

Lanturlu 朗特鲁

Lattron 拉特隆

Laugier 洛吉耶

L'Averdy 拉维尔迪

Lavisse 拉维斯

Lavoisier 拉瓦锡

Law 劳

Lazare Duvaux 拉扎尔·杜沃克斯

Le François 勒·弗朗索瓦

Le Pelletier 勒·贝勒提埃

Le Quesnoy 勒凯努瓦

Le Tourneur 勒·图尔纳尔

Le Roberger de Vaussenville 勒·罗内
　　热·德·沃桑维勒

Leblanc（abbé）勒布朗（神甫）

Maine 曼恩(省)

Maine 曼恩(公爵夫人)

Maintenon(Mme de) 曼特侬夫人

Mairan 迈朗

Maire (C.) 麦尔(C.)

Malebranche 马勒伯朗士

Mandeville 曼德维尔

Mandoux(abbé) 曼杜(神甫)

Manosque 马诺斯科

Marais 马雷

Marana 马哈那

Marat 马拉

Marbeuf 马尔波夫

Marc Bloch 马克·布洛赫

Marchault 马肖

Marche 马尔什

Marie Leszczynska 玛丽·勒金斯卡

Marie-Antoinette 玛丽-安托瓦内特

Marigny 马里尼

Marmontel 马蒙泰尔

Marin 马兰

Marivaux 马里沃

Marly 马尔利

Marmontel 马蒙泰尔

Marseille 马赛

Martin 马丁

Matis 马蒂斯家族

Maupeou 莫普

Maupertuis 莫佩尔蒂

Maurepas 莫尔帕

Mauss 莫斯

Max Weber 马克斯·韦伯

Mazarin 马扎然

Meissan 梅森

Mellot 梅洛

Melon(J. F.) 莫隆(J. F.)

Ménétra 梅内塔

Ménin 梅南

Mercier (S.) 梅西耶(S.)

Mercier 梅尔西埃

Merlin 梅兰家族

Mesmer 麦斯麦

Messance 梅桑斯

Metz 梅斯

Meusnier de Guerlon 梅斯尼尔·德·凯
    尔龙

Meyer (J.) 梅耶尔(J.)

Meyssonnier 梅索尼埃

Mézières 梅齐埃尔

Michel Antoine 米歇尔·安托万

Michel Martin 米歇尔·马丁

Michel Simon 米歇尔·西蒙

Michelet 米舍莱

Millery 米勒雷

Mirabeau 米拉波

Miromesnil 米洛麦斯尼尔

Moheau 莫欧

Molleville 摩尔维尔

Monod 莫诺

Monge 蒙日

Parmentier 帕芒蒂埃

Pascal 帕斯卡

Pastoret 帕斯托雷

Pastoureau 帕斯杜罗

Patrick O'Brien 帕特里克·欧·布里安

Patte 帕特

Paul Valéry 保罗·瓦莱里

Pecquet 贝盖

Pellisson 佩利松

Penot (J.-C.) 博诺(J.-C.)

Penthièvre 庞提耶夫家族

Perche 佩尔什

Pépin 丕平

Perpignan 佩皮尼昂

Perrégaux 佩雷戈

Perrigny 佩里尼家族

Perronet 佩罗内

Perrot (J.-C.) 佩罗(J.-C.)

Peyronnie 佩罗尼

Peyrou 佩鲁

Phélypeaux 菲利波(家族)

Philippe Buache 菲利浦·布歇

Philippe d'Orléans 菲利普·奥尔良

Piaget 皮亚杰

Pidansat de Mairobert 皮当萨·德·麦罗贝尔

Piccini 皮契尼

Pierre Bordier 皮埃尔·波尔迪埃

Pierre Goubert 皮埃尔·古贝尔

Pierre Jeannin 皮埃尔·让南

Pierre Narbonnes 皮埃尔·纳尔博纳

Pierre Rosanvallon 皮埃尔·罗桑瓦隆

Pierre Simon Girard 皮埃尔·西蒙·吉拉尔

Pierre-Paul Sirven 皮埃尔-保罗·塞尔文

Piganiol de La Force 皮伽尼奥尔·德·拉·弗斯

Pilâtre de Rozier 彼拉特尔·德·罗西耶

Piossens(chevalier) 比奥松骑士

Placide 普拉西德(神甫)

Pline 普林尼

Pluche 普吕席

Poitiers 普瓦捷

Polignac 波利尼亚克

Pomeau (R.) 波莫(R.)

Pommelles 波迈尔

Pommereul 波莫罗尔

Pompadour 蓬巴杜

Ponant 柏南

Poncet de La Rivière 德拉里维里

Pontoise 蓬图瓦兹

Poussou (J.-P.) 布素(J.-P.)

Priestley 普里斯特利

Prigent 普里让

Prince Eugène 欧根亲王

Procope 普洛柯普

Pucelle 布赛尔

Puvis 帕维

Sainte-Palaye 圣-帕莱耶

Saint-Germain-l'Auxerrois 圣-日耳曼-洛克塞华

Saint-Lambert 圣-朗贝尔

Saint-Pierre 圣-皮埃尔

Saint Thomas d'Aquin 圣托马斯·阿奎那

Saint Malo 圣马洛

Saint-Médard 圣梅达尔

Saint-Vivien 圣维维安

Sanson 桑松

Sartine 萨尔丁

Saumur 索缪尔

Savary 萨瓦里

Savoie 萨瓦

Say (J.B.) 萨伊(J.B.)

Schweitzer 施威茨尔

Sébastien Mercier 塞巴斯蒂安·梅西耶

Sédan 色尚

Ségur(comte de) 德·西格尔(伯爵)

Sénac 塞纳克

Sens 桑斯

Sète 赛特

Seymandi 塞芒迪

Sieyès 西耶斯

Silhouette 西卢埃特

Simmel 齐美尔

Soanen 索阿南

Soissons 苏瓦松

Sophie Volland 苏菲·沃朗

Soufflot 苏夫洛

Soulavie 苏拉维

Spallanzani 帕兰札尼

Spinoza 斯宾诺莎

Starobinski (J.) 斯塔罗宾斯基(J.)

Stenon 史泰侬

Stephen Hales 史提芬·黑尔斯

Stewart 斯图尔特

Sully 苏利公爵

Sylvain Maréchal 西尔万·马雷夏尔

Taboureau 塔布罗

Tacite 塔西佗

Taconnet 塔科内

Taine 泰纳

Talleyrand-Périgord 塔列朗-佩里戈尔

Tarrisse 塔里斯

Télémaque 泰雷马克

Tenon 德侬

Terray 泰雷

Terrisse 神甫

Tessier 泰西埃

Thémis 忒弥斯

Théveneau de Morande 特福诺·德·莫韩得

Thiers 梯也尔

Tocqueville 托克维尔

Toland 托兰德

Tolozan 托洛臧

Tonnet 托奈

书（文章）名对照表

Air des pendus《吊死者之歌》

Almanach de Milan《米兰年鉴》

Almanach des bergers《牧羊人年鉴》

Almanach historique et chronologique de Languedoc《朗格多克地区历史学和年代学年鉴》

Almanach Liégeois《列日年鉴》

Almanach ou pronostication des laboureurs《年鉴或农耕者的预测》

Almanach royal《皇家年鉴》

Almanach très curieux pour la ville de Toulouse de la cour du parlement《图卢兹市的稀世珍奇年鉴》

An Essay on Phlogistion《论燃素》

Antifinancier《反征税官》

Apologie pour l'histoire《为历史学辩护》

Arsace et Isménie《阿萨斯和伊斯梅尼》

Art de lever les plans《平面图测绘术》

Arétin《阿尔丹》

Bonheur philosophique《哲学的幸福》

Bourgeois gentilhomme《贵人迷》

Capitale des Gaules ou la Nouvelle Babylone《高卢人的首都或新的巴比伦》

Cheval mangeur d'homme《吃人的马》

Code de la librairie《出版业法典》

Comment le commerce des villes a contribué au progrès des pays《城市商业是如何推动国家进步的》

Commerce en noble《高贵起来的商业》

Commerce et finance《贸易和金融》

Compost des bergers《牧羊人的堆肥》

Compte rendu au roi de Necker《内克尔呈给国王的汇报》

Compte rendu de l'état du royaume《国家财政报告书》

Considérations sur les mœurs de ce siècle《世纪风俗研究》

Contemporaines par gradation《对我们当代女性的细分》

Contribution à la théorie générale de L'État《国家基本理论》

Cris de Paris《巴黎的呐喊》

De la députation aux États généraux《论各国的代表》

De la grandeur de Dieu dans les merveilles de la nature《论自然奇观中上帝之伟大》

De l'influence des lettres dans les provinces comparée à leur influence dans les capitales《论文学在外省的影响及其与中心地的比较》

多样化的决定的可行性分析》

Essai sur l'origine des connaissances《论人类知识起源》

Essais pour connaître la population du royaume《了解王国人口的随笔集》

Essais sur divers sujets de littérature et de morale《对文学和道德各种人物的评论》

Estelle《埃斯特尔》

Éloge de Colbert《柯尔贝尔颂》

Éloge de Gournay《古尔奈颂》

Éloge de Sully《苏利公爵颂》

Éloges《赞歌》

Éléments du commerce《贸易基本原理》

Encyclopédie méthodique《系统百科全书》

Époques de la nature《自然体系》

État de la France《法兰西国家》

État ou Tableau de la ville de Paris《国家或巴黎全景图》

Fable des abeilles《蜜蜂寓言》

Fastes《吉日》

Fermier《佃农》

Gazette de commerce《贸易新闻》

Grain《种子》

Géographie physique《论自然地理学》

Géométrie de l'arpenteur《土地测量几何学》

Géorgiques《田园诗》

Histoire ancienne《古代史》

Histoire de Charles XII《查理十二世史》

Histoire de dom Bougre portier des chartreux《夏特勒的守门人艳史》

Histoire de la vie privée des Français《法国人的私生活史》

Histoire de Pierre Le Grand《彼得大帝史》

Histoire de Vendôme et de ses environs《旺多姆及其周边地区的历史》

Histoire de Vendôme《旺多姆历史》

Histoire du ménage parisien《巴黎家庭的历史》

Histoire naturelle《自然史》

Homme des Champs《农民》

Horologium oscillatorium《摆钟论》

Inconvénients de la vie de Paris《巴黎生活之诸多不便》

Indicateur fidèle《忠实旅游指南》

Introduction à la philosophie économique《经济哲学导论》

Jardins《花园》

Journal des savants《学者杂志》

Journal d'agriculture《农业日报》

La Cuisinière bourgeoise《资产阶级女

厨师》

La Dîme royale《王室什一税》

La Femme de laboureur《农夫的妻子》

La Grandeur de la capitale《强盛的首都》

La Mort de Mandrin《芒德兰之死》

La Méprise《误会》

La Métropolitée《大都会》

La Noblesse commerçante《商业贵族》

La Nouvelle Héloïse《新爱洛伊丝》

La Profession de foi des Théistes《一神论者信仰声明》

La Richesse des nations《国富论》

La Vie de mon père《父亲的一生》

Le Cuisinier français《法兰西菜谱》

Le Cœur humain dévoilé《揭开面纱的人类之心》

Le Gazetier cuirassé ou Anecdotes scandaleuses de la cour de France《坚强的办报人或法国宫廷丑闻轶事》

Le Jargon ou langage de l'argot réformé《行话和隐语》

Le Law《劳》

Le Mariage de Figaro《费加罗的婚礼》

Le Miroir des femmes《女性之镜》

Le Témoignage de la vérité《见证真理》

Les Cacouacs《哲学讽刺集》

Les Contemporaines《现代人》

Les Devoirs ecclésiastique《教士的义务》

Les Dons de Comus《考缪斯的礼物》

Les Délices de la table《餐桌乐事》

Les Liaisons dangereuses《危险关系》

Les Mémoires《回忆录》

Les Origines de l'esprit bourgeois en France《法国资产阶级精神起源》

Les Prérogatives de la robe《公袍的特权》

Les Questions diverses sur l'incrédulité《关于怀疑的各种问题》

Les Statistiques agricoles et les projets de réforme《农业统计与改革方案》

Lettre sur les aveugles《盲人书简》

Lettre sur les sourds-muets《聋哑人书简》

Lettres anglaises《英国书信》

Lettres familières écrites d'Italie《意大利家书》

Lettres ou mémoires historiques《历史信札与记忆》

Lettres《信札》

L'Ami des hommes《人类之友》

L'Art de peindre《绘画艺术》

L'Avis au peuple sur sa santé《关于公民健康的意见》

L'Epître à M. Bordes《致鲍尔德先生书》

L'Epître à Parisot《致帕里索书》

L'Essai sur le commerce et le gouvernement

《关于商业和政府的随笔》

L'Histoire de Cleveland《克里夫兰的故事》

L'Histoire de Louis Mandrin depuis sa naissance jusqu'à mort；avec un détail de ses cruautés，de ses brigandages，de sen supplice《路易·芒德兰的一生：细述残暴、走私最后招致酷刑的芒德兰》

L'Hommemachine《人是机器》

L'Homo rusticus《乡下人》

L'Indicateur fidèle《忠实旅游指南》

L'Ordre naturel et essentiel des sociétés politiques《政治社会必要的自然法则》

L'Une ou l'autre ou la Noblesse commerçant et militaire《此还是彼，或商业贵族和军人贵族》

Maison rustique《乡村屋舍》

Mandrinade，en vers héroïque，addressée aux partisans de Mandrin《芒德兰的精神——写给芒德兰的支持者们的英雄诗歌》

Manuel du souveration《君主教科书》

Manuel《土地测量教程》

Mathieu Laensberg《马蒂厄·拉昂斯贝格》

Maximes du droit français《法国人权利准则》

Maximes fondamentales du gouvernement français《法国政府的基本准则》

Maximes sur le devoir des rois《国王义务箴言》

Messager boiteux《跛脚的信使》

Mois《月份》

Médecin des pauvres《穷人的医生》

Mémoire sur la construction et l'entretien des chemins《道路建筑与养护笔记》

Mémoire sur la réformation de la police en France《法国治安改革报告》

Mémoire sur les municipalités《论市镇》

Mémoires authentiques de la comtesse du Barry《杜巴利伯爵夫人真事回忆录》

Mémoires de Trévoux《特雷武回忆录》

Mémoires pour servir à l'histoire de notre temps《回忆我们身处的时代》

Méthode abrégée《简明方法论》

Méthode pour étudier la géographie《地理学的研究方法》

Méthode pour étudier l'histoire《历史学研究方法》

Méthodique《方法论》

Nouveau cuisinier royal et bourgeois《王室和资产阶级新食谱》

Nouveau voyage de la France《法国新实景录》

distribution des richesses《关于财富的形成和分配的思考》

Sacre et couronnement de Louix XVI《路易十六的加冕礼》

Saisons《季节》

Science de l'arpenteur《土地测量学》

Science du gouvernement《统治的科学》

Science du maître d'hôtel confiseur et cuisinier《膳食总管和大厨的科学》

Siècle de Louis XIV《路易十四时代》

Seconde lettre d'un grand vicaire sur la tolérance《一个副本堂神甫关于宽容的第二封信》

Spectacle de la nature《大自然的景色》

Sur la législation et le commerce des grains《论谷物的立法和贸易》

Sur la santé des gens de lettres《关于文人健康》

Sur le bonheur《论幸福》

Tableau de Paris《巴黎图景》

Tableau des connaissances《知识简表》

Tableau philosophique des progrès successifs de l'esprit humain《关于人类精神不断进步的哲学简表》

Tableau économique《经济表》

Testament politique de Louis Mandrin, généralissime des troupes de contrebandiers《路易·芒德兰未完

成的理想、义匪组织的扩大和普及》

Théorie de la terre《地球理论》

Théorie de l'impôt《税收理论》

Théorie des sentiments agréables《怡情理论》

Thérèse philosophe《哲人泰莱丝》

Théâtre d'agriculture《农业戏剧》

Topographies《地形学》

Tourière des carmélites《加尔默罗会游方士风流史》

Traité de la culture des terres《论土地耕作》

Traité de la formation mécanique des langues《语言机构的公约》

Traité de la législation et du commerce des grains《关于谷物的立法与贸易专论》

Traité de police《警察契约》

Traité des canaux de navigation《通航运河公约》

Traité des droits et franchises《论支配权与特许权》

Traité des injures dans l'ordre judiciaire《司法秩序中有关不公正待遇的条款》

Traité des offices《官员准则》

Traité des ordres et simples dignités《等级契约与普通的尊严》

Traité des passions《论灵魂的激情》

Traité historique du sacre et

couronnement des rois et reines de France《法兰西国王与王后加冕礼历史风俗》

Traité historique et pratique de la cuisine ou le cuisinier instruit《烹饪历史性论和烹饪实践或有学识的厨师》

Traité sur le gouvernement civil《政府论》

Turcaret《杜卡莱》

Turgot《杜尔哥》

Télémaque《忒勒马科斯历险记》

Vasconia《瓦斯科尼亚》

Vegetable staticks《植物静态分析》

Vies du bienheureux françois de Pâris, diacre du diocèse de Paris《帕里斯,真福者的生活》

Voyage du jeune Anacharsis en Grèce dans le milieu du IVe siècle《4世纪中期少年阿那卡西斯希腊游记》

Vrais principes des gouvernements français《法国政府的真正准则》

Vénus dans le cloître《修道院里的维纳斯》

译后记

丹尼尔·罗什，1935年出生于巴黎，历任法国社会科学高等研究院研究导师、法国科学研究中心近现代史研究所所长、法兰西学术院教授。翻开法国大学出版社的《人文科学词典》①，我们可以读到这位著名历史学家的词条：

> 1960年代初，丹尼尔·罗什潜心撰写论文，探索启蒙运动时期外省的科学院和科学院院士群体。这项研究在好几个方面突破了专题论文写作的传统范式。首先，他与佩罗一样，致力于城市史的研究，并将文化和知识的构架引入其中，从而阐明了现代城市起源的动力要素。1978年出版的《外省的启蒙时期》着力描绘城市现象的新轮廓，被认为是城市史研究方面的名著。其次，作为欧内斯特·拉布鲁斯的门生，丹尼尔·罗什将经济史与社会史的功底运用于文化场，同时摒弃芒德鲁所倡导的思想史的综合分析方法。1970年代，他将调查研究的对象扩大到知识性著作、各类藏书、游记和书信，丰富了实地调查法的内容。他拓展了社会史的研究领域，始终把奠定新的方法论基础作为自己的一贯愿望，因而他不拘泥于文化共和国关于古典历史学的各种约束，很早就开始发展不同学

---

① http://www.puf.com/wiki/Dictionnaire：Dictionnaire_des_sciences_humaines/Daniel_ROCHE,2010-11-27。

科之间的交叉合作。

1993 年出版的《启蒙运动中的法国》是丹尼尔·罗什对历史学方法论的又一次贡献。作者勇于挑战学术前沿,从社会学和人类学的研究方法中吸取灵感,深入发掘研究主题,对历史时段进行大胆的分割。他没有按照传统历史学的框架引经据典地论证历史发展的经济、社会和文化环境,而是以新史学的视角,将历史事件放在它们所在的认知环境中去展现,正如他在《序言》中所说:"我们永远都不可能像过去的人们那样了解他们经历过的事情。"因此我们在研究历史事件时,应该努力感知当时的历史情境,以质疑的态度重新审视那些已经得到了普遍认同并且已经有一定研究积累的确实性。

他拒绝"迎合目的论者这位新偶像",反对以目的论的方式去解读历史,因为在他们看来,历史是由超越历史的客观规律决定的,历史事件只是这些决定力量的具体反映,或者只是一些已经被预设好了的未来的标志。换言之,处于历史当下的事件常常被他们用未来发生的事件加以标注。因此,目的论者对于历史的解释方法不符合他的解读逻辑。

丹尼尔·罗什认为:"对引起 18 世纪法国历史变革的各种可能性进行分析,不应该完全等同于挖掘法国大革命的起因或者根源。"研究启蒙运动,"重要的是必须了解 18 世纪的人们以各种不同的方式经历过的不同层次的历史事实",并在此基础上,深入阐述和比较常常为历史学家所割裂的各种观点,只有这样,才能够真正领悟和解释 18 世纪的法国。

出于这样的愿望,作者以他带有空间观和时间观的历史哲学,从沿海到内地,从农民王国到商人王国,从特权文化到商业文化,鸟瞰整个王国的宏观面貌。不仅如此,他还时时以细腻的笔触深入宫廷或外省的总督辖区,研判在那里发生的种种社会现象,深刻剖析各种权力、制度和社会角色之间的联动关系,从而为我们揭示了带有启蒙思想的新话语、新实践如何逐渐瓦解传统秩序的根基。

作为历史学家，专精于研究某一时段的具体问题尚且需要毅力和功底，而像丹尼尔·罗什这样以平面的文字全方位地展现一个历史时段的立体构架，不仅需要功夫，更需要才华。

本书一、二、三部分的翻译分别由杨亚平、赵静利、尹伟负责完成，但是根据各位译者的专业特性略有调整，其中"序言"由杨亚平翻译，第一部分第六章及第二部分第十一章由尹伟翻译，第三部分第十五章由赵静利翻译；上海对外贸易学院陈之瑜女士百忙中抽出时间，翻译完成了第二部分第九章和第十章；本书的责任编辑储德天女士承担了大量繁重的编辑工作，并对本书涉及的人名地名进行了仔细的校对和统筹，对译文也提出了许多建设性的意见，在此一并致谢。

杨亚平

上海对外贸易学院

2010 年 11 月 26 日

图书在版编目（CIP）数据

启蒙运动中的法国 / (法) 丹尼尔·罗什(Daniel Roche)著；
杨亚平，赵静利，尹伟译. — 上海：上海教育出版社，2023.7
（历史之眼）
ISBN 978-7-5720-2086-5

Ⅰ.①启… Ⅱ.①丹…②杨…③赵…④尹… Ⅲ.①启蒙
运动－研究－法国 Ⅳ.①K565.3

中国国家版本馆CIP数据核字(2023)第130427号

La France des Lumières by Daniel Roche
© Librairie Arthème Fayard, 1993
上海市版权局著作权合同登记号
图字 09-2018-1244 号

责任编辑　储德天
封面设计　高静芳

历史之眼

启蒙运动中的法国

[法] 丹尼尔·罗什（Daniel Roche） 著

杨亚平　赵静利　尹　伟　译

出版发行　上海教育出版社有限公司
官　　网　www.seph.com.cn
地　　址　上海市闵行区号景路159弄C座
邮　　编　201101
印　　刷　上海颛辉印刷厂有限公司
开　　本　890×1240　1/32　印张 25.875
字　　数　640 千字
版　　次　2023年8月第1版
印　　次　2023年8月第1次印刷
书　　号　ISBN 978-7-5720-2086-5/G·1869
定　　价　198.00 元（全三册）

如发现质量问题，读者可向本社调换　电话：021-64373213